浙江旅游职业学院“三全育人”综合改革成果系列丛书

阳光心语

主　编 ◎ 周国忠

副主编 ◎ 钱兴成　徐初娜　金蓓蕾

中国旅游出版社

编委会

主　编： 周国忠

副主编： 钱兴成　徐初娜　金蓓蕾

参　编： 谢振旺　陈方方　林化亮　葛丽敏

刘　颖　吴　晖　李希哲　汪　亮

邵凌云　吴依妮

前 言

百年大计，教育为本；教育大计，立德为本。落实立德树人根本任务的关键是要形成全员、全过程、全方位育人的管理机制和合力举措。高校“三全育人”综合改革作为落实新时代党的教育方针的有力抓手，体现了政治高度、教育广度和改革深度。浙江旅游职业学院是文化和旅游部与浙江省人民政府共建的高等旅游职业院校，致力打造旅游职业教育的“中国品牌”和“中国服务”人才培养的摇篮。学校以习近平新时代中国特色社会主义思想为指导，坚持社会主义办学方向，落实立德树人根本任务，扎实构建了先锋领航、四融并进、以文化人、数字赋能“四维合一”的“三全育人”模式，德智体美劳五育并举成效显著。学校获评全国黄炎培职业教育优秀学校奖、全国党建工作样板支部2个、全国高职院校首批“育人成效50强”、全国学生发展指数优秀学校、国家课程思政示范课程2门、教育部首批教育信息化试点优秀单位、教育部“一站式”学生社区综合管理试点单位、全国国防教育特色校、世界职业院校与技术大学联盟（WFCP）“学生支持服务卓越奖”，入选浙江省“三全育人”综合改革重点支持高校、省首批高校智慧思政特色应用试点校、首批省级课程思政示范校、省5A等级平安校园、省高校示范性创业学院。

浙江旅游职业学院在遵循和总结当代大学生成长规律的基础上，靶向定位、精准施策，深入推进“阳光工程”，着力打造“坐标、修身、明德、实践、励志、启航”六大计划，致力于增强职业教育适应性，加快推进职业教育高质量发展。“阳光工程”全面关注学生成长，向学生传递成长的正能量。一直以来，浙江旅游职业学院秉承“励志、惟实、博爱、精致”的校训，发扬“和礼勤进”的旅院精神，聚焦产教融合的文旅行业人才培养，促进学生励志拼搏、奋发向上，持续拓展当代大学生思想政治教育的载体和形式，全面提升大学生思想政治工作实效性，真正实现学生全面发展和成长成才。

《阳光心语》收录了127篇班主任思政教育心得和经典案例，分享了众位班主任多年来的育人经验，发挥春风化雨、沟通心灵、启智润心的作用，坚定旅院师生对祖国深情坚毅的担当，激励他们在青春路上接续奋斗、凯歌前行。阳光系列丛书表现方式更加灵活，内容更加多样，覆盖更加全面。在未来，众位旅院同仁仍将奋力发挥大思政主渠道作用，奋楫向前，持续推动学校思想政治教育向更高质量迈进。

编　者

2022年10月

目 录

上篇 班主任心得

下篇 案例汇总

上篇

班主任心得

第一章

专业引领，润物无声

永远的2009级物管班

2009级物管班班主任　娄金霞

那是我来到旅游职业学院的第1年，也是我院刚刚创办物业管理专业，我对自己说：要让这个新专业活下来、办下去，让每一位学生可以顺利毕业、成功就业，让社会各界认可我们的办学质量。总之，当时的我是斗志昂扬的。

可能是因为第一次招生，社会反响并不热烈，只有35位新生：29位女生和6位男生。刚接触同学们时我只是觉得35张面孔都非常朴实无华，他们中大多数人对于专业的迷茫、对于未来的彷徨，我在新生报到的第一天就看出来了。所以，我将第一次班会主题定为“我的青春谁做主”。通过主题班会，有着8年专业教学经验和一些行业资源的我第一时间得到了学生们的信赖。现在回想起来，他们信我说的话，信我作出的判断，也信我制定的所有规则，就连我假期布置的家庭作业，比如：回家为父母做一件暖心的小事，他们都会很认真地执行，并记得回校后分享（其实我并未做反馈要求，只是放假前的温馨提示而已）。不惑之年的我和已是而立之年的他们，今天都在不同的组织或领域中演绎着属于自己的精彩人生！目前，他们中有成长为总经理的，有做总经理助理的、有做部门总监的，还有执着于自己的爱好成为广播电台主持人的，以及自己创业当老板的。10年后的今天，回想当初，当初的愿意相信、愿意改变、愿意努力也许就是我与2009级物管班的成功小窍门吧。

对我这个“老教师”而言，在新单位的新专业带了第一个新生班级，对于35位同学而言，他们通过不断地尝试和努力让2009级物管班成长为我院第一届星级班级。我今天还记得第一次选举班委，他们选出了两个都是双子座、性格明显互补的女生。班长外柔内刚，团支书外刚内柔，不到三天就磨合得很好了。第一次班级文化设计他们就提出了“微笑露一点，说话轻一点，做事多一点，理由少一点，脑筋活一点，效率高一点，动作快一点，嘴巴甜一点，肚量大一点”这么一段话，朴实却胜在了细节，难能可贵的是每一位学生能做到努力去践行。直至今日，我还会把这一段朴实的话语与现在所带班级的学生共勉！

我想班主任就是要在第一时间走进学生心里，就是要在大学生活期间以及毕业后的一段时间里不断引导和鼓励年轻人一路向上、青春激扬！所以，我很重视主题班会，帮助大家树立专业意识，强调基本素养的提高，重视职业生涯的规划以及专业能力的培养。同时，也兼顾为人处世等细节方面的改进。我很庆幸有热情向上、责任感和能力俱佳的班委同学的信任和支持，有全体同学的依赖和参与。只要提出一个想法，他们就会自主地开展工作，顺畅的沟通会让我乐此不疲，甚至觉得我的一点小付出是那么微不足道，不足以回报大家对我的厚爱，我想这也是我做班主任获得幸福感的缘由吧。

清楚地记得，第一次班会后，按惯例，大家需要逐一进行自我介绍，然而有一位女同学感觉很窘迫，只是摇头不肯说话，有点带班经验的我立马决定先跳过她，请下一位同学继续介绍自己。事后我约她谈心才知道该学生是一出生就患有兔唇，由于经济困难，儿时只做了外部的缝合手术，里面没做手术，因而无法清晰表达。在和她的第一次沟通中我了解到：她的本意只是想要一个大学文凭，以后做个仓管员，有几百元的收入能养活自己就可以了。当时初为人母的我，听后很是心酸，十分心疼她。之后恰巧在报纸上看到了杭州有一家医院寒假做公益活动，有 30 名免费治疗名额（或许是 20 名，记不太清楚了）兔唇患者做手术。我以个人名义告诉了她，并提醒她务必让家人知晓，在获得家人支持的前提下可以报名。乐观勇敢的她不但手术成功，后来经常在课上课下自信发言，很快就凸显了较好的表达能力。她毕业后顺利在一家物管公司就职，工资当时拿到了 1600 多元，远远超出了预期，还处了男朋友，开启了幸福的生活模式。

也清楚地记得在一个艳阳高照的日子，我的心情却倍感沉重。因为一位非常有发展潜力的男同学突然向我提出了退学申请，理由是父亲身体不好，妈妈希望他回家帮忙打理工厂。纠结了几个小时后，我还是给学生的父亲打去了电话（当时的我，有点儿小主观意识，觉得母亲未必听得进去我的分析），讲明了我对于是否读大学、是否拿文凭的看法，最后提醒父亲三思而后行。这位父亲很开明，立马表态要让孩子顺利完成学业。不能说这一定是最佳选择，但我想善意地提醒也是为人师者的必修课。

2009 级物管班毕业聚餐时，我还年轻，不觉有不舍，而六位男同学突然一字站开，向我深鞠一躬，整齐地喊出“娄老师，谢谢您！”时，那一瞬间我才意识到，三年的相伴结束了，而这份沉甸甸的情谊将永留心间。我始终坚持对学生就是要直言不讳，即使在校时不懂，毕业后他们也一定会懂。

还有，我记得一位同学在面试失败后打电话向我哭诉，我想这是依赖；我也记得一位同学送我的书上会写一句“你是人间四月天”，我想这是赞美；我还记得一位女同学毕业两年后把自己的男朋友约出来让我把关，我想这是信任；一位男同学毕业前特意推荐给我一个点名用的小程序，我想这是关心……瞧！我的点滴付出，却收获了这么多真挚的情感，何乐而不为？最后，感谢学校给了我这次机会，让我再次重温当年的美好回忆！心中不免泛起一阵暖意！

因为自信，所以成功

2015 级酒管 13 班班主任　何立萍

2015 年的 9 月，我刚送走了 2015 届迪拜班毕业生们，又迎来了一个新的班级，那就是 2015 级酒管 13 班。这是酒管学院当年唯一的三校生班级，54 名学生均来自浙江省内各旅游类中职学校，其中有 2 名男生是当年全国旅游院校中职饭店服务技能比赛（客房铺床项目）的冠军选手。

整整三年的相处，师生间相处得非常融洽和快乐，我会经常鼓励同学们参加各类校内外活动，指导学生们在学校 519 大剧场进行礼仪展示及花式调酒的展演。G20 期间，班里选派了 14 位学生在杭州新侨饭店顺利接待了意大利总理一行，向世界展示了“中国服务”的品质和标准；2016 年 11 月，班里选派了 7 位学生担任在乌镇举办的第三届世界互联网大会的志愿者。本班同学经常活跃在校内外各类大赛，自信满满，获得了各类奖项荣誉。罗丹同学在 2015

年世界中餐业联合会主办的饭店服务技能大赛、2015 年全国职业院校饭店服务技能大赛、2016 年全国职业院校饭店服务大赛中均获得了金奖。叶国女、徐世雯获得第七届职业生涯规划大赛三等奖。2 名学生获得了浙江省政府奖学金，7 名获得国家励志奖学金等。2016 年被学校授予五星级班级和优秀团支部荣誉，同年获评全国高校百强活力团支部。毕业季，我们班就业率为 100%，其中，专业对口率高达 80% 以上。

一、我对班主任角色的理解

班主任的角色就是四个字：良师益友。对待学生时我不再是一位系部党总支书记的角色了，就是普通的班主任老师，像朋友，相互理解，相互尊重，相互学习，深受学生们的喜爱。学生在毕业后还一直惦记着我，特别愿意分享他们的快乐给我听。三年大学相处的点点滴滴，甚至是我的一句非常平常但却打动了他们内心的话，都让他们难以忘怀。

二、我的带班思路

带好一个班级，工作思路要明确，那就是对学情要排查到位并正确地进行个性化的职业规划。

第一件事就是认真排查，了解班情。本班的同学经过三年中职酒店管理专业的系统学习，专业技能较高，优势突出，是我们酒店管理层的未来之星。为此，我大胆地提出打破以往班级的管理思路，开学的首次班会便把思路告诉了大家，直接采用酒店式的科学管理。即把 10 名班干部任命为酒店的管理层，如班长就是总经理，全面负责本班学生工作，两位副班长就是副总经理，分管学习、安全、生活卫生、文体活动等，下设 7 位部门经理，而班主任我就是一名董事长，负责全班目标、学生职业规划发展设计等，我的班助便是一位管理督导负责人，负责监督总经理及部门经理的工作开展。同学们非常好奇，也积极报名承担了各项工作，一切都在有序地进行中。一年后进行了年度的述职，二年级进行的民主推选完成了换届工作，干部能力提升了，当班主任越来越轻松，小事基本无须处理。

第二件事就是要进行个性化的职业发展规划。由于本人是酒管专业教师，开学后围绕专业的人才培养方案进行了三年学生学业、就业、升学等规划，尤其是酒店职业人能力的塑造具备的条件和实施路径，学生们学习目标非常明确。尤其是实习基地的选择，在我的一对一指导下，很快适应了实习岗位，酒店人力资源管理经理对我们班学生的满意度相当高。

三、带班中最难忘的故事

刚开学没多久的一天晚上 9 点左右，接到学校值班的辅导员老师来电说，我班一位女生在操场训练跳远，结果右脚受伤非常严重，需要急送医院。当时我正在外地不能赶回，很快收到了我班一位兵哥哥邱同学的短信：老师，我班 ×× 同学右脚受伤了，我们三位男同学商量了以后，将以最快速度送往杭州最好的医院，请老师放心，有事我们会马上向您汇报。三位兵哥哥同学均非杭州本地生，来校仅 1 个月时间，对当地医院情况都不太了解，但在现场的办事效率和行动能力上真让老师佩服。他们一人负责指挥和找医院约车，另两人负责如何不让女生二次受伤，背着她进入汽车等。由于三位兵哥哥送医及时，该女生第一时间诊断后住院接受治疗，得到了有效救助。其间，同学们又商量安排了同寝室的女生进行轮流陪护。这暖暖的同学情，让生病的女生非常感动，出院后原本要回家休养 2 个月的她，坚持留校，边上课边治疗。我回校后也立马上寝室看望她，帮助她解决了不少生活上的困难。因为这个大集体让她感到了一种关爱，她学习更加勤奋，最终以班级第 2 名的优秀成绩完成了学业。为此，我专门在期末班会上表扬并分享了三位兵哥哥的小故事，他们却很腼腆地说了句：老师，这是我们应该做的。

四、我的工作方法

（一）注重目标激励法，充分调动积极性

初次见面的班会上，我便告诉全班一句话：我之前带的 5 个班全是系部的优秀班级，相信咱们班一定也是最棒的，我们的目标就是向五星级班级冲刺，做最好的酒店人。同学们听了后很兴奋，齐声回复班主任我们一定能做到。

（二）充分发挥班干部作用，班主任要学会尽量放手

班主任定好目标，选好班干部是班级管理的第二件大事，干部要能当、愿意当，品德为先，为大家服务是最重要的。班主任是教会他们方法，如将每周日晚上定为班委集中开会讨论时间，充分讨论下周工作如何做、离目标还有什

么差距等。班主任起到监督作用，但绝不包揽，因为未来他们都有可能成长为酒店管理者，管理能力的提升可以从班级、寝室的管理开始。

（三）公平公正对待各类评奖评优

班主任管理原则是小事不用管，主要找班长，大事一定要管。如年底所有学生的综合成绩评定、各类评奖评优等，这些审核我都要亲力亲为，一定会在班级公示，保证没有舞弊造假行为出现。三年来，没有出现一例学生投诉、违纪行为等。

做好学生的“领路人”

2018 级导游 4 班班主任　邓德智

“百年大计，教育为本”，说的是教育是兴国的根本，从事教育的人工作责任重大、使命神圣。班主任是班集体的管理者与建设者，是学生学习的指引者、道德的塑造者、心灵的净化者，肩负着为学生提供良好的学习生活环境、促进学生德智体美劳全面发展、培养新型人才的重任。正如陶行知先生所说，在教师手里操着幼年人的命运，便操着民族和人类的命运。如果说教师是人类的灵魂的工程师，那么班主任就是这些工程师的领头人，一个优秀的班主任才能打造出一个优秀的班集体，才能最大化地培养出一批优秀的学生。

一、做综合角色的扮演者

随着社会的不断变革，班主任从最初的管理者、教育者、协调者角色逐渐向学生的平等对话者、心理工作者、良师益友等不同的角色转变，以此来适应课程改革的实践要求。一个成功的班主任，理所应当是多种角色的完美结合。通过带班实践的经历，我认为应该做到以下三个基本方面。

（一）做学生的平等对话者

“师道尊严”的传统观念在个别教师中仍然存在，他们放不下架子，不能平等对待学生，导致师生关系紧张。在我看来，师生关系最重要的是平等与相互尊重，要成为一名能够走进学生心里的班主任，需要的不仅仅是对教育事业的执着追求，更重要的是愿意俯下身和学生平等的对话，无论是业内还是社会都认为这对学生人格塑造、个性发展很有帮助。与学生平等对话的价值凸显在于只有师生平等对话，才有真正地引导；只有对话，才能走进心灵；只有对话，才能彼此接纳；只有对话，才能相互成就。教师在日常生活中，应该对学生多说说“谢谢”“还有什么需要我帮助的”等此类话语，敞开心扉与学生友好相处，唯有如此，才能真正赢得学生的信任，与学生一起共同成长。

（二）做学生的心理疏导者

随着社会的不断变化和发展，学生的心理问题日渐突出，随着教育改革的不断深入，学生的心理健康问题越来越得到高度的关注，但如今心理教育人才与心理工作者的短缺，致使班主任不得不随时客串这一角色。在新闻中，我们总是会看到许多大学生由于心理问题选择自杀，就现状看，大学生的精神问题主要表现在自闭、抑郁、焦虑、偏执、强迫、精神分裂等方面，其原因大多是学生的心理问题没有得到及时的调适和解决。大学生的心理问题主要有：情感交往问题、人际关系处理障碍、学习与生活的压力，所以，班主任要第一时间关注存在心理问题的学生，积极地与学生进行沟通，切勿忽视，尽全力帮助解决困难，引导学生做一个积极乐观的人。

（三）做学生的良师益友

所谓良师益友，班主任首先是一名教师，是知识的传授者，是学生德、智、体、美、劳全面发展的引导者，传道、授业、解惑是最基本的要求。想要做好班主任，首先要做好一名专业课教师，要有精湛的业务技能，要有高尚的师德规范，是学生心目中的“偶像”人物。其次，班主任作为良师的同时，还应该作为学生的挚友，是学生敢于打开心扉诉说的对象。面对当今多变的社会，学生可能会有很多的困惑与不解，需要寻求答案，需要交流体会，往往找不到合适的人诉说。这时班主任要转变角色，做学生忠诚的朋友，主动关心他们，以诚相待，以心相交，宽宏大度，公平合理，谨记对好生不偏爱，对差生不歧视，让学生感到你的可亲可敬、平易近人，愿意在你的指导下健康成长。

二、加强班干部的队伍建设、培养班级的领导核心

要重视发挥班委的作用。俗话说，军无主帅兵欲乱，鸟无头来不能飞。在班级工作中，班干部发挥的作用是举足轻重的。因为他们与同学们朝夕相处，

对班级的情况更加了解，他们对同学的帮助在某些场合可能比班主任更有效果。一支能力强、以身作则的班干部队伍不仅能起到树立榜样，带动全班同学积极向上，还能作为班主任与同学之间的桥梁，成为班主任管理好班级的得力助手。因此，从大一开学起，我就制定一个原则，将自我管控能力强、愿意无私为同学服务作为班级干部选拔的基本条件，通过民主选举确定班委成员，再根据每位班干部的特点进行分工，让他们明确各自的职责，培养他们的全局观念和工作能力。在平时的工作中，我不会过多地去要求他们做什么，而是进行指导和鼓励，协助他们开展工作。每学期开始和结束以及每两周都会进行一次班会，对近期的班级情况进行反馈和总结，及时掌握班级情况。有了一支能力较强的班干部队伍，班主任的工作相对会轻松许多，即使老师不在的时候，班级的管理也会井然有序。

三、在教学过程中学会赏识学生

在我的“模拟导游”课程中，我曾发现一名学生在其他方面并没有很突出，但是在导游词讲解过程中相比其他学生会更加自信、自如。我发现只要不断地鼓励他，他就会一次比一次更加融会贯通，所以“每个学生都是一颗闪亮的星星，都有他自己的价值”。我们作为教师，应该学会欣赏每一位学生，信任学生，鼓励学生，帮助学生扬长避短，让每一名学生都得到更好发展，这不仅是新一轮课程改革的最高宗旨和核心理念，也是当代教师与时俱进所应具备的道德风范。由于个性的差异，每个学生的发展都不可能一样。只要我们多留一份“心”，用欣赏的眼光去看待学生，一定会发现一些亮点。在发现了学生的亮点之后，及时地鼓励他们，将亮点适当放大，学生就会体验到成功的喜悦，从而更加乐于学习。

每个学生都希望得到关心、信任、爱护和尊重，然而他们更看重的、更在意的是班主任的关爱。班主任对待学生的态度如何，直接影响他们的学习、生活，甚至心理健康。因为班主任的爱不仅仅是一种态度，更是一种积极的心理暗示和评价。这种态度和评价会产生非同寻常的心理分量，会让他们在潜意识里联想到自己在老师心目中的地位。如果学生得到了这份爱，就相当于得到了肯定，得到了赞许，得到了奖励，他们就会产生一种健康的、积极的、愉悦的心态，从而在困难和挫折面前敢于迎难而上、勇往直前。

一百多年来，许多无私无畏的中国人、优秀的教育家为培养富民强国的人才，献出了自己毕生的精力。伟大的人民教育家陶行知先生从教几十年，始终安于“粉笔生涯”，以“捧着一颗心来，不带一棵草去”的高尚情怀，献身教育，鞠躬尽瘁；时代在变，教育在变，学生在变，作为班主任一定要永远走在时代的前面，成为学生的领路人。

片言之赐，皆事师也

2016 级导游 1 班班主任　李德煜

班主任是学校教学中全面负责班级学生的思想、学习、健康和生活等工作的教师，“班主任”是一个班的组织者、领导者和教育者，也是一个班中全体任课教师教学、教育工作的协调者。

2016 年是我从事旅游教育工作的第三年，2016 年 7 月，系部把 2016 级导游 1 班，也是旅行社管理系第一个国际导游现代学徒制实验班班主任的重任交到了我手上；2017 年 9 月，我带着全班同学在缙云厅唱响旅院版的《成都》；2017 年 11 月，我们一起站在报告厅的舞台上，获得“白金五星班级”荣誉；2019 年 6 月，27 名毕业生身着礼服在大操场跟我挥手告别……回顾起这三年，是幸福的三年，是不舍的三年，是难忘的三年，而作为班主任的我更是百感交集。三年的实验班班主任，让我的人生中有了很多难忘的回忆，更多的是对这

个崇高的职位的诸多感悟。

一、理智与情感

情感是内在的驱动力，理智是做事的方法和自我的保护壳。曾经发生过这么一件事：班里的学生与我因为一件琐事发生语言冲突，学生用非常不客气的话顶了我。我既难过又失望，觉得相处了这么久学生竟还能对我说出这样的话，特别生气恼火，心里五味杂陈。类似这样的事情其实发生了不少，到后来我才开始学会就事论事，了解事情发生的原因、过程、站在学生的角度看事情，解决问题，不掺杂个人情感。

我认为平衡好这两者的关系是当班主任之初最需要学会的。刚当上班主任，我怀抱着对教育的憧憬和期待，有的是无处安放的热情，在还未工作前似乎就看到一个个在自己的努力下改头换面的学生。在接手一个班前，我其实做好了最坏的打算，但还是被现实的冷水一头浇下。情感泛滥容易伤到自己，不能长久，毫无情感从利益上来说对自己其实是好的，就看每个人的价值观。我们应该保持这样的理智，老师和学生是两个独立的个体，改变一个人，把他彻底变成你心目中的模样，尤其在一个人已经二十岁以后，是非常难的，只能尽我们所能一点点地改变那些不好的习惯，哪怕还没彻底改掉时他们已经毕业。我们只能尽量多地告诉他们什么是正确的事。

二、因材施教

《论语》中有这么一段话：子路问："闻斯行诸？"子曰："有父兄在，如之何其闻斯行之？"冉有问："闻斯行诸？"子曰："闻斯行之。"孔子作为大成至圣先师，所言诚不我欺。杨照先生在《中国经典导读》中也说道，"孔子是这样一个老师，他基本上从来不会用'你们'来骂学生的，孔子会骂学生，骂得很凶，但是他是针对这个人特定的个性、行为，不会为了发泄，把几个人乃至于全部的学生骂进去。"

以我这几年对学生的观察，因人而异的教育主要分两种，学生是吃硬的还是吃软的？对有的学生需要单独谈心，需要用温柔感动他，但也有的学生需要严格训诫。除了因学生而异，还要因老师而异，别的老师的经验未必适合你。别人的经验未必都可取，还是需要自己摸索，当然也会有一些可借鉴之处。

三、师道尊严

BBC 拍过一部纪录片《学校交换，阶级差异》，记录了一个每年交高昂费用的私立学校和一所几乎每个月都有学生退学和新生入学的公立学校，各选出 3 名学生互换学校。在纪录片里我们看到，在私立学校，学生每天 7:30 起床，5:00 下课，公立学校 8:30 起床，3:00 下课；私立学校上课聊天会被赶出教室，公立学校可以随意讲话；私立学校每天必须着正装佩戴校徽，不许戴夸张的耳饰首饰，公立学校衣服随意；私立学校每天晚上 7 点前没收手机。

孔子说“不知礼，无以立”。在今天当我们提倡向西方学习各种“自由，人性化”的理念时，似乎走过了头，我们抛弃了传统理念里我们自以为的“条框”，学习别人的皮毛，却不知人家有些地方却和这些“条框”暗合。以前中国教师有着神圣的地位，学生对老师毕恭毕敬；而如今，那些到国外参观学习的代表团看到国外的老师和学生像朋友一样相处，于是也把这种模式引进国内。我不敢完全否认其中的好处，但近些年来学生凌驾于教师之上，教师想管但不敢管，为了保住饭碗只能放任学生这样的例子值得我们反思。

我之前对学生教育的重点主要在是否尊重别人，是否做到守信，很多细节不以为意，如在着装方面。总有那么几个学生因为不喜欢穿制服，每到周一、周二需要穿正装的时候都不穿，碍于学校的规定，我说过几次学生，但从内心里没有太把着装这件事放在心上。看了 BBC 的纪录片，我才发现，外在有时候也会塑造内在，外表的整洁利落端庄能让学生重新审视自己，珍爱自己。

当然，对学生要求严格是非常耗费班主任心力的，尤其一个班四五十名学生。不要过分消耗自己，给自己留些余力，才能长久。

四、循循善诱

十年树木，百年树人。因为我国教育体制的原因，高职高专的学生生源普遍无法与本科院校相比，而这些学生在过去十几年的学习习惯非一朝一夕能改，班主任真的需要十足的耐心与自控力。

“五位一体”混合实践教学

2014级旅游管理（中澳合作）班班主任　徐　辉

进入旅院工作10年，做了三届班主任，我印象最深的是所带的2014级旅游管理（中澳合作）班，获得了五星班级的荣誉以及徐霞客班级的称号。现在回想起来，我感受颇多。

一、找每位学生谈话，帮助他们实现各自的“梦”

接手2014级旅游管理（中澳合作）班，是我第二次担任班主任工作，任重而道远。我针对中澳合作班学生的特点（第一次担任班主任也是中澳合作班级），结合自己转型前在企业任中层管理工作的经验，与学生分享“旅游改变人生”的个人经历，找每一位学生谈话，深入了解学生心灵深处的想法与困惑。让他们慢慢了解旅游业、中澳合作办学的特色以及毕业的就业方向，并在课程安排及教学计划的实施等方面透过国际教育学院与澳方交流与沟通。

考虑到这是中澳合作的班级，在班级的日常管理中，我非常注重同学们的语言学习，希望他们通过英语学习，打开一扇窗，让同学们走向另一个新的世界。通过大家的不懈努力和我的不断催促，全班通过英语四级的共23人，占整个班级的72%，通过英语六级的4人，占整个班级的14%，为中澳合作人才培养模式的创新起到了积极的作用。

二、创立“五位一体”的混合实践教学模式

“五位一体”混合实践教学模式，指的是在传统教师讲授的基础上增加旅游企业高管的讲座，毕业学长的分享，旅游学经典书籍知识的内化以及多种实践教学的形式来改变传统的教学方式。通过混合实践教学生成模式让旅游高职学生在短期内能够对自己今后从事的行业有一个明确的认知和努力方向，让学生开始接近“职业素质”与“专业愿景”。同时，也能使高职院校的“职业植入”与“课程思政”融入学生的思想中。

我在担任班主任期间，充分利用旅游业接触面广的社会资源，将专业教育和职业素质深度融合。并使用互联网等先进的教学手段与方法来培养具有高素质、高技能的国际化应用型人才。这是旅游院校人才培养模式的创新，也是高职旅游教育改革发展所需。图 1 所示的为“五位一体”混合实践教学模式。

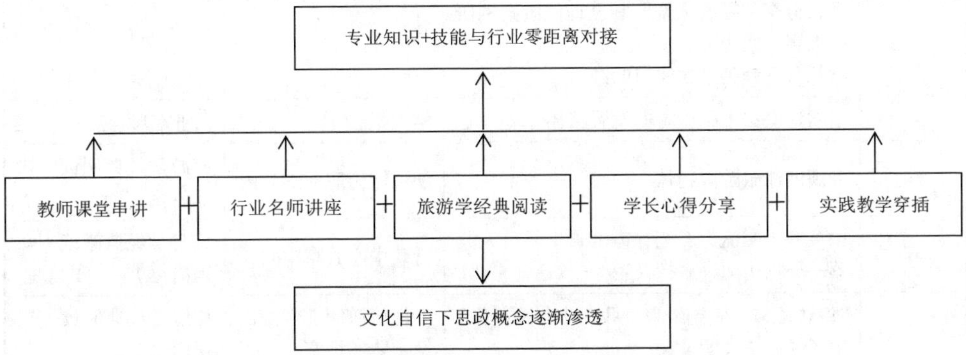

图 1 “五位一体”混合实践教学模式

“五位一体”混合实践教学模式就是通过实行教师课堂串讲旅游管理专业架构，邀请旅游界行业名师开展讲座，布置学生阅读旅游学经典读本，让学长走进高校分享职场心得，带学生深入景区、酒店、旅游企业等与旅游相关联的场所进行实践教学的穿插，从而达到学生的专业知识 + 技能与行业零距离对接，同时，能让文化自信下的思政概念逐渐渗透学生的思想。

三、组织多种班级间的活动，让“诗”和“远方”融为一体

“文化是旅游的灵魂，旅游是文化的载体，只有魂体融合，才能相得益

彰”，这已是文化和旅游业界普遍的共识。将文化与旅游内涵植入活动，让文旅融为一体。表 1 为 2014 级旅游管理（中澳合作）三年内所组织的活动。

表 1　活动内容及模式

序号	授课内容	授课地点	备注
1	旅游业的基本概念 旅行社、酒店、景区、航空等的介绍 旅游业从业心得等	教室	教师课堂串讲
2	人在旅途——民国风情一条街采风 示范西湖概况的讲解 参观杭州香格里拉饭店 造访西湖博览会博物馆 解读杭州新新饭店 品尝“新丰小吃”	杭州西湖 杭州香格里拉饭店 杭州北山路 杭州北山路 杭州延安路	实践教学穿插
3	学长分享“中华经典诵读竞赛”经历 学长分享“导游大赛”和全球旅游案例研究大赛的经历 学长分享赴美带薪实习的经历	智慧教室	学长心得分享
4	专题讲座：中国旅游的发展路径	学院报告厅	行业名师讲座
5	参观浙江旅游博物馆	浙江旅游职业学院内	旅游学经典阅读（知识内化）
6	中英双语交流会：当徐霞客遇上马可·波罗——探访两种旅行人生	行政中心共享空间	旅游学经典阅读（知识内化）
7	“传送诗文，弘扬经典，我为中华而骄傲”中华经典诗文朗读会	浙江旅游职业学院出境领队实训室	旅游学经典阅读（知识内化）
8	迎接 5·18 世界博物馆日、5·19 中国旅游日之旅游百科知识头脑风暴竞赛	浙江旅游职业学院缙云厅	旅游学经典阅读（知识内化）
9	“5·19——我与旅游同行出境旅游知识竞赛”	旅苑酒店之江厅	旅游学经典阅读（知识内化）
10	参观中国美术学院中国画与书法艺术学院毕业展	中国美术学院美术馆	旅游学（美术学）经典阅读（知识内化）

文化是软实力，也是核心竞争力，我们培养的旅游人应该是有文化的旅游人，文化是我们的底色和标签。从表 1 中可以看出，我们的授课内容紧紧与文化融合在一起，课程的设计，包括教师示范、导游讲解全面涵盖。如：被评为世界文化遗产之一的杭州西湖文化，透过香格里拉酒店管理集团的介绍所反映

的酒店文化，俄罗斯总统普京 G20 杭州峰会期间入住杭州香格里拉饭店所体现的外交文化，各种博物馆文化，下榻新新饭店的名人所折射出的杭州民国文化，等等。通过中英双语交流会“当徐霞客遇上马可·波罗”，显示出的两种不同的旅行人生；品尝杭州小吃，了解杭州饮食文化；通过“国美”的毕业展学习中国画与书法文化。同时，一场中华经典诗文朗读会提升了大家的爱国主义情怀，大大增强了文化自信。

四、创新中外合作的班主任带班教学模式，向国际化迈进一步

该班级在高职教育国际化方面做了一些新的探索与努力。由于课程的一半由澳大利亚老师担任，在我的不断催促下，同学们的英语水平不断提高，两位同学赴美国带薪实习，四位同学赴荷兰交换学习，一位同学毕业后被澳大利亚威廉安格里斯学院录取，就读专升本，大大提高了中外合作办学的国际化程度，我们班同学出国做交换生的比例全院名列前茅。中英双语交流会也是班级走向国际化的一个新的尝试。

同时，针对旅游院校旅游管理（中外合作）专业学生的特点，实施“旅游情境带入”“全国名导状态带入”教学实训法，打造“移动的教学公开课”“模拟导游课程路上的‘专业+思政’课”等教学活动品牌，传播中国文化自信，讲好文旅融合故事，助力“美丽中国”建设，提升育人效果。

以德育工作为首，引领学生成长成才

2010级经管2班班主任　黄宝辉

2010级旅行社经营管理专业2班，由50位有个性、活泼可爱的同学组成，其中女生45名，男生5名。有来自省会城市的学生5名，来自地级市（区）的15名，市辖区或者县级市的24名，乡级行政区的6名。家长职业为个体户的28名，单位职工的11名，务农的11名。大多数学生的家庭资源较为匮乏，缺乏对旅游行业的了解，知识积累不足，专业素养存在短板。

旅游行业的就业要求较高，且专业性强。我担任班主任后，针对学生的身心特点，进行职业养成教育：

兴趣重于责任——专业能力培养的先决条件是引导学生热爱行业，先感性再理性是培养专业能力的捷径。

具体做法：厚积薄发，提升文化内涵。自 2010 年 9 月开学以来，班级举办了多次讲座，先后邀请教务处处长叶志良教授，浙江新世界国旅副总经理王莉，全国优秀导游员、杭州市金牌导游诸鸣，江南游报资深记者章国斌，系部英语导游教师陈建新，2005 级经管专业毕业生王炯平与我们班同学进行交流。班级讲座内容丰富多彩，形式多样，生动活泼。他们从多个层面向我们诠释旅游，讲述行业，让同学们了解到旅游业从业者的艰辛和骄傲。同学们由此丰富了见识，增长了知识，增强了学习的动力，意识到文化素养对从业素养的重要性，为将来自身的发展奠定了稳定的基础。

学生的后继发展证明，这些丰富多彩的讲座对他们的人生起到了积极的影响。毕业后，有的学生选择了媒体记者行业，有学生不断深造，还有的学生在行业里做得有声有色。

形象思维能力强、动手愿望强——同学们喜欢真实可感的情境，喜欢尝试真实作业过程。

具体做法：融入行业，积极切实推进职业养成教育。为了让同学们更加了解旅行社经营管理专业，我积极地组织各项活动。其中，我班与 08 经管 2 班合作，自编自导自演的“大风车旅行社的故事”，生动形象地展示了旅行社业务流程。同学们既了解了行业，也从中锻炼了组织沟通以及表达能力。“大风车旅行社的故事”的圆满出演，使同学们之间的情谊更加深厚，从实践中了解了什么是合作，什么是团队精神。我们班同学还在资深导游诸鸣、沈国丰的带领下，参加了乌镇考察活动、灵隐寺踩线活动，感受了生活中的旅游业，增进了对旅游业的情感。我班金婷雯、叶丽萍同学还参加了浙江妇女国旅与杭州学军中学联合策划的“学军中学海盐修学游”，因表现出色，获得双方的好评。

学生参与与专业和课程密切相关的实践活动，能力和素质均得到了显著的提升。每次活动都组建了以指导老师、技术顾问、学生成员组成的复合型作业项目团队，通过项目策划、项目实施、项目评估等真实作业过程，循环进行综合实践，以提升学生的技能。

学生在活动组织和实施过程中必须不断地克服资源短缺、任务艰巨、技能缺失等方面的困难，甚至不得不与自己的挫败感、自卑感、冷漠心态与自私动机作战。学院和教师，应有足够的包容心态和无限的耐性和韧性，鼓励学生大胆尝试，容忍学生的失败。活动具体实施中，我作为班主任只是负责搭建平台，选好学生负责人、对接好企业、提出方向、明确思路、明确目标、定出流程、进行考核，具体的事务基本上放给学生去做，学生各方面的能力得到了显著提升。

班级的日常管理方面，我严格要求学生，在张乃侣班长的带领下，班委非常团结，做事认真，全心全意为班里的每位同学服务。各项活动由班主任牵头，班委负责实施，形成从上到下的班委制度，立志将2010级经管2班打造成一个动静兼具的出色班级。班级风气团结向上，积极正直。课堂气氛活跃，早晚自习出勤率高，纪律良好，深得任课老师的喜爱。无寝室因脏乱差被通报，无人有夜不归宿等不良行为，无一人有违纪行为。

同学们积极参与院、系部组织的各项活动，成果丰硕。李哲芬、谢燕宾、陈海妙同学分别获得二等、三等新生奖学金，自编自导自演的职业情景剧《大风车旅行社的故事》成功出演，陈佳佳等同学排演的舞蹈《123》获得系部风采大赛一等奖，汪芳贵、戴婷婷、谢燕宾获得院级旅游产品设计大赛综合优胜奖。

作为班主任，应以德育工作为首，以服务教学工作为中心，立足班级常规工作，狠抓学生的养成教育，培养良好的学习习惯和生活习惯，形成良好的学风和班风；以班级文化建设为载体，打造班级精神文化特色，形成班级凝聚力，引导学生树立正确的人生观和价值观，促进学生形成健康的个性和健全的人格。在日常管理中，我做到以下几点。

一、正面宣传、教育，形成团结友爱、勤奋学习的良好班风

我充分利用班会及其他时间加强宣传力度，调动学生的求知欲望与自我成才的动力。我把学习问题常挂在嘴边，常常提醒他们。做任何事都贵在坚持，我也坚持天天抓，时时抓，说到做到。学生们在这一学期中都能团结友爱、勤奋学习。

我很重视与学生的思想交流，多与学生谈心，注重的是学生的个性和因材施教。我常利用课余时间和学生促膝谈心，及时对学生进行针对性的教育。用个人的魅力征服学生，用自己的热情和朝气感染学生。这些体现在学习、生活的方方面面。做任何事情，一定要从学生的角度去考虑，为学生利益着想，学生才易于接受。在这个时候，我就是他们的好朋友，尽量为他们排忧解难，也

正因如此，我得到了班上大多数学生的喜爱和信任。

二、培养班干部组织，让学生“自治”

我加大了对学生自治自理能力的培养力度，通过各种方式，既注意指导学生进行自我教育，让学生在自我意识的基础上产生进取心，逐渐形成良好的思想行为品质；又注意指导学生如何进行自我管理，培养他们多方面的能力，放手让学生自我设计、自我组织各种教育活动，在活动中把教育和娱乐融为一体；还注意培养学生的自我服务的能力，让学生学会规划、料理、调控自己，使自己在集体中成为班集体的建设者，而不是“包袱”。在这点上，特别值得一提的是班干部的选用，这是让学生自治的重要途径。

三、利用各种机会，及时与学生、家长交流、沟通

通过打电话询问、家长 QQ 群与学生家长联系，让家长了解其子女在校的表现，及时解决问题。不断学习，提高自身业务能力及综合素质水平。

“学高为师”在学生心目中占有很重要的位置。作为当代班主任，不仅要教育指导学生，还要及时更新自己的知识，改变观念。信息时代中，学生接触的信息量大面广，因此，必要时我们也不妨向学生学习，师生共同进步。我想，要做好班主任工作，单凭爱心是不够的。我只有在实践中不断完善自己，提高自身业务能力和综合知识水平，才能把工作做得更加出色。

亦师亦友，严慈相济

2019级休闲1班班主任　康保苓

班主任的角色是多元的，是师长，是朋友，是管理者……我们要建设怎样的一个家？关键词：温暖、上进、融洽、和谐……班级大家庭的成长进步需要全班同学的共同努力。

一、建构班级管理体系

班级管理系统的建构运行可以从职业素养教育、管理模式等多方面进行。

结合职业素养教育，召开感恩、诚信、关注心理健康等系列主题班会，提升学生的身心素质。结合非常时期的抗疫，组织召开“我和我的祖国”为主题的班会，激发学生的责任意识和爱国情感。

加强团队合作精神和责任心的锻炼和培养，提高每一位同学的责任心。班干部通过自荐和民主选举产生，期末召开班干部述职活动，强化责任意识、担当意识、服务意识。

班级管理与寝室网格化管理相结合。寝室同学朝夕相处，了解更多。通过寝室长群等微信平台，发挥寝室网格化督促、管理的作用，同时在不同寝室之间，形成争先创优的氛围。

通过班级公众号的建设和维护，一方面记录学习生活的点滴精彩，另一方面也是同学们互相学习、取长补短、增强班级凝聚力的重要方式。

二、制定目标和规划

引导学生制定学习规划，树立奋斗目标，从三年的长远目标到每一个学期甚至每一周、每一天的计划，让大学生活的每一天都充实而有意义。

徐同学从入学之初就对自己的大学阶段有着明确的目标和规划，脚踏实地，在专业学习、班级管理、赛事活动等方面都有突出表现，在中华茶奥会等多项专业技能竞赛中获奖，获得省政府奖学金，荣获优秀学生干部等荣誉。

将专题研讨与专业学习结合，策划系列主题学习实践活动，指导学生的优秀作品在系部公众号上发表，这对学生是鼓励和支持，也是很好的锻炼。

充分发挥榜样的力量，请优秀的毕业生与学生加强沟通，帮助在校学生了解专升本、毕业之后所从事的工作、知识储备和技能提升计划等。如之前带过2016级汪同学，在校学习和实习阶段都非常出色，又通过专升本进入了本科院校学习，是一个很好的榜样。学生要了解专升本等事项，可以通过与学姐联系，得到很多指导性建议。

三、严慈相济

将对学生的严格要求与关心爱护相结合。对于学生的缺点，要及时指出，使其认识到不足，及时改进。通过访谈、与家长交流等多种形式，尽可能多地熟悉班级每一位同学的情况，了解学生的兴趣爱好、特长，以便有针对性地引导；了解是否家庭生活困难，对于家庭困难的同学，给予更多的关注、关爱和支持。

在学生进入大学之初，班主任要引导帮助学生尽快适应大学生活。在学期开始时的军训活动中，大一同学在严格的军事训练和进入新的校园学习环境，需要更多细致的关爱。比如，有的学生在军训中会出现身体不适的突发状况，班主任应通过看望、陪护等多种形式，让学生感受到来自师长的温暖呵护。

以班主任身份，与学生共成长，是责任，也是使命；在同学们青春芳华中，一起感受学生成长的喜悦，与有荣焉。

待到茶香满溢时

2017级休闲班班主任　温　燕

2017级休闲班是由46位同学组成的一个优秀团队，2017年入校，2018年获得白金五星级班级的荣誉。作为班主任，我最大的感慨是，这是一个团结进取的班集体，荣誉的获得是班级每一位同学努力的结果。在班主任工作中，我所做的工作只是一个引领或引导的一个角色，关键还是要靠团队的力量。

在我担任班主任的三年中，我主要做了以下工作，班级文化氛围的构建、组建了一个有担当的班委、积极地鼓励同学们参加各种活动锻炼自己，做好学生管理的日常工作。

一、班级文化氛围的构建

一个班级像一个企业一样需要有足够的文化引导，这样才能团结一致，目标一致。在开学初期，我给同学们制定的学习目标一个是英语的学习，一个是茶文化诗词的诵读学习。

（一）学习有计划

英语学习的主题是“The Story of Tea and Me”，鼓励学生每天通过百词斩学习打卡，养成学生的英语学习习惯，在期末的时候老师对部分优秀同学给予了奖励。在这样的坚持学习下，2017 级茶文化班的同学中有 9 位考过了大学英语四级。

茶文化诗词诵读：鼓励同学们积极诵读或背诵与茶相关诗文，通过背诵摘抄，最后由老师出题目同学们作答。同学们的表现都很不错，也养成了学生们积极学习的氛围，所在班级中有一位同学获得了国家级奖学金；在专升本的考试中，有 16 位同学报名参加考试，11 位同学过线并被录取。

（二）思政有抓手

每日奉茶活动：在班级文化构建中，思政建设不能少，除了专业课程思政化以外，班级还组织了尊师重教活动，每日为“任课老师奉茶”的活动，通过一杯茶，来表示对老师的尊敬和辛苦付出的感谢。

揖礼问候老师：除此之外，在实训中心的课程上组织学生在课堂上向老师行揖礼，传播中华传统文化，强化学生仪式感。

二、组建一个有责任，有担当的班委

一个班级的管理最关键的是能组建一个有担当意识的班委，在这个班委中，班长起了重要的作用。

首先，班长需要是积极向上，正能量满满。2017 级休闲班的班长是一个个子小小的姑娘，但是她非常努力，积极向上，很明白自己在学校的目标就是努力学习，整个寝室的学习氛围很好，能够起到引领和带头作用。这个班长在一年级时获得了省政府奖学金，三年级获得了国家级奖学金。

其次，团队协作和组织能力要强。班长这个职务需要亲自管理班级的四十几位同学，每个同学的想法不一样，不同的事情会有不同的意见。所以班长要能积极协调，不能让每一位同学都满意，但是需要团结大部分同学。我们的小王班长与大部分同学的关系都很不错，私底下，不知道为什么同学们会称呼她“婕哥”？据她自己说是因为自己力气大。

再次，有较强的忍耐力。班级的同学不同性格、不同想法的有很多，有些同学甚至会语言攻击别人，爆粗口，班长的忍耐力需要足够强大，对于班级一些同学的情绪不理会，或过段时间冷静了再去处理。

三、鼓励学生参加各类竞赛实践

优秀的团队最集中的表现就是比赛获奖，比赛是非常锻炼同学们的能力，理论和实践相结合，同学们也很喜欢。因此，我会积极鼓励同学们参加各类比赛，同学们都很努力，取得了各种荣誉，并将它们制作成了一个条幅，证书缩小之后还有几米长，他们称其为 2017 休闲版的《清明上河图》。在省级技能大赛中，有一位同学获得茶艺技能大赛一等奖，两位同学获得二等奖，三位同学获得三等奖。还有三位同学获得茶奥会技能大赛不同赛项金奖。

四、建立适度的师生关系

在班主任工作中，班主任既是管理者，也是学生学习和生活的引领者。对于学生来说，在一个新的环境有些不适应需要老师积极引导，但是学生已是成年人，过多的关注或关心会让学生逆反，因此，保持适度的学生关系非常重要。我对学生的关注也分几类，我重点关注家庭经济有困难和心理有困难的学生，帮他们解决困难，有机会会找他们进行聊天、谈心；有一些学生会很积极地和老师沟通，这些学生也可以给予更多的关注，和他们聊天，也会能从中获得很多学生的信息；还有一部分学生比较有个性，不喜欢和老师多交流，这部分需要把握一个度，我会在合适的机会找他们聊一下，他们有意愿来找我的时候和她们多聊一下、关心一下，把握一个适当的度对于师生关系来讲很重要。

我在进行以上工作的同时，配合系部做好学生的日常管理工作，日常学生谈心、安全管理教育、同学心理关注、学生寝室文化建设等，星级班级的获得也离不开系部和学院的支持。

班主任的“菜”，学生的“宴”

2013 级烹调 3 班班主任　戴国伟

2013 年，承蒙领导的信任，我担任了 2013 级烹调 2 班的班主任。我对班主任的工作相对来说比较生疏，之前我对班主任工作最多的是纸上谈兵，缺乏实战经验。我认为班主任工作是教育工作中最复杂，最琐碎的一项工作，就像炒制一份美味的菜肴，需要把多个环节发挥到极致并有机地结合在一起。其中最棘手的是与学生的情感沟通，而与学生情感沟通遇到的最大难题是如何接近学生，从而使学生在心理上接受班主任。现在回忆，在管理这个班集体时，我常常会通过组织各种活动的方式调动学生们的学习自觉性，提高他们对生活的热爱，培养他们具有良好的心理及人格品质。这个班的特点是:（1）普高班，有一定的技能基础，学生比较活泼、好动，思维活跃，情感丰富容易被调动。（2）学习主动性不够，学习自觉性有待提高。（3）综合能力及素质有待提高，主要是学生受家庭环境影响，许多良好的行为习惯还没有形成。

一、组建一支优秀“部队”，班干部做好“领头羊”

班干部队伍建设（包括团支部干部队伍建设）内容包括思想教育、工作职责教育、工作方法指导。班干部首先要有吃苦耐劳、任劳任怨、为集体奉献的精神，要能以身作则、顾全大局，而这正是独生子女所缺乏的一些品质。所以，我把这些作为班干部队伍建设的一个重要内容。进行工作职责教育，主要能使班干部明确责任，知道履行什么样的职责，该怎样去做，保持思路清晰。这两类教育主要通过定期召开班委会进行，而工作方法上的指导，主要在实践中进行。对于班干部的工作，不包办，给予他们一个较宽阔的空间，但在工作中我注意监督、观察，不足之处及时指出，并给予指导，如指导对照工作职责，结合班级情况制定阶段性工作计划；如何开展工作等。此外，还鼓励学生干部积极参与学生会和团委工作。

二、开展学生工作需要“合理烹饪，物尽其用”

班主任在开展工作中，要注意对学生进行个别教育工作。班集体中总有一些比较特殊的学生，他们或是学习差，或是性格孤僻，或是顽皮捣蛋。班主任必须做好这些特殊学生的教育工作。具体做法如下：对于个别学生的教育，班主任应持正确的态度，思想上不要歧视，感情上不要厌恶，态度上不能粗暴。对后进生要一分为二，善于发现他们身上的积极因素，特别是要注意培养后进生的自尊心和自信心，做到动之以情、晓之以理。要善于用心观察，发现问题，及时解决，善于用一切方法来激励先进，带动后进，力争不让一个学生掉队。对个别学生的教育工作要对症下药，教育个别学生首先要找出个别学生特殊在什么地方，有的学生学习成绩不理想，有很强的自卑感，造成性格孤僻，不合群。总之，对个别生要区别对待，对症下药，因材施教。

三、给学生搭建舞台“菜肴展示，道道美味”

要学会“从群众中来到群众中去”这种工作思路。多交流：我第一次当班主任，很重要一点是打开自己的心扉，主动找同学们交流。最好的方法就是要多听听学生的意见，这样更有效果。因此，我们要树立一个虚心的榜样，不仅提高我们的管理水平，增强我们的信心，又能得到学生的信赖，激发学生热爱学习的激情。多思考：各个班的情况不同，有很多事情也不能完全学着去做，要根据本班的实际情况去做。多做：怕苦怕累是什么都学不会的，什么也做不好的，我们现在只是刚尝试，我们需要去做更多。

做班主任的日子是快乐而又琐碎的，当你为了孩子们的教育付出努力，并看到他们在一天天快乐成长，逐渐看到他们的进步时我十分欣慰。渐渐地，他们也习惯了我的管理模式，也会来理解我。所以，作为班主任，我更应该教育好每一位学生。做个快乐的班主任！如果说班级是原材料，班主任就是厨师。只要你用爱心来制作，总会做出一款美味的创新菜！

助力学生成就美好人生

2012级西餐1班班主任　华路宏

我于2012—2015年期间担任烹饪系2012级西餐1班班主任，深感班主任工作突出的两个特点：一是工作辛苦；二是责任重大。

作为班主任老师，既要担负本专业课程的教学任务，又要管理全班学生的思想教育、学习、生活等方方面面。而后者的工作量其实数倍于教学。

班主任的工作性质决定了做这份工作必须具备以下素质：

一是不畏艰苦辛劳的工作作风。学生一旦走进校门，就意味着脱离了家庭的监管，学校对学生负有完全的责任，吃喝拉撒睡都要管理到位，班主任也要帮助学生解决一些学习生活中遇到的实际困难。

二是班主任要有强烈的责任心。对于没有独立生活经历的学生，在校期间，班主任就是一个班的家长，要急学生之所急，帮学生之所需。

三是要有做思想工作的能力。学生个体性格、思维千差万别，会遇到来自各自家庭、社会、校内、同学之间的各种困难与矛盾，本人精神状况也会影响学生的整个状态。班主任要善于思想疏导，化解矛盾。

班主任的经历使我深深地感到，做一名称职的班主任，要着重做好以下几个方面：

第一，要有忧患意识，时刻绷紧安全这根弦。安全无小事，班主任要熟悉上级各部门制定的有关安全方面的规章制度，并且严格地执行，不能有丝毫的松懈。班主任还要有超前意识，防患于未然。同时，还要有止损的能力。

第二，要做学生的知心朋友，培养与班里同学的感情，努力拉近师生的距离。这样同学们才会信任你、讲真话，班主任才能了解学生的真实想法、真实情况，有的放矢，解决问题。

第三，要选好用好班干部，充分发挥班干部和骨干的作用。师生之间和同学之间是两种不同的人际关系，有各自的特点和不一样的功能，班主任和班干部工作有机结合，才能发挥加成效应。

第四，班主任要善于与任课老师沟通。有时任课老师会掌握一些班主任没有掌握的信息，同时，任课老师的话语权也有可能起到特定的作用。利用得当，可以事半功倍。

第五，班主任要善于与校系领导和部门沟通，取得领导的支持。班主任不是万能的，信息来源也十分有限。在工作过程中拿不准的事情多请示，遇到困难和问题多汇报。这样一方面可以减轻自身压力，另一方面可以减少工作失误。

厨艺学院“美味学生”评比对班主任工作有很大的指导意义和助推作用。带班期间，一名学生获评“美味学生”荣誉称号。

作为一名直面学生的班主任，我对“美味学生”活动理解如下：美味人生是我们对人生状态的一种追求。狭义地，美味指我们味蕾的一种美好的感受，而广义的美味则是我们精神层面的一种享受。追求美味是人的本能，追求美好的人生更是人们一生的愿望。

那么如何实现美好人生？

有些人希望天上掉馅饼，生而成为“财阀”“学阀”，无须努力，就享有美好的人生。他们经常感叹时运不济，生不逢时。这种人相信命运，人生顺利时，沾沾自喜；人生不顺时，长吁短叹。他们唯独不知道的是人生应该掌握在自己的手中。美好的人生需要自己去争取、去创造。这种人的人生注定是默默无闻，在无聊的“享受”中了却波澜不惊的一生。

有些人则相信自己的力量，他们不愿坐享其成，对人生抱持乐观的态度，碰到困难，积极面对。在与命运的抗争中享受人生的乐趣，在创造中享受美味的成果。贝多芬晚年失聪，作为音乐家这是巨大的人生不幸，然而他并没有沉沦，而是在音乐创作中找到了乐趣，写就了很多著名的乐章，成就了不朽。舒伯特一生穷困潦倒，但他没有沉沦，反而激发了饱满的创作热情，化悲怆为神奇，创作出传世名曲。谁能说他们没有美好的人生？

人生有味，有酸甜苦辣。各种人对味道有不同的感受，上海人爱甜，山西人爱酸，湖南人爱辣，四川人爱麻。生活中不管你是否喜欢，总会接触到各种不同的味道。人生同样如此，同样会有悲欢离合。

有些人一味追求甜蜜，不能接受苦辣，他们的味蕾是单一的，他们在人生中无法面对困难的挑战，因而他们经常面对的是痛苦。

其实，甜蜜固然美好，苦辣未必不是美食，生活中不是这样吗？不去尝试麻辣，怎能体味到大汗淋漓的畅快。人生一样，我们既要享受顺境，也要乐观地面对困难，要勇于迎接挑战，享受挑战成功的乐趣。

我们的青年学子，要树立积极向上的人生观，苦乐观。在学校要通过刻苦学习，取得有分量的旅院毕业证书；步入社会要通过不断克服困难，创造辉煌的人生价值。我想这就是我们“美好人生行动计划”的意义之所在。

立德树人：2016级表演2班养成教育的探索

2016级表演2班班主任　励继红

立德树人是党的十八大报告提出的“教育的根本任务”，养成教育是富有中国特色的教育传统，即培养学生良好的行为习惯、语言习惯和思维习惯的教育，主要包括思想情感、学习求知、生活卫生、文明礼仪、健康安全、勤俭环保等，着眼于价值引领、有效衔接，注重细节。近年来，国内部分高校有的从课程改革着手，有的从校园文化建设入手，把养成教育作为落实立德树人根本任务的基础和自觉，推出了一系列创新举措。

人才培养模式的探索、制度建设、校园文化建设等，其核心理念之一是为了成就学生的幸福人生。2016级表演艺术2班是3+2班级，全班共36人。作为班主任，我努力探索“两个三结合”培养模式，坚持增值性评价，强调自己和自己比，重视学生的个性发展，让每一个学生都有出彩的机会。

一、人才培养模式、学风与班风三结合

（一）理念先导

2016级表演艺术2班一入校，我和全班同学就达成共识并确立了“星级班级”的建设思路：以“课堂+舞台”的人才培养模式为依托，将“课堂+舞台”人才培养模式和学风、班风建设紧密结合，整体推进。第一课堂的衔接、延伸和发展，直接带动了同学们的自我管理和自主学习。在学风、班风建设中，我关注师生共同参与、共同探索和共同成长的过程。

（二）同力协契

我把党团建设作为班级建设的第一要务，以优寝建设为首，充分发挥先进的典型示范和引领作用，真正做到“赶、超、比、拼”良好发展。全班36人，其中：预备党员2人，入党积极分子14人，优秀团员3人，院优秀寝室长3人，院军训标兵2人，国家励志奖学金1人，省级奖学金2人，院级奖学金10人；获得“优秀寝室”荣誉96次，寝室竞赛获奖23项。同时，以班级为单位申报的两项团支部活动获院立项。2016年、2017年，分获浙江旅游职业学院“优秀团支部”、浙江省高校共青团“活力团支部”荣誉。

二、实践锻炼、技能赛事与社会服务三结合

努力挖掘每一项活动、每一个计划的教育潜能，让2016级表演艺术2班同学们的学习主动性和学习投入明显增强、增多。

（一）项目贯穿

“演学结合，一专多能”的艺术职业理念深入2016级表演艺术2班同学的心中。第十三届全国学生运动会开幕式、中韩文化交流、2017旅游教育与旅游业可持续发展国际论坛金秋音乐会、萧山区文化馆“文艺下乡”等活动，让同学们在实践中不断地提高认识，收获感悟。同时，我关注学生的服务意识、专业精神的塑造，通过“走进温州”“我们的村歌我来唱”等暑期实践活动，加强学生自主学习能力和批判性思维训练，促进学生的全面发展。

（二）大赛聚力

通过参与2017浙江省高职高专院校艺术专业技能大赛、2017年浙江省大学生艺术展演（舞蹈）等各类竞赛，同学们不仅获得了优异的成绩，更形成了以团结奋进促和谐的良好精神面貌。

三、小结

“纸上得来终觉浅，绝知此事要躬行”，班主任工作看似琐碎，但实际上是一个整体，一个系统，这个系统中存在着一些“牵一发而动全身”的相互关联的核心要素，只有抓住这些核心要素的处理，才能让班主任工作做得更有实效、更专业、更出色。经过两年的实践，2016级表演2班以浙江省高校共青团“活力团支部”、浙江省大学生艺术展演等诸多优异的表现和成绩，验证了“两个三结合”培养模式在班级管理工作中的优势。

表1“两个三结合”培养模式下班级所获荣誉

序号	内容	荣誉	备注
1	2017年度浙江省高校共青团“活力团支部”	—	省级
2	2017年浙江省大学生艺术展演（舞蹈）	一等奖	省级
3	2017年阳光工程“白金五星班级”	—	院级
4	2017年阳光工程“白金五星寝室”（2个）	—	院级
5	2016年度浙江旅游职业学院“优秀团支部”	—	院级
6	“一路阳光 最美旅院”校歌决赛	一等奖	院级
7	2016级新生军训	标兵班级	院级

愿做一片绿叶，让花的事业甜蜜

2019 级会计 5 班班主任　陈满依

如果把一个班级比喻成一艘船，那么班主任就是这艘船的船长。孔子说："其身正，不令而行；其身不正，虽令不从。"在这人生最美好的年龄，高职大学生大多敏感而脆弱，对未来充满期待但又容易迷茫，远离父母兄弟姐妹的日子又让他们心生孤闷。因此，正确而合理的引导必不可少。高职班主任应扮演"严父慈母"的角色，言传身教，用自身的品行和人格魅力潜移默化引导学生，指导他们在实践中锻炼成长，学生必将受益终身。

经历过人生无数个岁月，时光轮回，恍若白驹过隙，一届又一届的学生过往，从自己的人生小站经过，然而欣慰的是，遇见在他们最美好的年华里，那些青春年华留下的印记深深地刻在了我的脑海中。回首往事，细细品味，竟也如此美妙。

一、如果爱，请深爱

班主任是所有主任中级别最高的“主任”，因为身后站着一个或者几个班。在拿到一份崭新的学生名单之后，快速熟悉每一位学生的情况，尝试着对着照片背诵学生名单，若初次见面就可以流利地直呼其名，在莘莘学子充满渴求的眼神里，你就是一个了不起的班主任。

冰心说：“有了爱就有了一切。”当然，爱不能流于表面，如果爱，就爱在心底，除了班主任日常琐碎的事务性工作，需要更多地找能触动学生内心的话题。每个学生都是一粒充满希望的种子，学生的内心敏感而脆弱，我们一定要走进他们的心灵深处，关注他们的心理健康。不妨把他们当成人生中新认识的小伙伴，成为他们心灵成长的导师，每个学生、每个故事，都有自己曾经的影子。

二、用专业武装权威

当班主任与学生逐渐消除陌生感后，自然的本性就开始流露。各种坏习惯、坏脾气粉墨登场，迟到、早退、甚至旷课，各种寝室问题，各路小报告，纷至沓来，相信每个班主任多少都有感触。一个班就是一个小小的复杂世界。学习是学生天职，如果有个深谙专业的班主任，一定会锦上添花。班主任的职业之路、人生阅历必将助推学生的成长之路，同时，也能坚实地树立起自己岿然不倒的权威地位。

三、刚柔并济，让管理升华

大学班主任是“另类”的班主任，不像初中、小学时代的班主任那样无时无刻地紧盯着学生的上课、下课、晨读、晚自习。大学是发挥自由个性的天堂，学生的我行我素现象频现。迟到早退，上课、考试与老师上演警察与小偷的戏码，在宿舍与阿姨和保安斗智斗勇。此时，单靠班主任单枪匹马事无巨细地管辖，即便身怀绝技也无可奈何。如果有一个信任的团队来协助管理班级，那真的是无比幸福的事了。学生管理学生，远比老师管理学生的效率更高，效果也更好。团队成员的选拔很重要，尤其班长和团支书。班长是风向标，他的价值观决定着整个班级的大方向，因此，班长的人选必须谨慎。作为班主任，首先得阅人无数，其次还得考察其是否有良好的群众基础，成绩不一定是最好的，但威信必须具备，最重要的一定要有足够的行动力和大局意识。如果这几项都具备了，班主任可以提名让全班同学进行投票选拔，相信群众的眼睛都是雪亮的，一定会选出满意的班长和团支书，班委成员的确定工作就可以水到渠成。有这样一支队伍，以后的班级管理工作就可以得心应手，班主任要做的就是发挥这支队伍的巨大作用。

四、“小伎俩”一网打尽“小团体”

班主任在管理学生过程中一定会碰到几个“难以对付”的学生，这些另类而逆反的学生往往三五成群。他们在教室、寝室、食堂时常会制造出一些小插曲。尤其是课堂上，他们总是喜欢聚集一起，不守规矩，非常影响老师上课时的情绪。遇到这类学生，身为班主任尤其需要注重方式，绝不可与他们正面对着干，一则干不过，二则效果适得其反，此时需要从内部“瓦解”他们，可以鼓励，肯定他们其中的某一个或两个相对容易“击破”的成员，当众表扬他们，甚至可以委以他们一些管理任务，让其充分体现自我价值，当小团体中的部分成员被感化时，那些顽固不化分子必定开始“动摇”，正义的力量最终“成功收网”整个小团体。

与学生做平等相待的朋友也挺好。师生间的敬畏固然必不可少，敬畏使师生产生距离美。如果班主任是专业老师，课堂里老师侃侃而谈，学生如饥似渴。课堂上为师，课堂外为友，与学生平起平坐，海阔天空，笑谈风云，让紧张的神经得以放松，那么师生的情怀便会敞开。纪伯伦曾经说过：“友谊永远是一个甜蜜的责任，从来不是一种机会。”师生间彼此的爱好和对事物的共同观点可以成就一个个有意义的话题。我们会渐渐发现，这种没有代沟的忘年交不但让管理难度大大减弱，更多的是让自己的心态也变得越发年轻有活力。

五、开创未来，让人生更加精彩

如果有足够的时间和精力，身为班主任一定要带领学生做一些学习之外的“大事”。每个年龄段的思维不一样，年轻的时候思维活跃，可塑性强，尤其是“00后”的学生，时代让他们变得如此睿智和有创意，与他们共事一定会有不一样的收获，带领一帮年轻人干活，能激发团队在活动或比赛中超乎想象的凝聚力。比赛那么多，班主任可以博采众长，组织他们参加擅长的学科竞赛和创新创业大赛。学科竞赛可以帮助学生提升专业实践能力，而创新创业大赛则能在大学期间充分拓宽学生的思维和想象力，也能培养学生坚韧不拔的创业精神。如果一个班有几支这样的团队能并肩作战，彼此关爱，共经风霜之后团队的凝聚力自然坚不可摧。

六、如果有才艺，请发挥特长

校园是个五彩缤纷的世界，除了学业，还有各种舞台。这一代的年轻人有各种爱好和特长，多数从小就上兴趣课，发挥学生的兴趣爱好和特长，不但陶冶学生情怀，更能让班级气氛热烈，如果班主任也是有为的斜杠青年，不妨主动去共鸣，让同学认识一个工作之外全新的自己，也算是一种小确幸。尺有所短，寸有所长，每个同学都能为自己的班级增光添彩。班主任是伯乐，积极参与学生的各种活动，充分发掘每个同学的潜力，一定不要让任何一匹千里马逃出我们的视野。

总之，大学时期是一个人的人生观、价值观、世界观形成的黄金时期。培根曾说:“把美的形象与美的德行结合起来吧，只有这样，美才会放射出真正的光辉。”作为班主任要深深地爱他们，用自己良好的师德，扎实的专业能力，美丽的言行，真挚的情感，从内心深处默默地触动他们。

做一片绿叶吧，让花的事业甜蜜，我们的人生亦能精彩。

星级班级如何创建

2015 级营销 2 班班主任　邱宏亮

作为班主任，星级班级创建是班集体为之奋斗的最重要的目标之一，今天我就来谈谈 2015 级营销 2 班的星级班级打造感悟。

一、创建方面

层层渗透，班主任把目标任务传达给班长后，班长要根据星级班级的评比细则一一对接班委和寝室长。班长不需要面面俱到地去管班里的各项事务，平时根据创建内容给每位班委和寝室长都划定好负责的工作，只需在薄弱环节督促班委、寝室长做好验收工作即可。创建工作不是班主任和班长的事情，是大家共同努力的结果。

鼓励参赛，积极转发各类比赛信息，参赛选手在课余时间备赛的过程中，因为同一环境下，会不自觉地吸引和影响从未参赛或参赛少的同学参与进来，长此以往，竞赛的氛围就形成了。教师挑选出参赛学生负责人后，由其组建参赛团队，因为接触时间长的关系，学生相对教师更能清楚地知道每位同学的特点与优势，自行组建团队较教师招募参赛同学会更全能和默契。

找到配合的“点”，班级内总有学生会不配合班委和创建工作，这时候就要摸准其命脉让其主动积极地配合。例如，有些学生把重点放在学生时期完成入党事宜，平时就多向其推荐一些竞赛、表演、志愿者报名信息；有些学生重点在消除处分、不挂科、顺利毕业，平时就多关注其有无违禁行为，及时发现、督促其及时改正。

营造良好的入党争优氛围，班长与团支书同心协力在班级内营造全员争优氛围，制订“带动争优”计划。例如，班委与平时较容易违反学生手册规定的同学结对，在监督其行为规范的同时，积极共同报名参与各项活动、对照入党积极分子要求努力；寝室长与寝室成员结对，在确保寝室各项合格后积极创建五星级寝室、尽可能确保每次都是优寝，互相监督避免使用违禁电器、避免在寝室吸烟、避免夜不归宿的情况出现。

求同存异，遇到问题积极解决，平时班级同学出现矛盾时，班长和班委及时了解情况、及时调解。从大一开始就积极瓦解“小团体”之风，碰到难以解决的问题及时求助班主任、辅导员介入，以免日后同学之间出现严重矛盾，消除打架等隐患。

二、评比方面

评比方面与专业相符、创新为第一要务。营销专业的特点是比较重视口才，所以，评比会现场的主基调以口才评比为主。在此基础上，创新为先。将星级班级拟物化，变成一个产品，评比会现场就是产品发布会的现场，然后，再娓娓道来班级的概况和富有竞争力的特点。例如，2015 级营销 2 班是中职生升上来的班级，在高中阶段系统学习了三年的礼仪知识，在评比中穿插职业礼仪的展示；营销专业还系统地学习了 VI 视觉形象标识设计，通过前期遴选，将一些优秀的设计变成实物在现场展示。每个环节紧密相扣，整个过程繁而不乱，让评委在千篇一律的班级展示上能眼前一亮，有兴趣的了解班级特色，更容易得分。

三、班级定位

风华正茂追逐梦想，风雨兼程共铸辉煌，每个人都满怀抱负，誓要闯出自己的一片天。我们富有朝气，我们敢于拼搏，我们是一个积极向上的班级；这里是2015级营销2班，47个人，47颗心融汇在一起。一张张金灿灿的奖状，都无比生动地讲述着一个个团结故事，昔日习得旅游与管理，只盼览得万里河山；如今步入营销与策划，只望售到惜物难求。三年习礼，气质尤俊。伊人慧心妙舌，君子温文尔雅，我们谨记“我们是为绅士淑女服务的绅士淑女”我们互相关怀，互相成长；我们用“礼”描绘人生画卷，用营销策划自我未来。我们朝着人生的方向，一路阳光。

这就是2015级营销与策划2班，我们拒绝平庸，我们用行动证明一切。只要有阳光的存在，我们就不会放弃奋飞的翅膀！

一粒无限可能的种子，静待花开

2016级会计6班班主任　李　冬

三年转瞬即逝，作为会计专业的教师和班主任，我想说的很多，我用一堂微课跟大家分享，微课的名称就叫“小目标”。鲁豫有约之大咖一日行中的王健林，曾用1个亿的小目标深深地戳中了追逐梦想的人。那么，同学们，你的小目标想好了吗？

一、亲其师，信其道

（一）不忘初心，方得始终

在一个灿烂的季节，与一群花样年华的生命相遇，我的内心无比激动。遥想30年前，马云被肯德基无情地拒绝了，30年后，他轻轻松松地收购了肯德基（中国业务）。这不是故事，正所谓思想有多远，就能走多远。然而不是所有人都像马云一样，在商业上如此成功，也不是所有的人都有所谓的“洪荒之力”，唯有“不忘初心，方得始终”，2009级会计专业的于伟平同学在毕业三年内考出了CPA，越来越多同学考上了专升本，2016级会计6班的一些同学一次性取得初级会计师证书，通过率超过90%，因而，仰望星空，学会坚守，懂得反思，才能把握自己，走向成熟！

（二）常抱青云之志，莫但求田问舍

诗是写出来的，远方是走出来的，学习不是你的唯一，眼前的苟且会让你碰到各种各样的专业问题、情感问题、生活问题……我想说，碰到问题不可怕，可怕的是不说出来。当你迷茫了，失落了，想不通了，来找班主任老师

吧，老师会待你如初恋。

二、赏识教育，正面管理

同学们很快就会发现，班主任教给你解决问题的方法不再唯一，而是多样性的，不再是只有一个标准答案，而是创新和创造。自古深情留不住，总是套路得人心，当学霸跟你说“我什么也没准备”，你信吗？不管你信不信，反正我是信了，因为他是学霸。所以，当你明白营业税的小船为什么说翻就翻，灵活掌握个人所得税起征点不断调整这个知识点，当你了解了高新技术企业所得税优惠政策，你的内心多少有了些学习会计专业底气，对问题的思考和研究多少有了专业的视角，这样的感觉才是大学生应有的。

（一）教育先机

心理学研究表明，在了解一个人的初期，第一印象占比非常高，这不仅左右了对一个人的观感，而且人们很少会改变这种最初判断。每个人都会力图给别人留下良好的第一印象，也会把对别人的第一印象长久地留在记忆之中。

正是利用这一心理特点，在第一次班会时，我浓墨重彩地介绍了旅院“励志、唯实、博爱、精致”的校训，让学生相信来这所学校将会拥有一个全新的自我。接下来，我组织学生进行自我介绍和展示。由于是第一次交流，陌生的环境让他们比较拘谨，学生大多会展示自己优秀的一面。学生渴望得到的认同，不只是渴望受到老师一个人的认同，他们想得到的是一个集体或一个群体的认同。我又通过各种“赛道”——评比学习标兵、学干标兵、创业标兵等典型来激励他们。这样一来，学生开学就有了要适应学校的想法，有特长的、做过班干的学生也憋足了劲干，班委、学习小组、竞赛先锋、创业团队、心理团队等顺势组成，整个班级就活起来了，大一时就有 80% 的同学有分院和院级的各种获奖、参赛经历，班级活跃度和兴奋指数都非常高，达到了星级班级的入门条件。

由此我感悟到抢占教育先机的重要性：良好的开始是成功的一半，学生对教育的信心和态度直接影响到他学习的积极性。学生对学校、班级和自我的精准定位，为班级管理工作做好了准备。

（二）爱出者爱返

学生惧怕教师不是师道尊严，学生敬爱教师才是真正的师道尊严。惧怕会把学生拉到自己的对立面，不利于班级工作的开展，教师很容易被学生孤立。唯有爱学生，让学生佩服，心甘情愿地听从教导，教育才会有效。我在担任班主任期间，利用年龄优势，在学生中建立威信，在此基础上，与他们平等相处，加入班级群、寝室长群、学习课代表群等，融入他们的学习生活中，陪伴着他们，多谈心，让他们感受到老师对他们的体贴和关爱。

我们班有一个女生，表面上积极乐观，给人一种清新阳光的感觉。但她内心不堪重负，情绪经常突然失控，睡眠质量不好，容易被寝室各种小环境影响，到了实习的特殊阶段，经常出现各种情绪问题。心理老师向我反馈心理测试情况结果以后，我在班级内通过寻找心理委员和特定的联络员两个渠道对这个女生进行重点关注，并经常通过微信和她以及她的家长进行聊天谈心，做好定向、动态关注，鼓励她要关注生活中阳光的一面。实习的时候这个女生竟然主动跟我讲起在民泰银行实习的经历。如今，她像向日葵般的灿烂笑容经常出现在脸上。

有人可能要问，只是一个学生就要花这么大工夫，整个班有 40 个学生，爱护得过来吗？我想说，如果不把每个学生都当成个性鲜明的人，每个都爱护，就不可能带出一个好班。解决一个问题学生，就等于多了一个优秀学生，在工作中就少了一个障碍，障碍越少，帮手越多，带班就会越来越顺。一个温暖的眼神，一句轻轻地鼓励，都会变成学生心目中的蜂飞蝶舞，碧水蓝天！

（三）赏识与惩罚并用

能使学生愉快地学习，健康地成长，顺利地完成学业，成为对社会有益的人，是我们每一位班主任的愿望和责任，也是我们的教育所希望达到的初心和目标。

遵循这个原则，在入学的第一周，有一个女生寝室的内部矛盾需要调节，我发现了一位胆大、心细，充满正义且有担当的女生，毫不犹豫地直接任命她为班长，在她的带领下，班级秩序和班风快速向良好的方向发展。

但是，赏识不能解决所有问题，惩罚教育也要有。惩罚不是教育暴力，与赏识和爱护不矛盾，关键是教师要掌握好度。我惩罚学生，之前就会告诉学生什么事一定要做，什么事情一定不能做，并宣布惩罚措施，告诉学生敢做就要敢于承担后果。其实，绝大多数学生事先知道事情不能做，就不会去做，之后惩罚的也是极少数学生。

特别是在班级评奖、评优、入党等学生关注度较高的事情上，必须做到公开、透明，让每位同学都有平等的知情权、选择权。碰到极端事件，在惩罚时，可以否定学生干的某件事，但千万别否定他整个人。惩罚后要密切跟踪学生动态，如有改过要及时表扬。赏识可以树新风，惩罚可以除恶习，高压政策解决不了问题，只有通过讲事实、摆道理，学生才能心悦诚服地接受。因此，本班在许多科任老师眼中都是一个班风优良、学风纯正的班级。

对于一个工作 15 年的教师，我所能做的就是不断学习、不断积累。在这个学校里，我感到幸福：我有许多榜样可以学习，让我不断成长；我有许多优秀的学生可以教，让我体会教书育人的快乐。我工作着，辛苦着，也快乐着！

第二章

一路有爱，梦想起航

做一名学生成长的陪伴者

2016级酒管6班班主任　王　菁

班主任是学校中从事德育工作、开展大学生思想政治教育和发展指导的骨干力量，是大学生健康成长的指导者和引路人。班主任工作和学科教学不一样，它更像是一门艺术而不是科学，更倾向于生活而不是专业，需要有更强的个性化表现。

鼓励，给心理加点营养

我们班的学生大多都来自外省，有的来自东北、内蒙古，有的来自海南、广西，地域跨度非常大。学生之间的生活环境、生活习惯、待人处事的方式以及学习基础也有很大的差异。我记得刚开学没多久，有一位女生跑到我的办公室，没聊多久就开始哭了起来。她告诉我，无论是饮食习惯、学习状态，还是人际交往，她都感觉非常不适应。在大学里，她发现有很多同学都很优秀，有时候她想迈出脚步去努力，但是没多久就泄气了，没有方向、非常迷茫……那天我们聊了很久，这个学生最终笑着走出了办公室，临走前她微笑着对我说："老师，谢谢你的鼓励。"从那以后，我决定要和班里每一位学生面对面聊聊。

作为在江浙地区出生的我来讲，要带领这样一群来自天南地北的孩子，首先要做的就是最大限度地去了解他们，去了解他们的生活环境，去理解他们待人处事的价值观。苏霍姆林斯基曾说："不了解学生，不了解他的智力发展，他的思维、兴趣、爱好、才能天赋倾向，就谈不上教育。"但作为班主任，面对几十个教育对象，了解、熟悉每一位学生的兴趣爱好、学习情况、言行特点、生活习惯、家庭情况等，并不是一件容易的事。所以，我通过"下课约饭""寝室串门"的师生相处模式，抓住学生零碎的时间和他们聊天谈心，以大学长的姿态融入学生中间去。这样既不占用学生的大块时间，还能够高效且及时地了解他们的心理动向并及时给予必要的鼓励和帮助。

陪伴，让孩子找到自我的掌控感

我给班主任的定位，不是训导者，而是对话者；不是说教者，而是倾听者；不只是人生的指导者，更是大学生活的陪伴者。学生们都是单独的个体，没法去"批量生产""标准化生产"，应该让学生们找到适合自己的方式学习、生活。

如何激发学生自我成长的动力？我发现目标指引能够有效地帮助学生找到对学习生活的掌控感。我引导学生在自己的视野、能力范围内，做一个相对精细的计划，先通过一个月的小目标的坚持，让学生们找到自我掌控的感觉，埋下自我成长的种子，每一个目标的完成所产生的成就感会让学生们变得更自信，让学生们感受到自身的变化，更重要的是让学生们意识到"原来我可以"。

除此之外，为学生搭建各种活动平台也很重要，让每个学生都有机会站在台前来表现自己。我会利用好每一次职业素养课的时间，开学前就将每一期的主题确定好，让学生们自己组织围绕主题的各种形式的活动，让每一个学生都参与进来。渐渐地，班级的凝聚力强了，集体氛围更浓了，整个集体散发出积极向上的光芒。

在学生迷茫时，为他们拨开云雾，探寻自己的方向；在学生受挫时，为他们加油鼓劲，积蓄再次奋起的力量；在学生需要时，用真心、真情帮助他们找到自己的小目标、大理想，勾勒属于自己的人生蓝图，这些都是作为班主任的重要职责。

信任，遇见他们由内而外的成长

作为班主任，需要给学生们开启尽可能多的方向，即使他们身上有诸多缺点，也要让他们相信自己是闪闪发光的。有了心底对学生们的接纳和理解，有了积极关注的视角，很多时候对学生的肯定和鼓励就能真诚地表露。比如，上课会打瞌睡的班长，有着很强的组织能力，每一次活动都非常积极主动，人气极高；脾气有些大的东北小姑娘，管理班级纪律公平公正，气场超强；老爱玩游戏的男生，做事细腻、勤快、又热心；平时说话声音小，说话还会红脸的女生，做事认真负责，有条有理。

在教育过程中，信任是双向的。班主任只有信任学生，才能与学生心灵交融。信任是对学生人格的尊重，信任是对学生能力的认可，是一种责任，更是一份温馨、一份幸福、一股能够浸润学生心灵的暖流。在学生纯真的心田播种信任，必将生长出充满生机的无限葱郁。

合抱之木，生于毫木，九层之台，起于累土。班主任工作需要脚踏实地，化“仁爱之心”于日常工作的“点点滴滴”，这才是班主任工作全部的秘密。

以诚相待，静待花开

2017 级酒管 11 班班主任 莫 迟

栀子花开的 6 月，是又一届毕业生的花开季，短暂而美好。瞧，2014 级酒店管理 4 班的孩子们沐浴在阳光下，笑得纯真灿烂。他们即将转过身步入社会。生生不息，春去秋来，又一届新生正从校门口迎面而来。哦，对了，我还是班主任，2017 级酒店管理 11 班的班主任。这一届的情况有点儿特殊，我是始于抽签成为 11 班的班主任，终于疫情期间的云端毕业。11 班相对特殊，由三类生和一个寝室的普高生组成。对于三类生而言，好多课程之前或多或少都接触过，实际操作也相对熟练些，甚至有个别学生是参加技能考试获奖被保送入学的，但是他们中大多数孩子英语底子相对薄弱，而普高生则恰好相反。班级共由 39 位同学组成，大多来自省内，分班后来的普高生寝室成为外省同学的大本营。就这样，39 位小可爱组成了团结懂事的 11 班。

万事开头难。每当迎来新班级，开学前总是我思绪纷飞的时候。比如：新的同学来自哪个地方什么学校，有什么特长特点，家庭环境怎么样，之前成绩如何，有什么经历等，我需要搜罗一些学生的信息，有备无患，争取在短时间内拉近彼此之间的距离。开头很重要，毕竟好的开头往往意味着成功了一半。除了熟悉学生信息外，作为班主任还要做好排兵布阵工作，总结上一届班级在管理过程中的优缺点，及时改进。比如：班级工作计划、班风建设、理想信念教育、心理健康教育等。这其中的轻重缓急、统筹管理关系到每一位同学。然后是我与学生的一路相伴，从军训到期末考试，从参加各类校园活动到看着他们走上领奖台，从焦虑忐忑地去实习到如释重负地归来，从哭哭啼啼小声啜泣到嘻嘻哈哈面带微笑，从懵懂青涩不知所措到自信满满坚定有力，这是成长的力量，也是陪伴的喜悦。

这一路的陪伴偶尔惊涛骇浪，常常和风细雨，我总是为之感动，但同时需要一路改进总结。还记得第一次当班主任的时候，我常常出现学生左右，早晚自习、宿舍、食堂不时地陪伴，但在交流过程中学生反映我虽然时常陪伴却不了解他们的需求。那一瞬间我才恍然大悟，我所给的并不是他们想要的，给得再多也只是一厢情愿的徒劳无功。自那之后，积极探寻学生的关注点成了我的必修课。奖惩助贷、竞选面试、实习抉择、就业方向、寝室关系、安全教育、突发事件等，我都一一记录下来，利用职业素养课，结合当时的实际情况，每节课设定一个主题，通过让学生课前搜索相关内容制作 PPT、邀请学长学姐分享经验，结合个人总结为大家展示相对全面、客观的概况。虽然没法确定最后的成效如何，但首先能达成我作为班主任的心愿：希望孩子们身心健康、快乐毕业。作为班主任，我一直在想，希望我带的孩子们成长为什么样子的人，是荣耀的、夺目的、平淡的还是快乐的？后来还是想了个俗点的，健康快乐吧。只是现在的健康不仅仅是身体健康了，心理健康也同样重要，希望他们有能力爱自己，有余力爱他人。其次，就是作为学生的基本要求：顺利毕业。行走在班主任这条光荣而又需要责任担当的道路上，我们有时引领，常常同行，总是跟随。

带 11 班的时候还有点儿特殊，家里的小婴儿还不满周岁，所以在第一次的职业素养课上，我就和孩子们开玩笑道：家里有 1 个不满周岁的小婴儿，学校里有 39 位刚满月（那时刚好入校一个月）的大“婴儿”们，希望我们一路扶持，3 年后，把小婴儿平稳送入幼儿园，把大“婴儿”们顺利送入社会。也是在那次课上，我向大家介绍了校纪校规以及部分评奖评优，当然提到了学校对集体荣誉的最高认可——星级班级。不过这些都属于锦上添花的内容，我没详细介绍，毕竟我的心愿就是希望学生们身心健康，快乐毕业。而 14 个月之后，迎来了属于他们的荣耀与骄傲——学校 2018 年阳光工程之星级班级评选中，我班以总分第一的成绩在全校参评班级中脱颖而出，荣获“白金五星班级”荣誉称号。那一晚，朋友圈被我的小可爱们刷屏了，大家都激动得睡不着。是啊，如何能不激动呢。一路走来看似风平浪静，却也不乏暗流涌动。从军训方阵到校歌比赛，从日常检查到行为规范，从学风建设到纪律建设，这一点一滴都是孩子们的坚持与自律，当然，也离不开班委的监督与管理。尤其是进入评选后期，班委几乎包揽了节目彩排、视频制作，为全面展示班级风采熬夜修改。所以，班委的力量不容小觑，由他们将整个班级拧成一股绳，搏尽一份力，狠下一条心，共圆一个梦。还记得排练时，班委带着同学们利用课余、周末时间排练到深夜，常常忘了吃饭，当我通过视频看着同学们从手脚不协调到流畅有力、从容自如的时候，眼睛完全无法离开视频，久久不能平复激动的心情。最后，他们圆了梦。由于成效明显，班委代表还应邀为系部下一届的班长们做了经验分享，将评选办法、创建过程娓娓道来，鼓励学弟学妹们创造优异的成绩。

如果说班级是大家庭，那寝室就是小家庭。大家庭表现得优异离不开每一个小家庭的优秀。还记得2017年12月的一个周末，我突然接到班级同学电话，说寝室里一位同学晕过去了，已送往医院急诊室抢救。我一惊，赶紧换上衣服打的赶到医院。一路上一边了解事发经过一边电话联系孩子家长、二级学院领导，听着同学述说经过止不住的后怕。由于当天是周末，同学们一般会睡懒觉不吃早饭，小 A 同学也是。到了中午，小 A 没起床吃饭，室友们也不觉得奇怪。一直到下午，室友们打算换身衣服出去吃饭，喊了小 A 没反应，才引起了室友的警觉。回想当天小 A 没出过声，赶紧凑近了喊，还是没动静，后来用手拍肩膀，甚至推了推，依然没有反应，室友们发觉不对，立马背起小 A 送去学校医务室，同时电话联系班委和我，医务室建议立即送医就诊。送到邵逸夫医院后，医生检查后说是糖尿病酮症酸中毒，要再晚一两个小时送来，人可能就像睡着了一样，永远醒不来了。我赶到医院时，值班辅导员、班长、班委和室友都在，大家满脸担忧。看着急诊室来来往往行色匆匆的医生护士，躺在病床上身插各种仪器的虚弱无力的病人，我深深感受到了生命的脆弱与生活的沉重。没多久院领导和分管领导也来了，给予了我们力量与信心。那晚，由于小A的家人在外省，无法当天赶到，班委和室友主动提出轮流守夜照顾小A。最后小A终于脱离了生命危险，为此职业素养课又多了一个主题——突发事件处理。

回顾这一千多个日日夜夜，是我与孩子们共同成长的过程，成长路上相互扶持，我为他们加油助威。我引领着孩子们走向适合自己的道路，他们带着我找寻做好思政教育工作的支撑点，即知行合一。无论是教育、生活还是工作中都启迪了我思考的火花。这其中，除了深入了解学生外，关键点还有做好班委干部队伍的建设。首先是入学初，在了解了新生概况的情况下，通过民主推荐、毛遂自荐，结合考察期，最终组建了一支素质过硬的班委队伍。由这支队伍，带领着寝室长，从而带领着全班同学齐头并进。同时，也能让我在第一时间掌握学生8小时以外的动态。其次是把握关键的时间点。比如开学、期末，需要同学们及时转换心态，实习前如何抉择，实习期的前3个月需要调整心态，最后一学期如何进入找工作状态，等等。最后，授人以鱼不如授人以渔，大学期间学会方法相对于提供答案更为重要。在每个关键的时间点，我会根据需要提供给学生尽可能全方位的充足的资讯，让学生自己通过思辨采取相应的行动，不替他们做选择，从而护送他们走向成熟。

成长路上，以心相待，一路陪伴，静待花开。

做学生精神上的引路人

2018级导游1班班主任　韩德琼

回顾与2018级导游1班全心相处的三年，全班最幸福的高光时刻就是在2019年的阳光工程评选中，作为“白金五星级班级”和“徐霞客班级”站在领奖台上。这份荣誉是耀眼的，班级的每一位同学都为此感到喜悦，而作为班主任的我更是感到欣慰和满足。

平心而论，这份荣誉的到来并非完全一帆风顺，背后曾经历了许多不易与坎坷。作为普高生的实验班，同学们来自全国十多个不同的省份，后又应系部公开选拔的需求，经历了组合——分开——重组的过程，这对于学生间、师生间的磨合都是一次挑战。清楚地记得在第一次班会上，我与同学们介绍了实验班的选拔初衷，希望他们能够尽快融入这个新的集体。我需要去点燃同学们对旅游的热情，对导游职业的向往，对大学生活的憧憬，鼓励同学们进行主动的沟通和交流。

要带好一个班级，班主任最大的智慧就是选择得力的班助，并引导全班同学选出最有责任心的班委成员。在开学伊始，我首先安排三位班助来协助处理班级事务，同时鼓励同学们积极进行班干部民主竞选，这三位班助和班干部团队后来成了我管理班级的得力助手。整个班级的班风与班干部团队的精神面貌是息息相关的，因此，我对班干部的要求非常高，尤其是班长和学习委员。我常常对他们说，班长只有在管好自己的情况下才能管理好班级，学习委员在学习上保持第一才能成为标杆。事实证明，班长和学习委员的确为了班级工作付出了许多努力，班级的优秀和他们的奉献是分不开的，班级先后在校歌大赛、星级班级等各类比赛中获得佳绩，获得个人奖项 170 余项，团体奖项 30 余项。

当然，班级管理不应该只是班委和班主任的事情，要加强班级的凝聚力，带动每一位同学积极参与到班级建设中来。在每周的职业素养课上，我都会先跟同学们分享自己近期的工作情况，总结班级本周的事务要点、做好各项任务的布置，并鼓励同学们上台分享自己的心得。同学们各抒己见的同时，我可以了解他们的想法，明确接下来的工作安排。学生们都是“00 后”，地域差异和生活习惯不同，容易发生摩擦、口角与冲突，因此，问题大多产生于班级中人际关系的处理。同学之间的矛盾也许是一时的，但如果没有及时处理，可能会出现过激行为。作为班主任，在同学们产生矛盾来向自己求助时，我会尽可能地帮助他们找出矛盾的关键点所在，并协调解决问题。遇到母亲节和父亲节，我会找到一些契机来与他们分享亲情、友情和爱情的话题，引导同学们相互理解、相互包容。在五一、十一等节假日，我还会邀请部分外地的学生来我家里包饺子，既融洽了师生关系，也增进了学生彼此之间的了解和友情。

班主任工作中的思政教育也是非常重要的。恰逢国庆 70 周年之际，我组织班级同学环西湖骑行，去人民英雄纪念碑扫墓献花。我多次组织公益活动，培养学生的社会责任感。由于我所带的班级是导师制实验班，每位同学要进行师徒结拜并到相关企业实习两周。在学生面试之前，我给同学们分析每位导师的长处和所在企业的特点，并帮助他们匹配更合适的导师。在学生去企业实习之前，我会叮嘱同学们主动联系导师、积极表现，为自己争取更多实际操练的机会。当有同学在企业中遇到一些棘手的问题时，我也会及时与企业主管和导师沟通协调。当同学们实习一周返校后，我会让他们撰写实习报告，了解学生在企业遇到的问题和困惑。作为一个从行业来的班主任，我会给同学们尽可能多地普及行业的现状和规则，尽管有时我对他们非常严厉，但内心深处我是把班级的每位同学都当成自己的孩子来看待，希望他们都能积极适应行业变化，匹配实习单位的需求，成为合格的上岗员工。

每年年底，系部都会进行导游比赛选拔，而我也在思考如何给班里同学提供更多的机会。我会鼓励大家多多参与和观摩，向优秀选手学习他们的讲解方法和应变技巧等。我会亲自整理和打印题库，督促班级中的参赛选手完成练习。在我与其他任课老师的指导下，我班多位同学在各类导游服务技能比赛中斩获佳绩，例如，在浙江省高职院校导游大赛中获得一等奖，在全国英语写作大赛中取得三等奖，同时，班级也在学院导游服务技能比赛中获得了“最佳组织奖”荣誉。我希望同学们能够以赛促学，增强自身的学习能力和领悟能力，不断提高自身的含金量。

对于导游专业的学生而言，最重要的考试莫过于导游考试了。作为班主任，我要带领每位同学全力以赴冲刺导考。我和同学们说：“如果你想考导游证，老师一定会助你一臂之力。不管你们未来是否从事导游工作，但这也许是你们在旅院两年做的最有意义的事情。”除了日常的授课，我会安排学习上有困难的同学到办公室抽背导游词和模拟导考。每个班级都会有学习主动性没那么强的同学，如果老师不放弃，悉心加以鼓励和督促，那么再不自觉的学生也会被老师的热情所鼓励。在紧张的学习之余，我会带领同学们到杭州及周边景点踩线。我先在车上示范讲解，到实地景点后让学生分组讲解。他们讲解完后，我再逐一点评、鼓励和指导。我希望通过这种言传身教的方式，让同学们在亲近自然、探索自然的同时，将导游服务技能融会贯通，以便在参加导游口试时能拥有充分的自信和底气。最终，班级在导游口试中的通过率达到100%。

聚是一团火，散是满天星。作为班主任，“传道、授业、解惑”是一方面，但更重要的是要走进学生的内心，做学生精神上的领路人，培养同学们独立思考和解决问题的能力，成为与旅游行业发展相匹配的复合型人才。在实际带班过程中，我也会遇到很多困惑，比如说有时候会觉得自己和同学们有代沟，有时候会很难理解同学们的想法，有时候会因为力不从心而控制不住自己的情绪。但恰恰是这份真实和坦诚，让同学们感受到班主任是个真性情、值得信赖和依靠的人，他们会亲切地称呼我为“韩妈妈”，而我在带班过程中的感悟就是真诚地对待每一个学生。我相信，唯有真诚，才能让一个班级从一盘散沙的状态凝聚为一束耀眼的光芒。

用热情浇灌青春，以相伴指引成长

2019 级导游 9 班班主任　陆甜甜

哲学家牙尔贝斯说过，教育的本质是“一棵树摇动另一棵树，一朵云追逐另一朵云，一个灵魂唤醒另一个灵魂”。喜欢这句话不仅仅因为它富有诗意，更是告诉我们，教育是一种启蒙和唤醒，如徐徐春风、涓涓细流，润物细无声般撒播在同学们心田。担任班主任期间，我深刻地体会到这句话的含义。作为班主任，在工作中与学生们亲密接触，教师的一言一行，一举一动都会根植于学生心里。在担任 2019 级导游 9 班班主任期间，作为经验为零的新班主任，我在磕磕绊绊中摸索前行。其间有收获，也有遗憾；有欣喜，也有失落；有千丝万缕的琐事，也有百感交集的情绪。不过，在领导和同事们的帮助下，我也渐渐适应了工作节奏。在班级同学的共同努力下，2019 级导游 9 班在 2020 年阳光工程中荣获五星级班级，这不仅是一份荣誉，更是一分收获。

一、亦师亦友，与旅院结缘

2018年秋天，我以一名新老师的身份和2018级的新生踏入旅院的大门，从此和旅院结下了不解之缘，和同学们的故事也拉开了序幕。第一次当班主任，有期待，也有忧虑；有激动，也有紧张。错综复杂的情绪交织在一起。就这样，在复杂情绪中，我怀着热情，开启了班主任工作。

二、深入了解学生，润物无声

刚入职的我和学生年龄相差不大，大部分时候，学生会把我当成朋友，也有部分学生会调侃地叫我“学姐”。学生刚入校军训期间，我经常去军训场地，给他们拍英姿飒爽的军训照片，听他们唱军歌，看他们表演才艺。在深入了解班里每个同学的同时，也一起分享他们的快乐，感受青春的活力与魅力。同时，定期走访寝室，与他们深入谈话谈心，了解他们的兴趣爱好、家庭背景、未来目标、性格特点等。我像朋友般与他们交流，轻松活跃，思维发散，谈笑风生。

三、设定班级目标，共同努力

开学初，我通过班会和职业素养课，向学生详细介绍阳光工程、奖学金评定等相关制度。同时，通过列举优秀学生代表的故事，帮助他们尽早确立大学目标，做好大学规划，向优秀的同学看齐，向优秀班级看齐。对于个人，在第一次班会上，我要求同学们写下大学三年的目标，包括生活、学习及工作等方面。对于集体，我希望班级团结一心，共同努力，争创优秀集体，获得星级班级荣誉称号。班级是一个大集体，需要每一位同学的付出和努力，如果每个人都要想着能为班集体做什么，而不是从这个班级中获得什么，那么这个班级一定具有良好的凝聚力。在实现目标的过程中，每一位同学朝着共同的方向努力，多参加一次比赛，多拿一次优寝，多组织一次班集体活动。在实现目标的过程中，正是凝人心，铸班魂的机会，在一次次比赛和活动中，班级每个人的集体荣誉感都增强了。

班级是一个大家庭，每一位同学彼此的相遇是一种缘分，师生之间的相遇也是缘分。三生有幸，与同学们相遇在旅院，踏踏实实，真真切切，亦师亦友，胜似家人。

四、尽职尽责，与学生共成长

制定班规，开展特色班级活动。俗话说："没有规矩，不成方圆。"班级建设和管理应有合适的规章制度作为支撑。在"以人为本"的理念下，结合学院、班级和专业的实际情况，制定合适的规章制度，明确每位同学的权利和义务，使班级积极向上，健康发展，增加班级凝聚力和荣誉感。班级凝聚力和战斗力是班级精神面貌的重要体现，也是班级建设好坏的衡量标准，加强班级凝聚力和战斗力是班级建设的基础。当代大学生基本上是"00后"，这个群体是网络社会的"原住民"。作为班主任，应适时抓住当代大学生的这一特点，及时占领网络高地，使用好网络工具，有效促进班级内部交流和师生交流。比如，定期在班级群里发布与学习、专业、业余生活、工作目标等相关的话题，依托班团干部积极开展讨论，逐步让班级群活跃起来。这样才能促进学生之间和师生之间的有效沟通。在现实中，可以结合拓展训练和专业特点设计相应的团队活动，形成班级特色活动。如大一入校期间，开展破冰晚会、元旦晚会、班助欢送会等。通过班级活动，促进同学之间相互合作和沟通，加深对彼此的了解，促进彼此间的感情，提升班级凝聚力和战斗力。在疫情期间，我多次开展线上云班会，组织同学们参加线上学习打卡、厨艺大比拼等活动，疫情虽然让大家无法在线下相聚，但隔屏不隔爱，通过多次线上活动，拉近了同学们之间的距离。

精选骨干力量，抓班风建设。班团干部是一个班级的核心，是班级的第一管理者和建设者，故班团干部的选用对班级建设和管理尤为重要。首先，军训期间，初步筛选出一些班团干部的预备人选。其次，经过一段时间的考察和充分了解后，本着"公平、公正、公开"的原则下，由班级同学和班主任从预备人选中共同选拔出班干部。最后，精选班团干部后，班主任应重视班团干部的培养工作，在"自我管理、自我教育、自我服务"等方面加强引导；定期召开班干部工作会议，总结和归纳工作中的不足之处和所遇困难，共同商讨解决方法。班干部对班级凝聚力的提高、良好班风和学风的建设等班级建设和管理方面具有不可忽视的重要作用。

优良的班级学风，不仅可以增强学生的自主学习能力，还能够影响学校的校风。因此，班级学风建设尤为重要，应当常抓不懈。班级学风的建设，最主要是提高学生学习的主观能动性，让学生知道自己进入大学的目标是什么，知道自己要干什么。有很多大学生在大一期间非常迷茫，甚至整个大学期间都比较迷茫。所以，在大一入学时，需要班主任帮助学生清晰地梳理和设立自己的大学目标。在此过程中，班主任和班团干部可以根据学生的目标，有意识地形成小团队。比如，互帮互助小组。以小团队的形式分批并有针对性地进行引导和管理。在这个过程中，小组同学之间不但可以互帮互助，也可以互相监督，有助于培养学生的自我管理意识，学生自我行为的约束能力与反思能力也能不断提高，可有效促进学生的成长。

作为一个没有太多经验的新班主任，一路摸索前行，与学生同成长，共进步。要教育好学生，老师首先要树立榜样；要给学生一滴水，教师应有一桶水。始于责任，久于担当；绵绵用力，久久为功，希望在以后的工作生涯中，我能不断提升自己，做好一名心怀学生的引路人。

缘自师生，超越师生

2019 级导游 1 班班主任　童海洋

班主任对于一个班级而言应该是老师、家长、导师、朋友的结合体。

作为老师，应该坚定学生以学业为重的原则，任何时候都不能放松对学生学习态度的督促和学风的建设。课堂手机上交率要求必须达到百分之百且落实到专人负责，如：班长＋学委。对考试作弊零容忍，从开学后的职业素养课贯穿到专业课程授课，结合考试前的动员，不断强调考场纪律。此外，应督促学生全面遵守校纪校规，按时出席早晚自习，不提前早退，制服着装率要求达到 100%，按时完成晨跑和素质学分等。

班主任应全面了解每一位学生的生活状况，清楚学生在求学期间是否有资金上的困难。部分学生碍于面子，不愿透露家庭困难的情况，作为班主任在察

觉后应主动对接，促膝谈心，主动介绍学校的相关帮扶政策，取得学生的信任并积极提供帮助。部分学生虽然生活上没有困难，但是因其他家庭原因造成其性格或者心理方面的各种问题。作为班主任，应该在了解情况后，咨询专业人士，一起进行必要的干预。如果情况非常严重，应及时向所属二级学院和学生家长反馈。

作为导师，我要在学生的学业，人生道路，情感方面感到困惑的时候，为他们提供一些参考意见，积极为学生推荐校内的各类比赛实践活动及校外的实践、实习机会（需在保证安全及不影响学业的前提下）。

作为朋友，其实这是检验学生对班主任是否信任的衡量标准之一。因为很多班级的动态和问题来自课后的不经意间的反馈。但是作为朋友，一定要把握分寸。因为过于随意，不利于严肃工作的开展，过于严肃又拉远了师生的距离。

此外，班主任应该做到公平、公正。每个学生都有自己的个性、喜好和特定的社交圈。班主任不能单凭成绩和学生的性格就对一个学生做出判断。英语薄弱的学生可能很有表演才华，性格内向学生可能在艺术方面有相当的造诣，不被大多数同学喜欢的学生可能在某一特定方面有非常突出成就。班主任需要公平地对待每一位学生，必要的时候力挺他们，鼓舞他们，肯定他们。

一、入学前

入学前班主任必须与班助团队沟通。先聆听他们的想法、各自的定位，任务分配和工作计划。内容中的亮点予以肯定，不足的地方委婉指出并提供修改意见，最终达成一致。教条式的内容和教育式的口吻可以用自身案例及周围的案例来取代。一个给力的班助团队对一个班级的初期建设非常有帮助。作为班主任，需要适度给予班助一定的权限，但必须在做决定或者实施某项行动之前和班主任报备。

在成立微信群、QQ 群之后，通过班助与学生的日常沟通和学生的日常聊天，初步掌握学生们的性格特点。

二、开学后

上好第一堂班会。同样，班会不能作为讲座式或者训导式的课程。应该是全员参与的互动。有位老师让学生用三种语言和方言介绍自己就非常有特色。这样的破冰方式更容易打破沉默，活跃气氛。此外，班主任职业素养课可以预留一部分时间做一些互动。本人在课堂组织过的活动有英语单词你比我猜，团队协作（理论）的“沙漠求生”等。

不同课程之间的身份可以有不同的设定。专业课授课过程中必须有严格要求，严肃课堂纪律，对于作业和测试没有商量的余地。但是在职业素养课、班会、班委会中，讲课的口吻，方式都可以较为活泼，可以结合最近班级的动态，开开善意的玩笑等。

开学后的两个月内，非常有必要展开一场全班范围内的一对一谈心。地点可以在办公室、食堂、教室、校内咖啡店、男生寝室（男老师在女寝聊天不太合适）等。聊天的内容包括但不限于：每个月的生活开支，学习情况，学生工作情况，求学期间目标，毕业后的打算等。关于毕业后的打算非常有必要引导学生积极思考，有了明确的目标才有努力的方向。如果学生想直接就业就可以在在校期间积极为他们推荐合适的假期工作、实习机会。在校期间，我个人不反对学生从事学生工作。虽然学生的时间有限，能兼顾学习和工作的学生人数可谓凤毛麟角，但是参与学生工作有利于锻炼学生的时间管理能力和实践能力。对于工作好的学生，我会时常督促他们的学习成绩，但是重要考试准备期间，需要平衡好工作和学习的机会。课余活动，尤其是各类竞赛和技能比赛，本人非常主张学生多多参加，锻炼自己、提升自己。现在社会需要复合型的人才，总有一个比赛可以帮助学生崭露头角，发掘其潜力和才能。

疫情期间，除了日常提醒等必要的防控防疫措施之外，本人结合课程试点了一项教改活动，让学生在家拍摄视频，在家参与课程建设。建设的具体任务可以是拍摄演示视频，录制语音，自编自导一段教学片段，或者实录给家长扮演的游客担任导游讲解。一方面让家长了解到学生的专业内容，另一方面也达到课程中师生共建的目的，教学效果和反响也很显著。

实习期间，由于学生不在学校，主要的沟通只是靠微信和电话。虽然少了面对面的接触，但是为学生排忧解难，回答实习过程中碰到的林林总总的问题，消除学生的实习倦怠等每周都会进行。通过批阅实习日志，可以了解学生的实习情况，发现问题并及时沟通解决。

三、总结

一个优秀的班级一定要团结友爱，有一群负责任、有担当的班干部，有一些学霸、文艺骨干、体育能人、电脑高手……有一群颜值担当，大家各自有一个明确的学习和人生目标，哪怕有一些所谓的“异见人士”和“学渣”也没关系，这样的班级才会显得多元、包容、百花齐放。

秉承博爱情怀，成就精彩人生

2014级导游3班班主任　徐慧慧

从2006年到2021年，我担任班主任工作已经有16个年头，但一直以来我始终自认为自己还是班主任队伍中的一个新兵，我在不断地摸爬滚打和无止境的学习中蹒跚前行，一路披荆斩棘，跌跌撞撞，并无成功可言。幸运的是，在2015年，我所带的2014级导游3班获得了五星级班级的荣誉，我个人也因此得享荣光。扪心自问，其实这都是学生们的功劳。

班主任工作一直是各项工作中我最为敬畏的一项工作，一方面是因为基于自己十余年中小学学生时代的经历，对班主任这一称谓有特殊的情感，相信在每一位学生的心目中，“班主任”都是一个神圣的称谓，因而也就有了特别重大的责任和使命；另一方面是因为在十余年的班主任工作中，我确实感受到了这项工作看似琐碎而意义特殊，想要真正做好实属不易。

在虽然平凡却牵涉着内心最多情感的班主任工作实践中，我个人有如下几点粗浅的体会。

首先，班主任工作不仅是一份工作，更是一个教师教书育人使命中“育人”的重要载体。如果不是把它当成工作而看成使命，那就没有了下班时间和“不在我工作范围内”这样的说辞。于是，延续着中小学校班主任身份的神圣性，高校班主任虽失去了其职能之“形”却仍承载着其育人之“魂”。学生们都会把班主任看作解决一切问题的第一依靠，而即便大部分学生工作早已不在高校班主任的能力和职责范围内，但这种天然的依赖或信任，仍需要我们通过切实的行动去回应。很多时候，即使无法直接处理，也能给予适当帮助，让学生在无助的时候想到至少还有一个人是永远都在那里的，这是班主任存在的表象价值。而在学生每一次因工作、学习或生活情感问题找人倾诉和寻求建议时，总有一个人是站在真善美的立场，能代表正确的“三观”给予引导、给出建议，这就是我认为高校班主任工作存在的第一意义——班主任是高校育人工作的支点。

其次，班主任是每一个家庭在孩子培养过程中重要的合作伙伴。在多年的班主任工作中，有一个让人印象深刻的工作，就是与学生家长的交流。一般来说，到了大学时代，大多数学生都能自主参与学习和完成毕业各项任务，这些学生的家长是不需要经常联系的。但是在班级中，总有那么几个学生，出于种种原因，他们总是不能按照学校制度和教学要求完成各项任务，甚至还会“惹是生非”，给班级带来负面影响。为了更好地教育引导这些学生，就常常需要我深入接触他们的家长和家庭，这也给我带来了一些难忘的经历和深刻的感触。一是通过与家长接触，会对学生有一个更全面深入的认识，知道他（她）如今之所以表现出某种所谓的“问题”，其实是和家庭中的某些经历有直接关系的，这些“问题”学生，恰恰都是家庭和生活经历的受害者，他们需要更多的关爱和耐心。于是在面对这些学生的时候，我的内心也就多了一种宽容和友善。二是在与家长接触中，能同时做一些家长的思想工作，与家长说明一些道理，给他们一些学生真实心理的反馈，也能在一定程度上促进学生的亲子关系。三是在与家长的沟通中，就是在倾听一个个真实的家庭故事，对我个人来说，也能学习到一定的经验或教训。

最后，班主任是每一个学生实现自我价值的引路人。作为一个专任教师，我始终认为专业课的教学应把引领学生成长和发展作为教学的重要任务。担任班主任工作，我想，同样也肩负着这样的使命。来到高职院校的学生，和本科院校学生相比，确实有一些自身的特色。他们中的普高生有的是因为不适应学科教育，因为考试成绩不好来到高职，有的是因为家庭等原因导致的学习习惯、心理等方面出现问题而没有好好学习，来到高职。另一部分职高生则从中学开始就进入了相对主流教育显得弱势的职业教育领域，在文化知识等方面一开始就呈现出了不同的状态。他们普遍的一个共同经历，就是很少被肯定、被表扬、被鼓励。而且有很多学生来自有问题的家庭，他们更缺乏爱和关怀。但是从社会发展的角度来看，每一个人都是有自身价值和发展路径的。无论是作为高职院校的班主任还是专任教师，我认为激活这些学生是我们最大的职责之一。所以在教学和班级管理中，要深入观察和了解每一个学生，找出他们的亮点和优点，让他们发现自己也有闪光点，以此激励他们发展自我，实现自我价值。我经常用的方式是表扬和鼓励，对学生的错误表示宽容，并在指出问题的同时给他分析原因和发展方向，让学生感受到不能自我放弃自我抛弃，自己也有亮点和优势，无论处于什么位置和什么状态，都要努力寻找出路，走向多元化人生的成就和光明。

也许对我们每一位高校教师来说，教学、科研和社会服务才是个人发展的基石，班主任工作带给我们最切实的价值感和情感性，让教师这个职业充满了人间烟火和人间至爱。做班主任的过程，就是在和每一个家庭对话，和每一种家庭模式和教育模式对话，更是在和每一个人的成长历程对话。这份工作平凡琐碎，有时候是打一个的关于生活小事的电话就长达几小时，有时候需要处理寝室里鸡毛蒜皮的小问题，有时候是听学生们讲那些挑战自己三观的鲜活观点。你会发现，做班主任与其说是付出，不如说更多的是获得和成长。那些优秀家庭有各种各样值得学习的亲子经验和育人方法，而那些出现了问题的案例，更给人警示和启示，并帮助自己在未来和学生、和自己孩子的相处中，做到扬长避短、查漏补缺。特别是通过和学生及其家庭的接触，你会更加了解人性，了解每一个人生活的不易和之所以产生问题的原因，能由此优化自己的心态和对人对事的认识。

如果要我对班主任工作做一个简单的定位，我想说，这就是一场修行。修行，可能是一路的付出，是困难，是喜忧参半，也可能始终没有“正果”，但正是在一日又一日的修行过程中，你给予他人正能量，自己也由此成长。

没有爱，就不会有教育

2011级导游2班班主任　钱正英

入校工作数十载，对于学生的关怀与热情是我作为一名教师不变的心。回首一幕幕与学生相处的时刻，快乐、感动、自豪都洋溢在我心间。作为班主任，与学生亦师亦友，我引领着他们，他们也成就了我！

一、热爱工作，热爱学生

“没有爱就不会有教育”，对班主任来说，我们既要有对班主任工作的无比热爱，更要有对学生的关心与关注。

首先，要有对教育事业的执着追求和热爱，特别是对班主任工作的无比热爱，这点对班主任来说显得格外的重要，它是当好一个班主任所必须具备的先决条件。众所周知：当我们对某项工作或某件事情缺乏兴趣和热情时，是难以将这项工作做好的。我在做班主任工作之初就曾给自己定下了这么一条：要么就别做，免得误人子弟；要干就得尽心尽责地把它干好，干出一点成绩来。几年来，我从不放过任何向有丰富经验的老班主任学习的机会，虚心向他们求教，不断在实践中摸索总结，尽量把工作做得细致扎实些，全身心地投入班级工作中去。由于我的不懈努力，也由于我的工作得到了班上几位任课老师的支持与帮助。做班主任工作的几年时间里，我带的2011级导2班被评为“五星班级”。成绩和荣誉的取得，使我更加自信起来，我对自己说：只要我是出于对班级工作的真心热爱，只要我能持之以恒地做下去，我定可以成为一个称职的班主任。

其次，热爱学生，关爱每一个学生是教育好学生乃至当好班主任的必要前提。热爱和保护学生是班主任的神圣天职，是合格班主任的必备素养，无私地关爱学生是师德中最重要的一点。以爱动其心，无微不至地关爱学生的成长是做好班主任工作的基本条件。多年来，我已养成这样的习惯；每接手一个班时，我会有意识地去了解摸清学生的家庭情况、思想状况、兴趣爱好、优缺点等方面的情况。为了能更深层地了解学生，每学期我都会尽可能抽时间走访学生宿舍和班级任课老师。这样做是为了有针对性地做好学生的个别教育。学生特别需要我们去亲近和关爱他们，及时发现他们的长处，及时表扬，这样更能做好班主任工作。

二、平等交往，真诚相待

现在学生思想活跃，独立意识和创新意识极强，他们不满足于老师对他们学习、生活等方面关爱，更希望老师能“蹲下身来”，改变居高临下的状态，重视他们的感受，倾听他们意见，真诚地与他们交往，做他们思想上志趣上的朋友。因此，作为平时与学生接触得最多的班主任老师，应放下架子，设法融入学生中，和他们推心置腹，诚恳相待，把学生当成自己的弟妹、朋友来看待，关注他们的一切，以兄长和朋友的姿态出现在他们面前。正是基于这种认识，在平时的工作实践中，我始终把自己置身于学生当中，班上搞活动我与学生一起参加，课余时间经常找学生了解他们的思想、学习、生活等方面的情况，征求学生对班干部及老师工作的看法，让学生就如何抓好班风出谋划策，与学生谈自己的生活及学习经历，甚至与学生聊天说笑话等。我的这些做法，无形当中拉近了我与学生间的距离，让学生真切地感受到了他们的老师平易近人，和蔼可亲，觉得老师已经是他们中的一员了，这样，他们乐于接近我，心中有话敢对我说，犯了错误敢在我面前承认，班上不管出了什么大小事情，随时有人会及时向我汇报，这不仅有利于我及时了解班上同学的思想动态、喜怒哀乐、行为举止，而且对班级情况也能做到了如指掌，在开展班级工作时让我感到得心应手，左右逢源，这就是“诚心”在发挥作用。

三、耐心细致，关心落后

不管在什么样的学校，也不管在什么样的班级做班主任工作，你都不可避免地会遇到后进生，班主任要设法做好他们的教育和思想工作。否则，任其发展将祸及整个班集体。几年来的班主任工作实践使我懂得：教育学生仅有严格、有要求是不够的，还必须讲究教育的方式方法，对后进生要充分肯定他们的长处和优点，理解他们的处境和感受，在思想上、感情上与他们共鸣，既要像父母对待子女那样，也要像朋友一样对待他们，开展工作要和风细雨般地进行，切忌简单粗暴，更不得嘲笑、讥讽、挖苦。这样他们才会对老师产生一种亲近感；有了这份可贵的“亲近感”，我们的班主任工作才能收到更好的效果。

四、学会用人，凝聚力量

一个团队要想取得成功，骨干的作用必须要得到充分发挥。同样，在一个班集体中，也必须要有一部分热爱集体工作又有较强工作能力，自身素质较好，在集体中有一定威信和影响力的学生组成班干部队伍，形成集体的核心力量。班主任除了要精心培养和具体指导班干部，更重要的是要信任他们，支持班委的工作，给予他们一定的权力，并要求他们对班集体出现的问题承担相应的责任。

我的管理原则是班主任不在时，班长可以全权代理，他是班级正常稳定运行的掌舵者。班委所作的决定，正确的班主任给予及时肯定和大力支持，存在不足的，班主任也绝不在全班面前马上否定，而是在课下以探讨的方式进行具体指导，指出不足，促进班干部能力的逐步提高。

班干部的分工必须明确，“在其位，谋其职”，哪方面出了问题找对应的班干部负责，他再去具体落实到每位同学身上；自习课班级吵闹找学习委员、纪律委员，请他们和班长一起解决。班委的分内工作没做好却相互推诿，就要接受批评，承担责任。班主任主要负责把握班级发展的大方向，具体事务分别由几位班委负责。事务细节不需要班主任来操心，而且效果比我在班上跟踪管理要稳定、要好。

这些年来，在班主任工作岗位上，我确实尽了很大的努力在工作，可以说取得了一点成绩，在荣誉面前，我更加明白肩上的重任。同校内外其他经验丰富的优秀班主任相比，自己还有较大的差距，今后我将继续加倍努力地工作，用爱心、诚心和耐心去做好班主任工作。

做一个有爱心的大学班主任

2010 级导游 1 班班主任　陈建新

对于许多新教师来说，班主任工作是他们的一个很大的难题。看着许多有经验的老班主任做起工作来得心应手，游刃有余，而轮到自己时却是处处受制，举步维艰，还不明白问题出在什么地方。真是学又学不像，做又做不来。再碰到学生不够懂事甚至与自己反目，也只能“自己的心情自己感受”了。我对于班主任工作的展开，谈不上有什么心得，只能说是有一点感受吧！

一、班主任不能溺爱学生，不要宠孩子

在刚开始接手 2010 级导游 1 班的时候，我什么都不了解，没有任何经验可言。那时候最关心的一个问题就是：如何处理好与学生之间的关系？可是，因为缺乏经验，我并没有把握准与学生之间的距离的尺度。一心想着和学生交心，希望他们在大学生活中找到自信。但是，与学生距离近了之后，我却发现学生会不尊重我，班级纪律成问题，学生们并不自重，理想中的民主成了现实中的散漫，学生自信过了头。

在军训和养成教育的十几天里，我和学生朝夕相处。那时候，我觉得自己已经成为他们的保姆，他们有任何困难，我都尽可能地帮他们解决。但是，正因为这样，学生养成了懒散的习惯。后来想想，其实，班主任就要“懒”点。

而后，我给每个班干部布置了具体的任务。我要求每一位班干部都要发挥他们的作用。晚自习采取每个班干部负责看管几个人的方式，再由班长管理全

班的办法。这个方法收到了很好的效果。在平时的生活中，我尽量让班干部先对日常事务进行思考和处理，而后再由我对他们的工作进行校正。有时候，我发现这些班干部能做得很好，甚至比我自己处理更好。我想，只有班主任放松些，给班干部事情做，班干部的个人能力才能得到提高。

二、保持适当距离，让学生看不透老师

当学生正式进入日常学习生活中后，我担任了本班的《领队英语》老师，可以说，在刚开始的第一个学期里，我天天与他们打交道。在我的学生面前，我演着两个不同的角色。作为班主任，我要求他们上课认真、安静。但是，作为一名任课老师，我希望学生能喜欢上我这门课，我喜欢在一个轻松、活跃的课堂气氛下授课。说真心话，我并不喜欢上自己班上的课。而开学后，我们班在全科的八项评比中，一直没有取得让人满意的成绩。这时候，我发现，我一开始想与学生轻松相处的想法是很难继续下去了。他们完全清楚我的脾性。这时候，我请教了其他有经验的老师。改变了我与他们相处的方法。我严格要求自己班上的学生，让他们改变以往懒散的态度。甚至在我的课堂上，我也会因为学生的不良表现发火，教育学生。这时候，由于学生对我的突然改变无法适应，他们也不再像以前那样无所谓。他们总算是有些进步。

到了后期，由于我改上 2012 级的课，并且每周课也很多。并没有太多的时间与自己班上的学生相处。也就只能是上课的时候从班级经过，下课的时候去看看他们了。但是，我发现，正因为这样，学生反而对我很好了，也更听话了、更懂事了。学生变得很贴心。他们会偷偷对我说：“老师，很想您啊”。我交代的一些事情，他们也能更好地完成。我觉得班主任和学生之间还是应该保持适当的距离。

三、刚柔并用，建立班主任在学生中的威信

这点，我觉得是最难的了。太凶了，会伤了孩子的心，而且让他们长时间处在一个高压的环境下，他们的精神压力得不到放松。一旦压到极限的时候，孩子就会出现反常的行为。但是太柔了，学生只会骑到自己头上，会使自己失去了老师的威信。有些有经验的班主任教我“对学生就是打一个耳光，给一颗糖”。对学生严厉的同时，也要让学生知道班主任的好。不过，这点说着挺容

易的，却是我自己最难做到的。可能是自身性格的原因吧，我不太容易生气。通常对我们班那些调皮鬼都是温柔多过了严厉。这是我最致命的缺点，也是我在今后班主任工作中需要重点突破的地方。

四、引导正确的班级舆论，营造良好的班级氛围

根据“90 后”大学生特点和招生范围的广泛性，在营造班级舆论方面，我一直在班级内强调两点：第一点，一个班，关起门来就是一个大家庭，不论地域性和家庭经济条件的优劣，每位同学都是班级的主人，班级内人人平等，若相互间真要比较，十年后再论高低；第二点，大学同学是人生的宝贵财富，珍惜今日的同窗之缘，为明日的成功打下基础。由此，我在班级里能感受到同学之间的那种积极向上的融洽氛围。

五、实施自我管理，培养一支高效率的班干部队伍

班干部是班主任和学生联系的桥梁，是学生的精英，是教师的助手，是自我管理体现最明显的一部分群体。班主任、班干部及学生三者之间的关系如同伞柄、支架和布，一个再好的伞柄如果没有支架的支撑是无论如何也撑不起一片天空的。在班级管理上，我个人倾向于“先专政后民主”的做法。在选择班干部时，班主任都会倾向于选择责任心强，办事公正，品学兼优，有较强的组织能力和活动能力，易于与他人沟通的学生。所以，在军训结束后民主选举班委会时，我实行的是“提名候选人”和“自由竞选”相结合的做法，体现了民主集中制。这样产生的班干部工作热情高、工作态度端正、切实起到了模范带头作用，利于达到老师的要求。

班级常规管理是一项整体的育人工程。把学生的积极因素调动起来，才能形成合力，共同构筑学生的自我管理机制。例如，班级学生的千分制考核，可以根据班级的实际和学校的要求，及时地作出适当的调整，使班规跟上学生、班级的变化，不断提高要求，引导学生的行为和品德向更高的层次发展，促使学生通过自我教育、自我调整而不断成长。比如，我们班在千分制考核中没有对请长假的同学给予约束也就是扣分，在进入 12 月以来每到周末都有请长假的同学，而且越来越多，这是我始料不及的。为此，我把学习部对我们班请长假问题的反馈先在班委会上做了通报，然后在周日的班会上和全班同学做了沟

通。这次的沟通是很有成效的，全班同学一致通过一条规定——无特殊原因请长假要扣个人操行分。

六、最深感触，要做一个有爱心的班主任

班主任工作比较琐碎、繁杂。在处理问题时，如果没有一颗真正关爱他们的心，就很容易流于简单化；或者是千篇一律，表面上唬住了他们，但他们心里并不服气。我觉得要使一个班级有良好的班风，有强大的凝聚力，一直不断前进，班主任除了做好一些常规工作外，还应有一颗爱心，把自己真正融入学生中，多理解他们，使他们信服班主任，愿意把班主任当作他们的好朋友，愿意与班主任进行多方面的思想交流。“一双眼睛看不住几十个学生，一颗爱心却可以拴住几十颗心。”但是爱并不是一味地纵容，要严出于爱，爱寓于严，严而不凶，宽而不松，严在当严处，宽在当宽处。所以，作为我们当班主任的老师都有这种体会：虽然班主任工作有一点累，但是很多时候我们乐在其中！

如果我们不曾相遇

2017 级规划 2 班班主任　高恬宇

2016 年 7 月，五月天发表了专辑《自传》，作为五迷班主任，一直很喜欢里面的一首歌《如果我们不曾相遇》。2017 年 7 月有一群小可爱正参加着高考，填报了志愿，8 月我们拉了一个 QQ 群，9 月我们相遇了。小可爱们分别来自浙江、安徽、黑龙江、内蒙古等地，有着不同的生活习惯与兴趣爱好。如何让一群天南海北的学生能够融合到一起，这成了班主任的头等大事，一个班级是否团结也是日后管理中的重点。正如这首歌的歌词一样，"那一天，那一刻，那个场景，你出现在我生命；从此后，从人生，重新定义，从我故事里苏醒；

如果我们不曾相遇，你又会在哪里；如果我们从不曾相识，人间又如何运行；晒伤的脱皮，意外的雪景，与你相依的四季；苍狗又白云，身旁有了你，匆匆轮回又有何惧；那一天，那一刻，那个场景，你出现在我生命；每一分，每一秒，每个表情，故事都充满惊奇；偶然与巧合，舞动了蝶翼，谁的心头风起；前仆而后继，万千人追寻，荒漠唯一菩提；是擦身相遇，或擦肩而去，命运犹如险棋；无数时间线，无尽可能性，终于交织向你；那一天，那一刻，那个场景，你出现在我生命；未知的，未来里，未定机率，然而此刻拥有你；某一天，某一刻，某次呼吸，我们终将再分离；而我的自传里曾经有你，没有遗憾的诗句；诗句里充满感激”。我们一起经历军训，一起经历学习，一起参加各种比赛，一起参加实习，一起在特殊时期云毕业了。很有幸，我们配合默契，在生活中，同学们从懵懂到了成熟；在学习上，同学们从落后到了前茅。

大学班主任，在我的理解中是有个度需要去找到，不能如中小学般的严，也不能放羊式管理。应抓住班级存在重点、痛点、矛盾点一一击破，使同学们团结、自律、互相关爱。总结来说，班级的管理应做到“三 jin 四 jing”——进、劲、尽、静、净、竞、精。

一、进

指前进，引申可有行、进步、促进、出仕、引进、举荐、提升、进献、靠近、超过、进入等意义。既然我们进入了一个集体，必须要一起怀着进步的心，互相勉励，提升自我。大学生正处在一个世界观成长的特殊的时期，作为大学生的班主任，一举一动都会直接影响学生的思想行为和道德行为。因此，作为班主任，更应严格要求自己，提高自己的文化和道德修养，以感染和教育学生，做到共同进步。

二、劲

劲（jìn）指的是力气，力量，另指精神，情绪，兴趣。在与学生交流中，必须要注意给予学生力量，带动学生的情绪与兴趣。

三、尽

作为班主任，对于班级学生应该做到尽心尽力。以诚相待，学生也会拿出真心与老师交流。为学生解惑，解除他们的困惑，树立大学生涯的目标。为了让班级同学尽快拥有班级集体感，我建议为班级同学拍摄一段集体小视频，这样可以使每位同学参与进来，让同学们有了相互了解与碰撞，为班级开设公众号，帮助同学们记录大学生涯的点滴，也为学生设置了一个展示自我的平台。

四、静

不管是“80”还是“00后”，都存在一个词——“浮躁”。作为“80后”的班主任，自身从浮躁到静下心的过程是一和经验，可以教给“00后”的孩子，让他们静下心来，看清这个社会，最重要的是知道自己要什么，想成为什么样的人。

五、净

班主任需要教导学生做一个干净的人，不仅行为上干净，还需思想上干净，不能有作弊或走后门等想法和行为。这点我班学生做得特别好，每次考试，监考老师都给予夸赞。

六、竞

班主任应带着学生们积极、踊跃参加学校组织各类大型集体活动，如运动会、文明寝室比赛、星级班级评比、挑战杯等。通过集体活动，增加班级凝聚力，开阔视野，陶冶情操，培养他们热爱集体、关心他人的美好品德，做到美好品德入身入脑入心，形成不甘落后、团结拼搏的精神；通过专业类的比赛，使同学们能更好利用自身专业知识，学会查阅资料，归纳总结，找到自己专业的薄弱点，并能吸取其他参赛队员的好的思想，精进自己的专业素养。对于参加的活动，无论是取得了成绩还是以失败告终，都要做好总结，班主任要总结，学生自己也要总结，使学生养成总结经验的习惯，在以后的活动中不断进步。

七、精

精致是浙江旅游职业学院的校训之一，可以理解为有情致、情趣、美好的意思，多指“生活形态”。大学作为进入社会的一个门槛，需要了解社会百态，更要有精致的生活状态。丰富有趣的大学生活，才能给学生带来对未来的向往。

“没有教不会的学生，只有不会教的老师。”这句话是我的小学老师对我说的。自从自己进入的教师队伍后，我深深感到这句话的重要性，也是我作为老师的一个信念。如果我们不曾相遇，我们又会在哪呢？既然我们有缘在大学相遇，有了三年的师生关系，就要好好珍惜这三年，班主任是同学们走向社会、走向未来的一把钥匙，希望可以为同学们开好每一扇门，让学生尽快适应并享受门后的生活。

心若向阳，何惧忧伤

2015 级会展 2 班、2018 级会展 2 班班主任　陈　蔚

班级是学生成长的摇篮，这里应该有他们求学时的快乐，有他们最初的梦想。让每位学生内心充满阳光、快乐成长，帮助每位学生获得成功，是我作为班主任孜孜不倦的追求。班主任是联系、沟通学校与学生的桥梁和纽带，在学生成长、成才过程中，具有不可替代的重要作用。在班主任工作中，既要坚持教育人、引导人、鼓舞人、鞭策人，又要做到尊重人、理解人、关心人、帮助人。下面就我个人想法谈谈如何做好班主任工作。

一、有爱心

爱是溶化剂，爱是桥梁。要想让学生爱你，首先你应该付出爱。为了做到这点，我把关爱渗透到平时。我从不吝啬我的爱，在生活上，及时了解和掌握

所带班级学生的情况，深入开展贫困家庭学生谈心活动，帮助贫困家庭学生解除思想疑虑，无论是学习上还是生活上，常去关心他们、照顾他们，哪怕是简单的一句多穿点，在学生心里都会产生很大的作用。班主任应及时发现那些需要关爱的同学，用爱心关心学生的成长，关心学生成长的家庭环境，关心学生的学习，关心学生的身体健康，关心学生的情绪感受等。爱心的表现方式可以是多种多样的，一次办公室的促膝谈心，学生生日时的蛋糕和祝福，及时献上一片真诚，将是对学生的最好奖励，会使他们产生强烈的信任感，更好地听从你的教导。

二、有热心

作为一名合格的人民教师，首先得热爱本职工作，只有这样才能全身心地投入到教育事业之中，以班级为小家，爱学生如自己的孩子。作为班主任，要做好自己的工作，就务必善于研究学生的生理特点、心理特征及行为习惯，对学生要有同情心、友情般的爱心，身教重于言教，发挥老师的表率作用，善于了解每个学生、热爱每个学生、关心和帮助每个学生，和学生打成一片，学生才能亲其师，信其道。我坚持每天至少与2名以上学生谈话，每周至少2次深入学生宿舍，每月至少2次走进学生课堂。在学习上，充分发挥自身优势，毫无保留地贡献出自己的精力、才能和知识，积极指导学生参与各类比赛项目。在获得各项奖项的过程中，我与学生一起修改策划方案、一起制作PPT，相互学习，相互支持，赢得了学生的尊重和热爱，精诚所至，金石为开，我们彼此结下的师生情谊是难以用语言表达的。

三、有诚心

班主任在平时的一言一行中要严格要求自己，为人处世给学生以示范，做学生的榜样。我是两个孩子的妈妈，大的5岁，小的3岁。孩子小，时常感冒发烧。有一次周末学生活动，原先说好我要参加，可就在这个时候孩子发烧到39℃多，为了不失信，我毅然地把孩子交给爸妈，及时赶到学校。我认为：作为班主任，要求学生讲诚信，自己必须做到信守承诺。几年来，我坚持走近学生，与学生打成一片，积极融入他们的学习生活中，关心他们的成长，受到了学生的喜爱。在日常碰面时，学生总是亲切地称呼我“蔚姐”“蔚蔚老师”，每当我听到这些称呼时，心里真的比吃了蜜还甜。

四、有恒心

教育成功的秘密在于信任学生，只有尊重学生人格，顾及学生的自尊心，学生才能信任老师。在我的学生中，应该说绝大多数是非常优秀的，但的确有一些学生自我要求标准不高，寝室卫生差，学习成绩不理想，上网玩游戏成瘾。这样的学生还有一个很大的特点，你找他谈了，他口头上答应得很好，但时过境迁，他又回到了老样子。作为班主任，我对这部分学生，首先亲近他们，尊重他们。热爱尊重是前提，严格要求是手段，学生的全面发展是目的。把握学生的心理特点，做到情、理并举，严、宽同施，在学习上耐心引导，生活中热心关怀，经常同他们交谈，了解思想状况，抓住时机，尽量做到多表扬、多鼓励，多给他们改错的机会，树立自信心，使他们感受到来自各方面的帮助，尽快提高学习成绩。在纪律问题上，我晓之以理，动之以情，导之以行，严格的纪律就会变成为学生的自觉行动，从而确保纪律的执行，就定能达到预期的教育目的。我不怕麻烦不怕反复，一次两次三次，直到这些学生痛改前非，向着正确的方向发展。

五、有创新

班主任工作是一门艺术，创新教育下的班主任工作是光荣而艰巨的，是一门琢磨不完，研究不透的学问。学生初入高校，为了调动更多学生参与班级的管理，培养他们的创新能力，在班干部选拔这一问题上，我没有把人选锁定在几个优秀学生身上，本着自愿、奉献的原则，坚持让同学们毛遂自荐，并做好竞选演说——介绍自己的特长与管理方法；入选后，我开始给干部们进行细致的分工，并陪着他们开展了一个月的工作。很快，他们就形成了自己的工作习惯，基本上能够独当一面，激发学生自主管理的热情。

转眼间，我已从事班主任工作十年，在这十年里，我对班主任工作有了切身的体会。我也曾因为学生的任性和冲动而失望，也曾因为经常起早贪黑，工作繁杂而抱怨，因为工作压力特别大而身体不适，但是每当我看到学生对我信任、期盼、感激的目光，我知道身上责任是重大的，所付出的都是有意义的，是值得的。我的成长离不开诸多良师益友的帮助和支持。教育植根于爱，相信只有爱才是最好的老师，我将深深扎根在教育事业的沃土中，勤恳沉稳，不断汲取营养，努力成长为栋梁之材，实现桃李满天下的梦想。我认为在学校工作是为学生服务，学生永远是工作核心，教育理念永远是工作宗旨。未来的路还很长、很艰巨，需要百倍的信心、足够的睿智、坚忍的意志和宽容的胸怀，但我一定会本着“有形为友，无形为师”的信念，认真工作，以一名优秀班主任的标准来要求自己。

班主任角色理解和心得体会

2010级中烹3班班主任　钟　文

一、班主任自身要练好“内功”

俗话说“打铁还需自身硬”。要做好班级各项工作必须加强自身建设，自身建设的关键是提高班主任自身的素质，树立班主任的权威。不同于上下级之间形成的行政权力，而是班主任知识丰富、能力出众、人格高尚而在学生心目中树立起使人敬服的声誉和威望，它是做好班主任工作的无形资本。班主任，首先是教师，而教师是知识的传播者，是智慧的化身，这正是班主任产生的前提。如果班主任能够通过他的智慧和才干在学生心目中树立起这种，那么他在工作中就能起到“不令而行”的效果，否则学生是很难同他积极合作的。班主任树立的威信应从三方面努力。

（一）不断用新的知识充实自己，做知识的富有者

教师的天职是“传道、授业、解惑”，而学生最不能原谅的就是教师的一知半解。在知识更新加快、传播渠道多样化的今天，教师已不再是学生获取知识的唯一途径。因此，学生并不因为教师年龄比他大就信服和尊重你，而是因为你确实有知识才敬重和信任你，班主任如果没有真才实学是很难在学生中树立威信的。因此，班主任必须不断用新知识充实自己。不仅要精通所教学科，还要熟悉所学专业的一切知识。

（二）加强道德修养，做学生为人处世的楷模

班主任是各项工作任务的中间者和具体执行者。他的一言一行都对学生起到潜移默化的作用，都会在学生心目中留下深刻的印象。班主任要注意自身的修养，努力通过自己的言行举止，为人处世给学生以示范，做学生的榜样。苏联教育家申比廖夫曾说过，没有教师对学生直接的人格影响，就不可能有真正的教育工作。马卡连柯也说过，教师的个人榜样，乃是使青年心灵开拓结果的

阳光。因此，提高思想道德水平，加强自身修养是对每位班主任的基本要求。

（三）具备多种能力

班主任要具备的能力很多，如观察、分析和判断能力，组织协调能力，个别谈话和谈心的能力，口头和书面表达能力，发现、培养和使用人才的能力，总结工作的能力等。作为一名班主任，必须体察学生的思想、情感、需求，捕捉学生的思想信息，把握他们的真实态度，以达到知人知面知心的能力，应有启迪学生心灵的能力，应有教育和管理相结合的能力，应有较高的演讲和对话能力。

二、切实做好学生工作

班主任要练好“内功”，做好学生工作的前导，班主任在努力提高自身素质与能力的同时，要下大力气做好以下四项工作。

（一）树立良好的班风

班级是一个整体，学生要在这个集体里学习、生活、成长。要在学校的各项活动中显示自己的能力和风貌。好的环境能够激励人，可以改造人。因此，这个集体需要有一种精神，那就是蓬勃向上的集体主义精神，争先创优，爱班好学的敬业精神，这种精神从何而来？它来源于班主任坚持不懈的思想教育工作。重视思想工作是班主任做好其他各项工作的基础，是建好班级的法宝。班主任必须充分认识思想政治工作在班级建设中的地位和作用，应充分利用班会、辩论会、座谈会、黑板报等多种途径对学生进行思想政治教育，帮助他们树立正确的人生观、价值观。集体主义教育是班级思想教育的重要内容之一，是树好班风，建立良好集体的重要表现。因此，班主任除了要求班级在学校集体性活动中树立班级的形象外，还需经常对学生进行“班兴我荣，班落我耻，以班为家，荣辱与共”的教育，以此来增强班级的向心力，凝聚力和战斗力，真正做到心往一处想、劲往一处使。

（二）组建强有力的班委会

要做好学生各方面工作、单凭一个班主任是绝对做不好的，应形成以班干部为中心的学生骨干力量。有人形象地说，班干部是班主任的得力助手，此话很有几分道理。班干部在班级中起到核心骨干的作用，他们是班级各项活动的组织者和倡导者。班级的兴衰与他们的工作密不可分，能否组建起强有力的班委会，如何调动学生干部的积极性，利用他们的优势做好学生工作，也是衡量班主任工作水平的标志之一。班干部的工作包括干部的选拔、培养、使用和推荐等一系列工作。选拔是基础，班主任可以通过委任、竞选、自荐等各种形式把那些表现突出，愿为同学服务，有一定组织能力的学生选任为班级干部。班委会组成后，班主任应加强对他们的培养和教育。虽然有些学生在小学担任过班干部，但进入初中后，工作内容、工作方法等都发生了变化。班主任要从工作内容，工作方法、工作艺术上进行指导，帮助他们处理好学习和工作的关系。处理好能力的锻炼与为同学服务的关系，处理好干部与学生的关系。在学习、生活上严格要求他们，使他们真正成为班级建设的排头兵。同时，对工作中的不足要及时指出，对工作中的困难要予以鼓励，对工作的成绩要给予表扬和奖励。

（三）应严格按校规校纪管理学生，并注意工作方法

应经常在班里讲解遵守校规校纪的重要性。坚持多表扬、少批评，正面疏导的工作方法。不能放纵学生，要下一定力量做好后进生转化工作，多给予关心，树立学习的信心。实践证明：这样做效果往往较好。此外，要知人，做学生的知心朋友。班主任了解学生、熟悉学生，学生也了解、熟悉班主任，二者之间就能相互尊重、相互信任，就能为班级各项工作的开展打下良好的思想基础。

爱心凝聚筑城墙

2010级西餐3班班主任　徐　迅

班主任是教师的另一个身份，班主任工作的成败，关乎学生的未来成长，关乎学校的稳定与发展。管理并引领班集体走向优秀、教诲并鞭策学生取得成就，是优秀班主任坚持不懈的目标。在30多年的从教经历中，我担任了近10个班的班主任工作，结合带班实践，梳理出以下几点感悟。

一、立德树人，成为学生心中的楷模

从高中进入大学，学生的学习方式、生活方式都发生了巨大的变化，人格渐渐独立。此时，标杆人物的影响是举足轻重的。班主任作为学生大学生活中接触最多、影响最大的老师，言行举止上务必要起到表率作用。

“立德树人，厨艺立身”是烹饪专业师生的座右铭。教师的德应体现在传承中华优秀传统文化的热心、体现在钻研中西烹饪技术的匠心、体现在团结协作合力创新的初心、体现在保护环境珍爱食材的责任心、体现在关注学生成长的父母心。教师在学生面前树立起良好的形象，才能使学生“敬其师，效其行”。

二、播撒爱心，成为学生成长的明灯

教育家苏霍姆林斯基曾经说过“没有爱，就没有教育”。爱是连接师生情感的纽带，是沟通师生心灵的桥梁。

班主任对学生的爱应是普遍而广泛的，不以社会原因、家庭背景及成绩优劣而有所偏爱，必须一视同仁；同时，爱也是具体的，需要时刻关注班级学生的学习、生活、思想动态，让学生时刻能感知到班主任的爱心。在爱心与鼓励之下，尽可能多地给予学生创造成功的机会，使每一个学生都能经过努力有所进步，使每一个学生都能品尝到成功的喜悦。

三、塑造魅力，圈住学生成为粉丝

“亲其师，方能信其道！”一位魅力型的班主任，才能赢得学生的青睐、获得学生的尊重，才能让学生喜欢跟随。

职业院校班主任的魅力在于学识的渊博和技能的精湛。本人是留校任教的老师，初始学历只有中专，为了增进学识不断进修，先后取得了外贸英语的大专学历、旅游管理的本科学历和学士学位、中国传统文化的研究生班修学证书、工业工程的硕士学位。这些丰富的知识背景被我在课堂上的灵活运用，赢得了学生欣赏的目光。在技能精进方面，本人因荣获浙江省烹饪大赛金牌而获得“浙江省技术能手”称号，指导学生参加国内外高规格的烹饪比赛获得金牌数领先国内同类院校。在学生眼里，我成为一位有魅力的班主任，无论是学习上还是在技能方面，我都成了学生十分信赖的导师，对班级的管理也就水到渠成。

四、慧眼识英，组建班级管理团队

强有力的班委团队是班主任的左膀右臂，是班级建设的核心驱动力，是学生成长的良师益友。

寻找学生的发光点，是班主任接班后的第一件核心工作。班主任要在最短的时间内，通过查阅档案，观察学生入校后的能力表现，与学生交流，发现能胜任班委工作的学生。我的班级能获得学院首个“五星班级”，班委工作功不可没。班长办事稳重有号召力主内，副班长性格活泼善于交际主外，各班委个性突出，各司其职。在 2 年的校内学习和 1 年的酒店实习过程中，所有学生紧紧围绕着班委，既能听从班委的工作安排，又能及时提供合理化建议，整个班级气氛融洽，协同并进。

五、宽严相济，创造良好学习氛围

课堂上是严师，课堂下是好友，班主任要能胜任好这两大角色，学生才能在张弛有度的氛围中学习生活。

大学生虽已成年，但心智并未完全成熟，学校的制度约束有助于他们的健康成长，班主任就需要担任严父的角色，严格要求孩子的行为规范；大学生活是多彩的，能给大学生提供发挥自我个性的机会，让大学生能放飞自我，此时班主任就需要担任慈母的角色，给予孩子关注与信任，让孩子萌发天性。有一个班即将实习，班长送给我一本相册，每一个学生，留下一张照片，留下一段真情告白。“迅哥，你还记得吗？开学第一课前，我曾给你发过一条短信，叫你迅哥，你说，课后你喜欢学生叫你迅哥，由此，我觉得你是位超级亲和的老师……”这是学生天涯（化名）的一段留言。毕业后许多像天涯一样的学生，总会把我当兄长一样咨询工作、生活中的事，这是班主任最大的欣慰。

我们歌颂父母的时候常常会说“父爱是山，父亲用自己宽阔的肩膀擎起儿女头上一片蔚蓝的天空；母爱是海，母亲用自己博大的胸怀包容儿女的一切”。班主任除了教师的身份，也是父母的角色，我们需要给学生多一些关心、多一些教诲、多一些温暖，用我们宽厚的肩膀为学生筑起一道爱的城墙。

帮助学生扣好大学生活的“第一粒扣子”

2019级烹调3班班主任　柏　凤

习近平总书记在北京大学师生座谈会上强调：“教育兴则国家兴，教育强则国家强。高等教育是一个国家发展水平和发展潜力的重要标志。”高校班主任是高等教育的中坚力量，是大学生健康成长的关键，是帮助大学生树立正确世界观、人生观、价值观的重要角色，是联结学生与任课教师、学校与家庭、学校与社会的桥梁和纽带，在落实和完成学校的各项教育、教学目标中发挥着重要作用。班主任工作的好坏直接影响着大学生综合素质教育的成败，可见，班主任的工作方法对未来人才培养至关重要。

一、关心学生，体贴学生，赞美学生

进入大学学习和生活，对于每位大学生来说都是一种新体验，学生的成长成才需要一个适应过程，班主任要从始业教育开始深入了解每一位学生的情况，不仅要关心学生的学习，同时也要关心他们的生活。作为青年班主任，住校的便利使我经常深入到学生宿舍中，找学生促膝谈心，这样可以即时发现问题，能够即时解决问题。在这个过程中，尤其要关心五类生的情况，及时了解生活困难学生的家庭情况，为困难生推荐勤工助学岗位，帮助他们申请奖助学金，以确保学生顺利完成学业；关注心理困难学生的思想动态，与学生亲切沟通，做学生可信赖可依赖的班主任；对于学业困难的学生，通过与成绩优异同学结对子，帮助学生提高学习动力，通过鼓励与肯定提高学生的自信心；加强行为失范学生的教育与引导，帮助学生树立正确的价值观；尊重并关心有宗教信仰同学的学习生活，做好社会主义核心价值观引导，爱护学生，体贴学生，赞美学生，让学生感受到生活在班集体环境中的温暖，让学生把班主任真正当成他们的亲人。

二、培养学生骨干，增强学生自我管理能力

大学生处于“自我教育、自我管理、自我成长”的重要阶段，班主任的工作是千头万绪的，同时，班主任的精力也是有限的，班主任想要细致入微地做好工作，需要在一定程度上依托学生干部来管理班级、引导班级。鉴于此，要充分培养好班级的学生骨干，从而带领全班同学，起到以点带面的榜样作用，发挥学生自我管理的实效性，从而形成良好的班级氛围。班主任工作中，我经常会向班委强调“大家是班主任的得力助手，在帮忙承担班级事务的同时也别忘记关注班级里学生的动态，尤其是那些平时比较内向、安静，与同学交流比较少的学生，以及那些看着和平时状态不太一样，感觉有点不太对劲的学生，要及时报告班主任”。以至于对班级同学的动态做到了如指掌。当班级取得集体荣誉时，不忘表扬班委的功劳，促使班委在班级管理中有成就感和获得感，促进学生自我管理能力的提高。对在班级管理工作中表现突出，组织协调能力超群的学生干部，我会积极向院、校学生会、团委及其他学生社团推荐，并鼓励他们到更高层次的“舞台”展现自我，锻炼能力，这既促进了学生干部的成

长，也为学校做好学生工作贡献了力量，从某种意义上说也是班主任工作的成效表现之一。

三、加强班级凝聚力建设，形成优良班风学风

建设良好的班风学风是班级管理工作的核心，而班级凝聚力建设则是促进良好班风学风形成的关键。首先，班主任要鼓励并尽可能参与班级团建活动，愉悦的氛围比校园中的严肃工作更有助于培养与学生的感情，通过几次团建班主任就可以顺利发展成学生口中的“知心大哥哥与大姐姐”。其次，应和学生一起共同制定切实可行的班规、班约，让每个同学都成为班风建设的主人。班主任可时时加以检查督促，使学生“有规可循，有章可依”，为良好的班风、学风的形成提供有力保障。再次，要鼓励学生独立思考，发展特长，个性品质既是班风学风的单独表达，又是个人素养的完整体现。没有任何两个学生的个性品质是完全一致的，但这并不妨碍班集体这一有机整体的构成。相反，优良的班风学风将对个性品质的养成起到很好的正向引导作用。浓厚的民主氛围有利于促进学生良好个性品质的形成，班主任应当以宽容、平等、和善的态度对待自己的学生，鼓励学生发展特长，鼓励学生独立思考。

鲁迅先生曾经说过:“教育根植于爱。”当代大学班主任工作是一项复杂烦琐而又十分细致的工作。不仅要充分了解每个学生，用爱心去体贴他们，用耐心去包容他们，用责任心去关怀他们，更要在需要的时候给予学生恰当的指导，重视个性的培养，还要抓住班级管理的规律性，找准班级工作的核心点，提高班级的整体素质，帮助学生扣好大学生活的“第一粒扣子”，使学生在健康向上的氛围中充实、愉快地度过大学生活。

高校班主任工作心得与体会

2013 级西餐 2 班班主任　卜俊芝

我从 2013 年毕业后来到旅院，就开始了班主任工作。从一开始争取做学生的益友，到现在争取做学生的严父慈母兼益友，正是这七年多的班主任工作让我领悟到高校班主任多重角色的重要性。

高校大学生正处在人生规划和步入社会的关键时期，是一个创造力自我培养与开发的黄金时期。大学生没有升学压力，有更多的时间拓展自己的兴趣和爱好，因而呈现出多样化的特点，个性倾向也比较明显。与此同时，他们也即将步入社会，需要在大学这几年培养走向社会应该具有的素养和技能，不断成熟起来，以适应社会需要。高校班主任是大学生思想政治教育的骨干力量，是实施教书育人的有效载体，是大学生健康成长的指导者和引路人，是由高校聘任到学生班级，协助辅导员对学生进行思想教育、行为引导、学习指导，促进学生全面、健康、和谐发展的教师。因此，高校班主任需要扮演多种角色：学生思想政治工作的排头兵、学生学习知识、锻炼能力的指导者、学生思想品德形成的引路人、学生心理健康的顾问、学生丰富多彩生活的参谋、学生健康成长的良师益友。

一、当好班级“形象代言人”

刚开始的我以为班主任与大学生之间应建立起一种朋友关系。可是后来我发现这种关系不能绝对的“平等”，班主任应始终处于“圈中”但可拔高来看。班主任要站在中心的位置，以言传身教为全班同学树立一个标杆。可是现在的学生获得信息的渠道多、更新快，有许多新的观念充斥着他们的大脑，会对周遭的人群比较挑剔。作为一个个体，班主任也会有很多缺点或弱点，这不是要让我们学会虚伪的掩饰，而是提醒自己要规范自己的言行，这是一个完善自我的过程。“为师先做人，育人先正己”“打铁还需自身硬”，班主任应以身作则，公平公正地处理班级事务，树立自身良好的形象。尊重学生，学生才会尊重你。班主任既是班级的管理者，也是加强学生思想道德建设的组织者和领导者。要做好这个领导者，就必须提高自身素质，班主任要提高道德、能力、知识和心理等方面的素质。加强自身修养，包括政治修养、道德修养、品格修养、治学态度修养等。其实，根本目的还在于将言传身教的作用发挥到极致。

二、当好班级“严厉”的尊长

集体观是班级的灵魂，班级的发展状况与其息息相关。班集体除了在行动上保持一致，更重要的是成员的思想要保持一致。在尊崇个性和创意的当代，大家可以在集体中各抒己见，但每个成员关注和努力的方向应该是一致的。集体观的形成需要有较强的集体意识和宽容心、包容心，这也是解决诸多矛盾问题的关键。在发扬个性与追求共性的前提下，高校班主任可借助一些集体活动作为切入点来开展工作。班主任应从大学生进校起就开始培养其集体意识，通过班集体，教育和影响每一个学生，形成奋发向上、团结友爱、步调一致的班集体。在塑造班集体时，要坚守无规矩不成方圆的原则。如果在班级管理工作中，学生犯错而轻松蒙混过关，班级工作最终会陷入的恶性循环。获取学生的尊敬与爱戴，不是一种乞讨，而是用自身人格的魅力和对学生一生负责的严谨态度去赢得。谁又能说严厉的处罚就不是一种关爱？试问为人父母者，有谁从未呵斥、告诫、处罚过自己的孩子？一贯严格的要求和偶尔严厉的处理，又有谁会怀疑这些不是为了孩子好呢？在原则性问题上，心软是没用的，拉不下脸面也是没用的，这样只能教得学生也同样不能明辨是非。必须遵循公平的原则，一视同仁，该管则必管。有规必依，执规必严，违规必究，才能有效地避免班级学生思想的松懈、行为的散漫放任，避免班风与学风的涣散。

三、当好思想上的“指导者”

学生在价值观、道德素质、成长理念、人格品质等方面不够成熟，在思想和行为上也会出现一些问题，必须通过正确引导，这时适当处罚是严格的管理不可或缺的，但这并不意味着就不需要班主任从心理上对学生的关爱和宽容了。班主任不会因为任何一次不愉快的经历，造成对某一学生的偏见，反而应该满怀信心期待他的转变与进步。

我们都知道，班主任对学生的爱是一种博爱，是一种大爱。这种爱就像阳光一样，是均匀地照在每个学生身上，温暖每个学生的心田。懂事、善良的学生需要爱；调皮、捣蛋的学生需要爱；不用功、学习差的学生更需要爱。老师一个微笑点头，一次课堂提问，拍拍肩膀等，都是爱的传递，爱的浇灌，爱的光芒。

当然，班主任的爱必须表现出极大的灵活性，对待不同的学生采用不同的表达方式。对待学习或生活困难的学生，班主任的爱是一份特别是帮助；对待自卑、缺乏自信的学生，班主任的是一份支持和鼓励；对待无视规章制度的学生，班主任的爱是一份严格和约束；这种爱，没有定式，没有放任，没有迁就。

四、当好生活上的贴心朋友

班主任管理班级是一个心灵交流的过程。这就要求班主任要了解班上每一个学生，并与学生有互动。班主任与学生之间是通过碰撞产生交集的。班主任要尊重学生、理解学生、关爱学生，并将关爱贯穿在细微之处，贯穿在学生日常生活之中。班主任应全面了解学生，对学生了解得越透彻，越能真正地尊重学生。尊重学生，能促进师生间的心灵交融，能使班主任成为学生的知心朋友，能让学生打开心扉说心里话。班主任对学生的情况了如指掌，有助于进行“长善救失”，有针对性地开展工作。在班主任工作中，常常要与学生进行个别谈心与交流。这时，除了要进行正面直接地说服教育，班主任更应该做一个良好的倾听者。现在的学生以独生子女为主，个性张扬并以自我为中心，所以需要给予他们尊重，给他们发言的机会并重视他们的感受，以此来建立互信。因此，做一个合格的倾听者，是对学生的尊重，有助于取得信赖，赢得友谊。

由于班主任工作的多样性，决定了班主任角色的多重性。应在班主任工作中充分认识并发挥好自己在育人中的角色作用，不断提高自身素质，努力适应工作要求，真正促进学生的身心健康，使他们能坚定自信地迈向社会，发挥自己的光和热。

往事已矣，未来可期

2011级商英1班班主任　王　宏

2013年12月，2011级商英1班荣获阳光工程创建活动先进班级荣誉称号，我们班级可以取得这样的荣誉除了得益于同学们日复一日、年复一年的优秀表现外，本人也从中总结了一些经验教训。

一、改变自己，充实自我

虽然我们不能改变环境，但至少我们可以改变自己，改变自己的态度、改变自己的心情，可以选择用心过好自己的每一天。从现在开始，微笑着对待学生；认真对待学生犯下的每一个错误；认真细致地处理好班级管理中的每一件琐碎小事…… 对一个班主任来说，往事已矣，未来可期，唯一能做的是抓住现在。除此之外，还要不断地学习，不断地积累，一步一步走上创新的成功之路。

二、转变观念，展现班主任工作的艺术

班主任工作是一门艺术，用心投入的人一定会体会到最终的快乐。应学习其他班主任的优秀工作方式和理念，以一位一线班主任的眼光和心态来审视班主任工作。作为一名班主任，首先要真诚、富有爱心地对待每一位学生；其次要耐心地对待每一个学生，注意每一个细节，独具匠心地处理好每一件事情。匠心，是需要教育智慧的，需要通过长期修炼才能具备，但至少真诚、爱心、耐心是我们每一位班主任只要去做，就都能做到的。

三、从学校的规范入手，端正学生的学习、做事态度

在新生入学之初，学校组织安排的军训给了同学们彼此相识，增加班级的凝聚力的机会，帮助学生适应新的学习和生活环境。班主任应多参与学生的军训活动，树立良好的第一印象，细致体贴地照顾学生的生活细节，帮助学生从身体到心理平安地度过从中学到大学的衔接，尤其是做好学生的心理疏导，缓解想家情绪。

在学校按《学生手册》考核学生的时候，班主任应引导学生认真学习，而不是死记硬背，把其中的规则应用于以后的日常生活和学习之中。对于一些重点章节，如请假的流程，奖学金评比的规则，毕业的要求等重点讲解强调。

结合贯彻学校的各项常规教育，分析本班的特点，制订本班在学习、纪律、卫生等行为上的规范要求，做成大海报贴在班级早自习和晚自习的固定教室，时时提醒同学们认真执行。实行班级量化管理制度。这个制度的形成主要是针对学生产生的一些问题的，也便于期末给学生一个公正、公开的评价，作为评选优秀的标准。量化内容设计体育、品德、卫生、学习、纪律等方面，根据轻重分别设定扣分标准，并由专人负责进行分数的加减，从而督促学生能够时刻约束自己。这样做效果明显，经过长期的坚持可形成良好的风气。利用一切机会表扬遵守纪律，勤奋好学，关心集体的学生，为全班学生树立积极的榜样对象。通过这样做，促使学生良好行为的养成。加强课内、课外纪律，发现问题，立即指出，耐心引导。

四、制订学习目标

根据各个同学不同的情况制订适合的学习目标和学习计划。班主任在每个学年初都会要求同学制订计划，修改上一年的计划并监督学生认真执行。使用英语制订计划，认真批改，帮助学生改正语法错误和用词错误，力图在专业上给同学们一些帮助。提醒同学们计划要具体并具有可操作性，不要写空话。

由于在大一开学之初就对同学们的学习要求严格，因此，我们班的学风一直受到任课老师的广泛称赞。班级学习气氛浓厚，同学们目标明确，并为自己制定的目标努力奋斗。因此，毕业时我们班同学出国的出国，专升本的专升本，基本都实现了自己的大学目标。

五、重视班级班风建设

树立正确的班级舆论，强调“班荣我荣，班耻我耻，团结拼搏，互帮互助”的精神。现代教育理论告诉我们，要组织一个成功的班级，班主任首先要选择一些品学兼优、责任心强、乐于为同学服务的学生担任班队干部，进行培养和教育，使之成为同学的榜样，带动其他同学不断进取，形成正确的集体舆论和优良的班风。

集体是在活动中产生的，大集体如此，小集体也一样。本人组织了互帮互学活动小组。学习中好生带差生；纪律上互相提醒；劳动生活上互相帮助。通过活动扩大班干部在同学中的积极影响，通过活动加强同学之间的协作精神和团体意识。这样既能在班干部的常规管理上起到明显的效果，又能使同学之间架设沟通桥梁，在班级中形成团结友爱的风气，使班级成为一个大家庭。组织春游、秋游活动，举办班级春节晚会，在户外活动和班级集体活动中增进同学们之间的相互理解和老师对同学们的了解。

六、重点培养班干部

班干部是老师管理班级的重要帮手。作为班主任，我并不是本班的任课老师，除了想方设法和同学们多接触以外，还需要班干部在其他老师上课的时候帮忙管理班级。大学生作为成年人，班主任同样要教育他们训练自控能力，实行自我管理。班干部也要进行必要的监督管理，及时发布班级学院相关通知。

大力培养班干部不但可以加强班干部的领导和管理能力，为他们的将来找工作增加亮点，也可以帮助老师查漏补缺，弥补老师不能时时陪在学生身边的不足。

七、加强学生安全教育与思想教育

每月开展主题班会，不定时开展安全教育或思想教育班会。安全教育方面，每次班会上必提。通过视频、图片等形式宣传消防知识、防溺水知识、杜绝校园贷款、认清传销诈骗等问题的重要性以及应急处理方法。

八、加强和家长的联系

应重视电话家访的工作。当学校、老师单方面的教育效果不理想时，应加强同学生家庭的联系，家校互相配合，往往会出现“柳暗花明”的局面。

九、关注特殊群体的学生

特别关注一些需要特殊照顾的学生，如贫困生，学习成绩落后的学生，总是旷课的学生，有心理问题的学生等。不定期单独找他们谈心，了解近况，并和家长一起加强监督，共同关注，帮助他们摆脱困境。让寝室长或者同寝室关系较亲密的同学帮忙关注这些特殊的学生，随时报告特殊情况，便于班主任对突发问题的处理。

共同进步、共同成长

2010级商英2班班主任 陈积峰

大学班主任，可能不需要像中小学教师那样做到事无巨细、事事关心。但是班主任在学生的大学生涯中依然扮演着重要的角色，对学生的影响还是很大的。同时，在担任班主任工作的过程中，也是一个和学生互相学习，互相成长的过程。我收获了很多，也有一些心得和体会：

一、尊重学生，建立民主平等的师生关系

教师只有尊重学生，建立民主平等的师生关系，使自己成为学生的挚友和知己，才能使自己的教育获得成功。不仅如此，教师热爱学生，不仅要尊重学生的人格，尤其要保护学生的积极性和创造力。以培养学生敢于思索、敢于创新、开拓进取的精神。信任学生就是要相信学生的自觉性，相信他们的进取心和创新精神，同时要相信他们的能力，无论是学习上还是工作方面。对于学生来说，信任是推动其上进的力量。有的学生学习能力相对较弱，作为班主任，除了要帮他们克服学习上的障碍，引导他们掌握正确的学习方法外，更重要的是帮助他们建立自信心，要相信他们能学好，也要让他们相信自己能学好；有一些学生学习成绩不错，但是社交能力较弱，在大学阶段，就要鼓励他们多与人交流、沟通，积极参加一些校外志愿者活动。相信人的能力都是可以培养的，而大学阶段正是步入社会前一个很好的缓冲和准备阶段。要相信每一个学生都是不同的，每个人身上都有长处

和闪光点。作为班主任，正是要帮助学生在成长的道路上对自己有更好的认识，对未来有更清晰的规划。而这点无论对于学生今后的继续升学还是就业，都是大有益处的。同时，作为班主任，还要对学生有正确的评价。不要以单一的标准去衡量学生，要相信每一个学生都是优秀的，都有值得肯定的地方。同时，对成绩好的同学不护短，对学习差的学生也不歧视，善于发现他们的闪光点。

二、在班级管理上要制定明晰的标准和科学的管理方法

班级管理的核心是充分发挥班干部的管理作用和激发学生的自我管理。班干部这一小群体对于班级的氛围和影响来说非常巨大。因此，在选拔班委的过程中。在民主推举的基础上，可以着重挑选一些个人能力强，执行力到位的同学。班干部作为很多事务的具体执行者，需要具备较强的管理能力和沟通能力；过于严厉的“强硬派”和过于软弱的“老好人”都是不可取的。同时，班干部之间还需要有良好的分工合作。因此，在确定班干部人选后，需要明确班干部的职责，划分不同班干部的日常工作，做到各司其职。同时，也要鼓励他们互相帮助，积极协调和解决班里出现的问题。只有在班干部这个小群体内形成和谐良好的氛围，才能更好地把这种氛围传递到班级这个大群体之中去。如果班委工作得力，作为班主任，只要帮他们把握正确的方向，处理一些紧急突发状况或者比较棘手的问题，那么余下的一些班级日常事务，就可以完全放手交给班干部们去做了。当然，对于班委中出现的不和谐的声音，或者有不称职的班委，作为班主任就需要积极介入，帮助他们解决问题，使得整个班级始终保持良好的氛围，无论是学习方面还是其他方面。

三、在日常工作中，不断提升自我素质，在言传身教中为学生树立榜样

我们在担任班主任的同时，也是学生的任课老师。因此，在面对学生的时候，我们做的就不仅仅是行政管理的工作，我们更要在学术素养和专业领域提升自己，在学生中树立威望，成为学生的榜样，也是激励学生积极上进的一种无形的力量。当然，作为班主任，我们平时的言行举止，都在对学生起着潜移默化的作用。我们的工作，不光是教书，更要育人。大学阶段，作为大部分学

生的学习生涯的后半段和步入职场的衔接时期，正是学生价值观、世界观逐渐成熟的阶段。因此，作为班主任，更要帮助学生们建立起积极向上的人生态度和健康的人生观、价值观，帮助他们走好前进中的每一步。

四、班主任在做好班级管理的过程中，要充分利用各方面的资源

作为班主任，平时要有意识地与任课老师多沟通，从多方面了解学生的学习情况和学习状态；同时，遇到问题也可以多向辅导员老师请教，毕竟他们在学生管理方面更专业，也有更多的实践经验。积极利用学生资源。隔壁班的优秀学生、学生社团的干部、优秀的毕业生，都是可以利用的资源。请他们来班级里讲一讲、聊一聊，让学生在朋辈教育中有所收获、有所成长。

总的来讲，班主任的工作是一个看似繁杂，没什么技术含量的工作。但实际上需要我们付出很大的精力，并且具备相当的专业知识和素养来做好的。班主任在班级中其实处于一个核心的地位，是贯穿学生整个大学阶段的一个导航者与护航者。班主任只有时刻对学生抱有足有的耐心和热忱，才能在工作中始终保持热情，并将这种积极的态度传递给学生，使学生成为更好的自己。

蹲下来和学生说话

2013级商英1班班主任　吴　洁

高校班主任作为大学生入校接触的第一位老师，是他们大学生生活的管理者，也是他们大学生涯的引路人。针对高职高专院校的育人要求，高职高专院校的班主任也有了特色的职责与定位。既要管理好学生，也要做好学生的思想政治教育工作，可以对学生大学生涯、职业规划、学业发展、就业指导、心理健康、思想引领等多方面进行引导，指明方向。

高校班主任的工作做来不易，做好工作需要真心、耐心和细心，同时还有注意以下要点：

一、开好第一次班会

来自五湖四海的学子们到校时，首先接触到的就是班主任。从熟悉的家乡来到一个完全陌生的环境，学子们心里有忐忑、有不安、有憧憬也有着丝丝的兴奋。班主任肩负着带领同学们走出宿舍、开启大学第一课——开班会的重任。第一次班会，除了让学子们消除紧张感，自我介绍，互相熟悉，更重要的是，言简意赅的介绍大学生应该如何面对大学生生活，如何学会分配好时间，定好符合自己能力的目标，了解学校的规章制度，立好“规矩”。高中的象牙塔里，一直都在给学子们描绘脱离真实情况的大学幸福生活，好像考入大学，就可以“玩个够、可以远离父母的‘唠叨’、可以谈场风花雪月的恋爱，过无忧无虑的生活……”班主任应该将正确的信息传递给学生，讲解《学生手册》中的规章制度，帮助学生制定切实可行的短、长期目标，做好学生大学生涯的引路人。

二、做好思想引领

习近平新时代中国特色社会主义思想是马克思主义中国化的最新理论成果。班主任要善于用习近平新时代中国特色社会主义思想引导大学生们把个人成长成才与国家富强、社会进步、民族团结相结合，增强大学生的社会主义核心价值观培养，让学生明白，只有国家富强、社会进步、民族团结，个人才能有更大的发展条件和空间。同时，通过团中央制作的网上主题团课《青年大学习》系列课程的学习，带动青年学子更多地了解党，了解中国历史以及中国人民的奋斗史，引导大学生在追求个人价值时，能够把个人与集体、个人与国家相结合，立志做一名对社会对国家有用的人。

三、制订计划、指导规划

班主任可以通过分享工作中遇到的不同案例，让学生们找到目标和方向，帮助他们顺利通过英语、计算机等级考试。并引导大学生们参加适合自己的活动，丰富大学生活的同时，收获更好地自己。如：每学期完成“五个一”任务，即读一本好书、做一次志愿者服务、参加一次感兴趣的活动、听一场有意义的讲座、做一份符合自己发展的学业和职业规划书。

四、建立特殊人群档案

针对特殊群体，如：贫困生、心理问题学生、学习兴趣低的学生建立特殊档案，方便个性化帮扶。对于有特长、缺乏积极性或普通学生，关键时刻推动一把，帮助学生建立自信心。鼓励学生积极参加适合的活动和比赛，让学生能多方面锻炼和提高自己，加速成长成才。随着高等教育学校扩招步伐的不断加快，进入学校的学生群体个性化问题也逐年凸显。因为生长环境的影响、社会环境压力逐渐增大而导致心理问题的学生人数逐年上涨，给学生管理工作带来很大的压力。借助学生入校后的心理普查数据，可以及时了解学生的心理健康情况，针对有心理问题或心理疾病的学生，班主任要随时关注其情绪的变化，防止意外发生。同时，也要了解学生产生心理问题的根源，与家长多沟通、多交流，共同关注学生的心理健康发展。

做好班主任工作，需要班主任走近学生、了解学生、关心学生，做学生成长路上的引路人、贴心人和良师益友。帮助大学生尽快熟悉大学生活，规划好学业和职业，在有限的大学时间里尽力提升自己的学习能力、自我管理能力与综合能力，为进入社会，成为合格的职业人做好充分的准备，为国家建设、社会进步贡献自己的一份力量。

一碗水端平

2016级商英2班班主任　陈　玥

2016级商英2班是本人作为班主任带的第一届班级，带学生的过程也是师生之间互相学习、互相勉励、共同成长的过程。看到学生逐渐成长，直至毕业、升学和工作，本人内心着实感到欣慰，同时对自己的班主任工作，也有一些反思和体会：

一、建立良好的班级管理组织是日常工作顺利开展的基础

班级管理的核心是班干部管理和学生自我管理。班干部对于班集体而言有着“以点带面”和“以面带面”的作用，因此，选拔和培养认真负责的班干部，增强班干部之间的分工合作、组织交际能力，是班级日常工作顺利开展的重要条件。在确定班干部人选后，需要明确班干部职责，划分不同班干部的日常工作范围。例如：正副班长、学习委员、心理委员、安全委员等班干部各自分管的班级事务。在班干部各司其职的基础上，鼓励他们大胆工作，主动协调和解决问题，并及时对班级中出现的情况进行总结反思，提升班干部的主动

性、创造性和责任心，使得班干部们不仅能够有条不紊地完成日常班级管理工作，在实践中锻炼个人能力，也能在班风班貌的培养上起到榜样示范作用。

提升每位学生的自我管理意识和能力在班级管理中同样重要。在大学阶段，学生除了在学习上需要做到自觉和专注之外，在生活和人生规划的其他方面都应有明确的自我管理意识，如心态管理、时间管理、目标管理、人际管理、情绪管理等。作为班主任，在学生遇到问题时，相比直接为学生提供解决办法，更应该发挥“支架”作用，为学生搭建一条自己寻求解决方法的道路，帮助学生理解困境。同时，引导学生针对需要解决的问题，树立相应的短期、中期和长期管理目标，使得学生在实践解决方法和追求目标的过程中，培养和提升冷静理智解决问题的能力，积累经验，收获成长。

二、加强师生沟通，平衡“一碗水端平”和“因材施教”

在日常的学习和生活中，与学生保持有效沟通是了解学生动态的必要途径，作为班主任除了定期召开主题班会之外，与学生在教室、校园、办公室、电话以及线上聊天平台上主动交流也必不可少。保持交流能够促进班主任掌握学生的学习、生活和思想活动近况，了解学生生活和学习中存在的困难。当代大学生个人主体意识较强，在日常学习和生活中都有自己的想法，如果单纯告诉学生应该怎么做，或者这么做是对是错，往往不能让学生真正体会自己背后的用意，难以让学生真正信服，而且从学生角度也并未真正培养出明辨是非的能力。因此，在沟通时需要时刻思考学生为什么这么想，为什么这么做，背后的原因是什么，站在学生的角度思考问题能够帮助理解学生的行为，帮助班主任扮演好良师益友的角色，以便更好地引导学生做出正确的选择。

在与学生交流的过程中，还需有意识地关注和掌握班上每个学生的个性特征，如能力、气质、性格、爱好等，了解学生的家庭状况和生活环境，进而对重点学生加以特别关注。同时，班主任应尽量做到“一碗水端平”，在对学生日常生活及学习的关注中，尽量照顾到每个学生，尤其是一些平时不太积极主动与老师和其他同学沟通的学生，要主动去关心其发展动态，鼓励其多与班主任、任课老师、同学和家人进行交流。同时，鼓励其积极参与校内外的学生活动。在面对不同学生时，也要注意“因材施教”。由于每个学生的个性和才能不同，在与学生沟通过程中，要善于发现每个学生的闪光点，鼓励学生找到自己的优势，帮助他们发挥优势、树立自信。与一些自信心不足的学生沟通时，可以适当使用一些身边成功的案例故事，帮助其找到自己的潜力，引导学生增强自信并不断进步。

三、积极加强专业知识学习，提升班主任业务水平

带班的过程也是与学生共同成长的过程。教师的一言一行、一举一动都对学生起着潜移默化的作用，除了言传还需身教。因此，在要求学生积极学习、勇于探索、以诚待人的过程中，班主任首先要起到示范性带头作用，在无形之中为学生树立榜样，对于班主任来说，对本专业的热爱、专业能力、品德行为等等都直接影响着全班学生。因此，在工作中，不断加强专业知识学习，提升班主任工作业务水平，能够在学生中树立威望，也是做好班主任工作、激励学生积极上进的无形资本。

在鼓励学生多与同辈和任课老师交流的同时，作为班主任，也需要有意识地就班级情况多与任课老师和辅导员沟通。这一方面能够多角度地掌握学生动态，另一方面也能学习许多有用的带班经验，提升班主任业务水平，进而运用到带班实践中。尤其是在大二和大三阶段，对于很多学生来说都面临升学和求职的选择，班主任除了重视与学生本人的沟通以外，与专业任课老师的沟通交流能进一步帮助班主任了解学生在各个方面的动向和意愿，并适时加以引导。

班主任的工作看似琐碎，但实际上是一个多方关联的有机整体，是学生与学校事务各个核心要素之间联系的纽带，牵一发而动全身，因此在班主任工作中，认识并处理好这些核心要素和纽带的关系，才能提升班主任工作的实效性。在带班实践中，在与学生沟通时，要时刻保持耐心、细心和爱心，除了在专业学习方面严格要求，思想生活方面主动关心，也要注重培养学生的自信心和各方面能力，对学生的表现及时给予肯定和鼓励。将专业知识的传授和育人有机结合起来，是班主任工作中十分重要的一环。

心与心的碰撞

2019 级旅英 1 班班主任　龚晨枫

一、用温情打造温馨班级

班主任的核心工作是围绕学生展开的，也就是管理学生，我们要关注学生，观察学生，了解学生，从而对症下药。学生从高中阶段进入大学这个新环境，帮助和引导学生确立符合自身实际的发展目标是班主任义不容辞的责任。而一个积极向上、团结进取的班集体是学生健康成长的基地，能够塑造学生良好的道德风尚，引导学生树立远大的理想和明确的学习目标，充分开拓和培养学生的创造力。从新生入学就要做好班级管理工作，培养以班干部为中心的学生骨干力量。开学第一天，我都会召开班会，在新集体中开展各种“破冰”活动，融入一些有趣的游戏营造轻松欢乐氛围，比如“介绍彼此”：采用新颖的介绍方式，每个人拥有一分钟介绍时间，交换介绍或者依次介绍，A 介绍 B，B 介绍 C，C 介绍 D 等。

二、落地实践树学习风气

学习是学生在校的根本任务。在班主任工作中，很重要的一个环节就是狠抓学风，促进学习质量的提高。在课堂学习上，积极与任课老师联系，常沟通，第一时间掌握本班同学的学习状态，发现问题，解决问题，促进课堂教学质量的提高。在课后，我们通过建立班级微信学习群和 QQ 群，及时解决课后疑难问题。在每学期开学初，我会邀请已经毕业的学长、学姐回校与同学们做交流分享，既传授在校期间的学习经验，也分享工作后的各种感悟。同学们会后都普遍反映有很大的收获，鼓舞了同学们学习的积极性和对今后发展的思考。

三、务实踏实真实，把握就业导向

大学是人生的重要阶段，因为它是学生走向社会的重要准备期，决定着学生的职业走向。学生已进入大学，我们首先要帮助他们深入了解所学的专业，再通过聘请行业导师、专业实践走访企业等形式，在第一个学期帮助他们做一个职业规划。通过相关老师对专业的介绍，让他们了解所学专业的就业方向；然后让他们自己确定将来从事的职业，进而引导他们结合所学专业，从一年级开始就制定职业生涯规划，然后根据这个规划，循序渐进地进行知识储备，学习专业课程的同时，根据自己职业规划的需要，利用学校图书馆、网络等平台，涉猎相关学科的知识，充实地度过大学生活，为将来就业打下坚实的基础。避免因学习的盲目性，导致就业的盲目性。

班主任的工作任务是非常艰巨的，对学生的人生选择起到至关重要的作用。做好班主任工作，是一门很大的学问。在今后的班主任工作中，我会坚持通过孜孜以求的学习，不断提高自身的综合素质，勤奋工作，开拓进取，与时俱进，成为学生的良师益友，为学生的学习、生活提供帮助和引导，做好学生的引路人！

不忘初心，砥砺前行——做一个新时代的优秀班主任

2017级商英3班班主任　丁志明

有人说：“要给人以阳光，你心中必须拥有太阳。”班主任是教育者、领路人，只要我们的班主任心中拥有太阳，洞悉学生的心理，对学生教育动之以情，晓之以理，持之以恒，和风细雨，定能润物无声。作为班主任应有高度的责任心、上进心和使命感，运用科学的班级管理方法，把班主任工作落实到实处、细处。

一、班主任需要真诚坦率地对待每一位学生

每接一个新班后，应尽可能做好三件事。一是开好和同学的见面会。会上，我会开诚布公地把自己的姓名、经历、兴趣和爱好介绍给学生，使学生了解自己，沟通感情；二是和学生谈心，一个个地了解他们的家庭生活、周围环境、个人交往和兴趣、爱好等情况，熟悉学生，交上朋友；三是留心观察，逐个了解他们的思想、学习情况和心理、性格特点，对每个学生的情况尽可能做到全面了解，胸中有数。这样，在较短的时间里，班主任对学生有了一个基本的、也是全面的了解，学生也消除了对老师的陌生感和害怕的心理。

二、班主任需要学会理解宽容

现在，社会上有一种提法“理解万岁”，成人需要理解，学生更需要理解、需要宽容。新时代的青少年，他们富于幻想，敢于实践，常常有一些近乎离奇

的想法与做法，对此，班主任老师要能理解，进行具体分析和引导。另外，学生自制能力较差，是非观念不十分清楚，容易干傻事，犯错误。而对他们的错误，班主任不能只是简单地批评，甚至训斥体罚，而要分析他们犯错误的具体情况，有针对性地进行思想教育。一旦认识和改正错误，就要宽容，要鼓励他们再接再厉。这样做，容易加深学生与班主任的感情交融，取得事半功倍的教育效果。

三、班主任要懂得如何去关心尊重学生

为师之道，既要严，更要有爱，有关心，有尊重，这是教书育人的前提和保证，更是一个班主任应该认真做到的。对学生的关心和尊重，应该贯穿于班主任工作的全过程，学生思想、学习、生活方面的倾向和问题要处处留心，学生的意见、建议，甚至批评都要虚心听取，对正确的要给予肯定和尊重。当学生的家庭或周围环境发生较大变化时，更要献出母亲般的爱，去关怀、体贴，使他们克服困难，振作精神，重新鼓起前进的风帆。

四、班主任要对学生多引导鼓励

学生的事要让他们自己去做，教师不能事事包办代替，这是育人之道，也是班主任工作的一个重要原则和方法。只有坚持这样做，才能培养学生的动手能力，增强他们的自立意识。因此，在工作中，放手让学生自己主持召开班、队会，组织开展集体活动，学会处理一些问题的方法。班主任只是当好参谋，给予启发、引导和鼓励。组织学生召开主题队会，引导大家论收获，谈认识，对同学们做得对的、干得好的事，给予充分肯定和表扬，使同学们在成功的喜悦中增强自立意识，坚定了自我成才的信心和勇气。

众所周知，班主任工作劳心费神、烦琐艰辛、非常辛苦。由于工作关系，有的班主任常有身心疲惫、郁闷烦躁、心理压力沉重、情绪低落、缺少信心和快乐的感觉。长此下去，显然不利于身心健康。我认为班主任在努力工作，积极向上，尽心做好本职工作的同时，还应该学会关爱自己，做一个善待自己的人。

用心关爱每一位学生

2012级旅日1班班主任　金伊花

我曾带过的2012级旅日1班，共48位同学，分别来自吉林、安徽、江苏、浙江4个省份。其中，男生有6人，女生42人。而他们又可以分为23名普高考生和25名单考单招的学生。在校的3年期间，2012级旅日1班分别获得了旅院星级班级、星级寝室称号。并且，班上有16位同学参加了赴日研修项目，3位同学参加了澳门八佰伴百货商店的实习项目，还有7位同学考上了浙江工商大学、浙江财经学院，杭州师范大学等的专升本。

一、寝室分配

2012级日语1班，这班学生与学生之间关系亲密融洽，集体荣誉感非常强。要分析有什么原因的话，我认为与新生分寝室环节有密不可分的关系。我认为班级里的每个成员，都应该在旅院找到一个属于自己的舒心舒适的居所，只有居住的环境舒适了，才能安下心来认真学习、生活。那么，作为老师的我如何创造这样的条件呢？首先是保障学生的寝室和谐。每个学生的作息，习惯爱好，都是影响寝室和谐的一个重要因素。而一个班级今后是否会融洽的根源，也是班主任工作开展是否顺利的一个关键。

当时，学校学生的分寝工作是由班主任完成的。我之前看过一个心理学的分析资料，资料里写到有太阳、光线好的房间可以在某种程度上缓解压力，还能够改善人的抑郁情绪，促进身心健康。于是，在给新生分寝室时，我就想试着采用这个心理研究结果来进行。让离学校近，周末可以经常回家的学生住在阴面的寝室，把阳面的寝室留给家离学校远，不能经常回家的学生和外省学生。因为，对外省学生和家离学校远的学生来说，寝室就是他们的另一个家，在寝室里的时间要比常回家的学生多很多。只有学生住得好、吃得好，同学关系相处融洽，很多问题也就自然而然解决了。

还有一个分寝室方法是把学生按照不同地区分好，再同时尽可能调匀普高和职高生的比例。为了不让来自同一个地区的学生形成一个一个的小团体，我会事先把来自同一个地区的学生划分在不同的寝室里，让他们均匀散落在不同的寝室。这样不仅有利于来自不同地区的学生互相了解不同地域的风土人情，更好地感受各省的文化，还可以在源头预防比较难管理的地域小团体的形成。调匀普高和职高生的比例也是要在每个寝室都放上会学习，学习好的同学，室友与室友之间会互相影响，会带动同一个寝室的同学一起学习，从而达到大家一起好好学习、天天向上的效果。

二、信息的及时传达

作为班主任，除了要关注班级学生的生活、学习之外，我还做了上意下达和下意上达的信息传递工作。如寝室卫生评比结果，各种比赛结果，我都会第一时间告知班里学生。做到好的消息及时表扬，让学生更加自信，热爱校园文化；卫生或其他方面有任何问题，也会及时教导，让学生认识到错误，尽快改正。对有心理问题的学生，我平时也会多加关注，出现问题及时告知负责心理的辅导员老师及时介入。若班上学生有任何问题联系我，我也会及时答复，做到在职责范围内事无巨细协调解决。

三、提供好的机会，建立合理的奖惩机制

当年的日语专业专门设置了赴日研修项目。这个项目奖惩分明，不仅可以很好地调动学生学习日语的积极性，还很好地激发了每个学生的能动性。每一位学生都想用好的表现获得好的日常行为分，以优异的成绩获得赴日资格。

在 2012 级日语 1 班里，除了准备赴日的学生之外，还有准备专升本的学生和准备去澳门实习的学生，这几股力量拧在一起形成了一个很好的班风。在好的班风里，学生自然就能健康成长，教师上课就能兴趣盎然，达到事半功倍

的效果。

回首当年，我还是会自谦的认为是我运气好，分到了 2012 级日语 1 班，这个好学、团结的班级。虽说班上不免会有个别同学相对沉闷，但是班上大多数同学还是属于阳光型。他们不需要他人的带动和催促，自己就会不断地找事情做，总是想方设法去提升自己，顺便还会带动其他同学一起参与其中。还有就是因为有赴日项目、专升本项目、澳门实习项目这些好机会的激励，让学生想要更好地表现，最终获得参加项目的机会。当然，最后还要提一下当年与我一起工作的辅导员们，正是有他们的辛勤工作，才使得我的班主任管理工作也得心应手了很多。

带班“四法”

2015级空乘9班班主任　陈晓燕

如果说教师的使命是“授业解惑”，那么我认为高校班主任的责任更重大，使命更神圣。班主任扮演的角色不仅是简单的班务管理者，更是在人生重要阶段中，学生情感的倾听者，学习的指导者、“三观”的塑造者、人生的引领者！

我担任班主任工作已有10余年，社会在变化，学生也不同，教学方式也在不断改革，但不变的是我的带班实践“四法”。

一、慈严相济

在面对一张张青春年少的笑脸时，我首先奉行“慈”的情感，以长辈的年龄、身份，与孩子们亦师亦友地相处，建立相互之间的信任，带去慈母般的关爱。我会为刚刚失去母亲的女孩张罗温暖简单的“成人礼”，我会默默为贫困生垫付春游秋游的费用，我也会鼓励学生勇敢把爱说出来的同时更好地完善自己，我还会借我的肩膀给失恋的孩子让他们尽情哭一次……我想，让离家在校的孩子始终有所依靠，是温暖的，是有情的。

“严”是我给大多数学生的印象，确实，在不良习惯面前、在学生偷懒躲避时、在他们撒谎作弊时，我是一个不折不扣的黑脸角色。我深信，教育的本质是教会学生“做人”，教师肩负着“立德树人”的重任，家长把孩子交给了学校，我们就有责任有义务引导孩子们建立正确的“三观”，树立优良的品质，“正”是我对每一个学生的要求，对不良作风“零容忍”是我对学生提出的硬杠杠。

二、张弛有度

我信奉快乐学习、快乐工作，我想将乐观、豁达的心态带给学生，这是漫漫人生路上必需的精神财富。

所以，日常生活中，我常常在课前给孩子们带杯奶茶，开学初分享巧克力，节日里分发糖果，请学生们一起品尝旅院鼎鼎有名的鸭腿饭，偶尔买来卤鸡爪、卤蛋给孩子们解馋……孩子们也学会了感恩，在教师节送上绿植，为我的生日献上一束鲜花……

每个班，我都会带着孩子们一起出行。春天在杭州的十里琅珰高高低低山间穿行，春风拂面，10 多公里的山路，教会孩子们互相帮助，教会孩子们坚持不放弃，到达山脚的美味大餐也是一大乐趣。初冬走走看看运河古迹，行行摄摄西湖美景，蛋糕庆贺生日、K 歌拉近友谊。

每个班，我也会要求学生们紧抓学习。从视频英语打卡到锻炼打卡，从考级到培训，从早晚自习管理到组建学习小组，方方面面督促学生齐头并进，努力提升。

三、收放有时

班级的凝聚力，光有老师还不够，我总结自己的带班实践，一支团结合作有战斗力的班干部队伍必不可少。队伍建设，我遵循“收放有时”的原则。既给了学生充分的空间发展，挖掘管理、统筹、组织、创新的潜力，锻炼班干部独立处理问题的能力，又保证了在大是大非、疑难问题面前班主任能及时给予正确引导。

班干部选举，我只讲要求，所有自荐、推荐都交给学生自行组织，独立完成干部队伍职责分派。在工作过程中，我要求班干部形成例会制度，有总结有计划，采取民主集中制管理班级，平时基本自理自治，充分赋权。遇有重大问题班干部可以找我，再根据具体情况分门别类或引导干部琢磨处置，或个别与问题学生谈话解开心结，或召集班会强调纪律。

毕业后，学生们给我的反馈是在学校锻炼了沟通、解决问题的能力，在工作生活中能加以应用，游刃有余。

四、一个都不能少

高职学生，或许是对自己未来更少思考的孩子。我常常碰到迷惘的学生，家里经济困难想退学的孩子，实习岗位上不能适应轻言放弃的学生，体检、政审等原因无法实现蓝天梦而放逐自我的孩子……在我的心里，学习能带来孩子的变化、家庭的变化，所以我的班主任信条是“一个都不能少”。

我带了七届“春秋航空”订单班，这其中有因各种原因中途要退班甚至退学的孩子，我总是会耐心地了解原因，鼓励学生坚持梦想，积极地在“校、企、家”三方之间为学生协调，争取更好的机会。

我也碰到为了爱情要放弃航空公司的女孩，我会告诉她，独立的可贵，自立的价值。

我还碰到因为英语成绩差而厌学的男生，我会告诉他，每天有获得，就比前一天有进步。即使零基础，每天 3 个单词，到毕业就是三级水平。

用爱浇灌，用心培养

2018级空乘5班班主任 马庆楠

班主任工作好比春种秋收，没有付出就没有收获。2018级空乘5班36位学生就是一颗颗希望的麦种，只有真心付出、用心浇灌，才能看到麦浪滚滚，收获希望和阳光。

一、爱生如清流，润物细无声

俗话说："一切最好的教育方法，一切最好的教育艺术，都产生于教师对学生无比热爱的炽热心灵中。"的确，没有爱就没有教育，班级管理工作是一门育人科学，更是一门育人艺术，它需要班主任多花心思、多了解、多观察、多动脑。班主任，意味着不仅要教给学生知识，更重要的是要向学生传递美好和力量。

工作中，我时常以“过来人”的身份了解学生、立足学生、服务学生，以一颗青春活力、热情主动的心与他们沟通交流，倾情关爱，与学生共同进步，共同成长。做好班级管理工作，仅仅依靠班主任的力量是远远不够的，班干部是联络班主任和学生的纽带，是班主任的得力助手。选拔并培养好一个优秀的班干部队伍，是班主任的重大职责。班级建设中，我注重强化班干部队伍，培养班级“领头雁”，培养并教会他们如何进行班级管理；如何具备较强的独立工作能力；如何搞好人际关系，在班级树立威信；如何以身作则，严格要求自己，模范守纪等。

二、严管立规矩，厚教育人心

身为班主任，抓好班风建设是义不容辞的责任。说起艺术类学生，多数人的印象是“思想活跃、个性鲜明、追求自由”，作为班主任，要善于抓住教育学生的“时机”。新生刚入校对大学的理解还是一片茫然，对大学生活和学习更是无所适从，此时，班主任就应该对学生进行适当的管理和必要的引导。记得在新生第一次班会上，我给大家讲了三个词，这也是对大家提的三方面要求。第一个是“底线”，所谓无规矩不成方圆，抓好入学教育非常重要，规章制度可以让同学们养成良好习惯，同时，也预防一些潜在隐患的发生。第二个是“团结”，引导学生牢牢树立班级团队第一的思想，时时想到自己代表班级形象，感受为集体荣誉而战的责任与荣光。第三个词是“奋斗”，提醒学生学习是大学生活的第一要务，扎实的专业基础才是自己走向社会的终极“王牌”。教导学生在大学生活中要“耐得住寂寞”“经得住诱惑”，发挥学生自我管理、自我监督和自我教育能力。同时，要求学生每学期初制定学期任务目标，并在班级范围内进行公示，相互监督，共同努力，在学期中和学期末分别进行验收与总结，对于表现优秀者予以表彰，对于没有完成任务目标的进行督促反思。

三、青春同舟行，齐心绽芳华

泰戈尔曾说过:“花的事业是甜蜜的，果的事业是珍贵的。”工作中，我始终坚持身正为范、以身作则，严格履行班主任工作职责。积极同班级各类学生谈话谈心，走进学生生活、关注学生成长。看到学生朝气蓬勃的面孔，仿佛看到了学生时代的我。所以，我更愿意以长他们几岁的知心大姐姐的角色来关心学生的日常生活，用爱倾注，用心呵护，做到日常中见温暖，在细微处见功夫。秉承服务学生、关爱学生的育人理念，培养学生的规则意识、责任意识和集体荣誉感。此外，学生处于成长发展阶段，难免会犯错误，作为班主任要有一颗宽容之心，不论在多么情急的形势下，班主任也不能有出格的言行，要保持冷静和沉着。在我眼里，每个学生都有自己的闪光点，我从心里爱护并关心他们，竭尽所能去帮助需要帮助的学生，传递向上、向善的能量。让我欣慰的是班里同学基本上都能很好地配合工作、理解老师的良苦用心。作为辅导员，由于工作性质，我经常走访学生宿舍，督促学生不要睡懒觉，不要沉迷网络游戏。长此以往，我与大家也一直保持着良好的沟通状态，用行动建立起信任，让信任筑起心灵沟通的桥梁。班主任工作实践为我提供了开展学生工作的生命土壤，在今后的工作中，我将继续秉承不忘育人初心，潜心践行育人使命，做学生成长路上的引路人、护航人、筑梦人。

与班级共同成长

2013 级人力 2 班班主任　陈　琛

自 2013 年来到旅院，我的职业生涯也发生巨大的转变，从原来企业的 HR 变身为专任教师，并且要担任班主任工作。对班主任工作陌生的我，小心翼翼地担任了 2013 级人力资源管理 2 班的班主任。此后，相继承担了 2016 级会计 7 班、2019 级人力资源管理 1 班的班主任。在面对工作身份转变的过程中，我的学生、同事、领导对我不断鼓励，给予我巨大的支持与帮助。我所带的第一个班级——2013 级人力资源管理 2 班，在学校“阳光工程”评选中荣获“五星级班级”“五星级寝室”，多个学生获得学干标兵、学习标兵、实践标兵等。学生毕业后，在各自的工作岗位上发光发热。下面我从组织保障、制度建设、核心人员培养、全班综合发展等方面来谈谈我的班主任工作心得和领悟。

一、组织保障

高校的学生班级管理作用非同寻常，这是高校中的最基本的组织，所以对于班级的管理，必须先建立和形成强有力的组织保障。

（一）建立两个班级基本组织机构

组织机构建立，一是班级班委；二是寝室长群。班干部是我们整个班级的核心和灵魂人物，对于班级的管理和发展起到至关重要的作用。在开学前和开学后的军训期间，通过同学之前的互动及军训期间的表现，加之同学意愿，开始评选班委。在评选班委前，班主任必须与班助制定好严格的班委评选方案，把人力资源360绩效考评的方法引入班委的评选过程中，学生、班主任、班助都有不同的打分权重和标准。保障从不同角度测评，能公平公正地选出合适的班委人选，这也是2013级人力资源管理2班能够取得五星级班级非常重要的一环，班委是联结教师和学生非常重要的桥梁，一定要发挥好班委的重要作用。二是形成寝室长群，寝室是班级管理的最微小的组织，班委可能没能完全分布在各个寝室中，很多的文件传达、活动的调动也触及不到全部的寝室，这个时候就需要发挥寝室长的作用。大学在校期间，关系最密切的就是同寝室的同学，寝室的文化建设、寝室长的选拔至关重要。寝室长是联结班委、班主任的纽带，我们要发挥寝室长的作用，让寝室长带动整个寝室积极主动参与到班级的各项活动中。

（二）形成多渠道的沟通联络方式

在组织机构建设过程中，需要形成多种渠道的沟通联络方式。在整个沟通联络方式中，主要有面对面的沟通及线上沟通。面对面沟通，是指每周定时让班委来汇报工作。同时，作为班主任也要参与班级班会、走访寝室以及早晚自修。在带2013级人力班级时，由于我同时兼任教学秘书工作，所以早晚自修成了跟同学交流的非常好的时机。在寝室的沟通交流中，每个月走访寝室，是收集和了解学生思想动态非常好的机会。通过走访寝室，我能及时了解宿舍的文化建设，对于好的寝室提出表扬并积极鼓励他们参与学生的星级寝室建设。对于存在问题的寝室，要及时向寝室长及同学反馈问题。线上的交流是建立了班委、寝室长的微信群、QQ群等，通过视频会议、语音会议来发布信息，及时交流存在的问题。线上和线下多种沟通渠道的建立为班级管理打下了良好的基础。在实习期间，线上的渠道建设尤其发挥了重要的作用，由于学生实习分散在不同的城市、不同的公司，无法当面沟通，无法及时地传达工作，所以，线上的沟通渠道及寝室群组织发挥了至关重要的作用。

二、制度建设

（一）班规制定

制度建设对于班级管理工作至关重要。在新生军训期间，在高年级班主任助理的协助下，在班委和全班同学的共同努力下，根据《学生手册》大框架要求，制定班规。班规包含的内容比较全面，尤其是班规中的惩罚条例，再一次向班级同学提出警示，对于《学生手册》中的违纪违规的行为重点体现在班级的班规中，警醒同学们在今后的大学生活中不要触及这些红线。奖励条例也较为突出，对于刚刚进入大学的新生来说，起到非常重要的引导激励作用。主要奖励关于学习、实践及思想品德等方面的各种模范行为，在班规中对于有此行为的提出奖励举措。这样一份班规，对于刚刚入学的新生来说，是一种行为的约束和引导。同时，在班规中也对于班级未来的发展方向提出了建设思路。在建设思路的引导下，班级同学共同努力，积极主动地向目标靠近。

（二）明确班级各班委、寝室长的工作职责

班委及寝室长工作职责制度的明确至关重要。每个班委和寝室长需要了解自己的工作职责，并且将工作职责熟记于心。有时候班委的工作会存在交叉，如何去处理工作的交叉，这就需要大家在制度和职责的引导下灵活地进行协商，分配工作任务，需要大家班委共同齐心协力地完成。

班委及寝室长发挥了至关重要的引领作用。大家各自承担自己的职责，默默地帮班级及寝室同学完成相关的工作任务，带领2013级人力2班在大学3年的学习和生活中顺利完成学业，并且这些优秀的同学在3年的过程中也得到了锻炼。班委及寝室长中的许多同学在3年工作期间，获得了国家奖学金、省政府奖学金、学院的学干标兵、实践标兵和学习标兵，有些寝室长带领本寝室同学一举拿下五星级寝室，获得多项荣誉。

三、资源利用

在班级的发展过程中，内外部的资源对于班级的发展至关重要，如何寻求

和发展利用资源，也是班主任需要重点去引导的。

（一）班助资源

班助是旅院的特色，是引领学生的良好示范。非常感谢旅院有这样一套学生传帮带制度。选拔优秀的大二学生来帮助新生在面对茫然的大学生活开端时，给予他们一定引导。在班助的帮助下，很多录取的学生加入新生班级群中，入学初就可以帮助同学解决各种问题。在进入大学后，班助帮助同学们完成新生的过度，向他们解释学习生活中的各种问题。班助都是班级中品学兼优，并在社会实践活动中也担任一定职务的同学。如何发挥班助的优势，利用班组的优势，在这点中，2013 级人力资源管理班助就发挥了重要的作用。2013 级人力资源管理的班助来自上一届的五星级班级，在成立了班委会后，就积极主动地向班委介绍了星级班级申报的考核标准，并给这届的班委悄无声息地灌输一种思想，要积极申报星级班级，向优秀的标准靠近。榜样的作用至关重要。班助自身也积极参与到各种实践活动中，带领班级的同学主动参与到第二、第三课堂中，形成了良好班风。

（二）优秀毕业生资源

优秀毕业生也是我们在班级管理中不可缺少重要资源。每年，旅院会邀请优秀毕业生来为学生开展讲座及宣讲，介绍他们毕业后的工作和学习，有工作方面的优秀毕业生，有专升本的优秀毕业生。为同学们带来不同职业生涯的解读，让同学们在大学期间积极学习，参与各种社会实践活动，储备各种知识和技能，为毕业后的工作和学习做准备。通过毕业生的亲身经历对于学生来说更有冲击力，能更好引导他们完成大学期间的学习。

（三）教师自身资源

教师在高校工作中，也需要发掘专业和自身的资源，帮助学生共同成长，带领学生参与到自己的科研或者工作室的工作中，帮助学生完成社会实践锻炼，提升他们理论与实践相结合的能力。教师应多方面发掘学生的优势，重点关注些特殊群体，例如，对于家庭有困难，或者存在一定交往障碍的同学，在工作室活动或者学校的各种阳光工程项目中指导这些同学，选拔到团队成员中，帮助他们更好、更自信地与他人交流，增强其自信心。

四、结语

班主任工作任重而道远，需要我们与班级中的同学共同成长，需要我们以耐心、细心、热心来完成这项工作，共同关心和探索学生及班级的发展。

耕耘含情，育人有方

2019 级会计 2 班班主任　陈方方

2009 年 8 月入校至今，我从酒店管理系辅导员，教务处教务员到旅行社管理系学工办主任，再到工商管理学院办公室主任，不论工作岗位怎么变，一直和班级学生们交织在一起，一直追求成为一名受人尊重、学生喜爱的教育工作者。

班主任工作、学生工作是“忙并快乐着”！日常如同一只“高速旋转的陀螺”，陪伴学生处理繁杂琐碎，润物细无声。每当新一届学生能独立组织一个活动，学生带着指导作品自信地站上舞台，曾经苦恼的学生路上远远地与你笑脸相迎，毕业的学生不时线上线下找我聊心事、谈未来，便是快乐的停留。

学生成绩的收获和对班主任工作的肯定，既是欣喜和激动，又是鞭笞和激励，唯有坚定信念——耕耘含情、育人有“方”。

一、与时俱进地理解一份职责

爱岗爱生，爱家爱生活，是对社会责任、幸福源头朴素的理解。虽然，大学里的班主任是一个多种身份的集合体，兼具多种角色，可能是中层领导干部＋班主任、可能是专业教师＋班主任、可能是普通行政人员＋班主任，班主任的主要工作任务与角色始终紧紧相连。因此，仔细研读上级与学校关于班主任的文件及其对班主任主要工作任务、主要工作职责的要求非常有必要，对工作内容和可能发生的苦难和事情有更广更深的理解和准备。

高校班级是管理的主体，而班级管理是实现高校培养目标的有效载体。班级管理工作对整个学校管理工作而言是其基础组成和可靠保证。我国的高校学生管理，一般还是由学校—院系—年级—班级管理体系组成，班级工作实行班主任负责制。学生的思想和各方面技能的掌握，班级内部的关系和矛盾，以及班级学风的形成，都是学校管理工作的重要细节。

一个班级就是一个集体，每个成员来自不同地方、不同家庭，每个家庭对子女的要求和期望都不尽相同。这样组成的一个集体，是一个复杂的群体。作为管理者，要想让每位学生在一个适合自身学习的大家庭里成长是一件非常不容易的事情。学校固然重要，任课教师也重要，班主任也很重要，其重要性就体现在班级管理上，要促进学生的自我管理，通过自我管理实现自我教育。

二、与时俱进地抓好几个要点

（一）说教少不了

随着社会和教育的不断变革发展，班主任接触的学生亦是从最初的“80后”到“90后”到“00后”，对象发生着变化，但是“教书育人”的宗旨和初心没有变化。

无论学生如何变化，该说的道理和该遵守的规矩、规则还是得明确和坚持。因此，把握好第一次班会，讲好道理、立好规矩很有必要。

1. 讲角色

介绍角色最终的目的是引导学生自主、自立去沟通，去找寻方法完成可单独完成的常规事宜，而不是一味由班主任、班助、班委包办。这里，通过介绍班主任、辅导员、带班辅导员、教学秘书、班助、学工办、办公室、分院领导等角色和工作内容，来帮助学生梳理和了解大学生活的任务角色。

2. 讲原则

这里主要介绍一些校纪校规，强调“高压线”不能触碰——如犯罪、作弊、无证驾驶等违反国家法律法规、违反校规校纪的行为。

3. 讲安全

通过摆事实讲案例的方法，引导学生注意财产安全、人身安全、心理健康等问题，把安全放在第一位，警钟长鸣，不误信他人、不引诱他人。

4. 讲关系

从社交对象分，大学里可以分为师生关系、同学关系；从相关空间来分，大学里有班级同学关系、社团社友关系、寝室室友关系、学生干部同部门关系等，倡议大家珍惜缘分，坚持“和平共处”五项原则，走过大学象牙塔，能更好地在社会上生存。

5. 讲规划

作为学生，第一要务是“学习”，大学的时间，看似有 365×3，但其实非常短暂。因此，班主任应引导学生分阶段制定目标、做好学业生活规划，帮助学生增加自我认识、清晰目标定位，有利于学生的专业学习、技能提升，乃至人生的职业生涯规划。

（二）没事要找事

1. 军训不闲着

从学生入校前，开始活跃班级气氛，提前准备一些班级军训物资体现独特的班级关怀，即便是小小防晒防暑物品。军训期间不闲着，共同参与班级的军训活动，军训场地多走动，留点照片、留点故事。

2. 助手选好

一是选好班助，发挥好班助的榜样引领作用。二是一个强劲有力的班委是班主任的左膀右臂。班级的管理需要充分发挥班干部的模范带头作用。通过军训期间的表现、学生档案、班委自荐和选举票数的综合考量，推选出一支班委队伍。三是选好若干名普通同学，“不脱离群众”了解掌握班级情况。

3. 任务分配

通过任务分配提高与学生的互动，了解学生的个性，锻炼学生的能力。任务可大可小，即便只是送份文件、寄个快递，也可体现互相帮助的精神。假如充分带学生参加比赛（项目），更能锻炼学生的能力，产生互动共鸣。

4. 班级活动

通过班会、特殊节日、集体活动增加班级的互动性和凝聚力；通过“优秀团支部”“星级班级”等荣誉的引导，组织集体比赛，提高班级的组织能力和荣誉感。

5. 积极学习

与时俱进，提升班主任技能，学习不止步。一方面需要学习一点新的理论知识和方法（如心理方面知识、谈心谈话技巧等），另一方面也应积极向“00后”学生学习，学习自媒体的应用、视频制作等，了解他们最新的关注点和兴趣点，易走进学生生活，把握他们的所思所想，增加与学生的共鸣和沟通。

（三）后会还有期

大学期间，虽然与学生的谈话和交流很多，形式也多样，但要注意保持一定的师生距离，同时，注意在谈话中多聆听、将心比心地真诚交流。作为老师，应该学会欣赏每一位学生，信任学生，鼓励学生，帮助学生扬长避短，让每一个学生都得到更好的发展。多鼓励，多引导，多肯定，带来了学生对班主任更多的信任与交流，带来毕业后“校友”们对毕业生工作、校友工作、招生宣传的高度配合，带来了更多的“亦师亦友”的关系。时间就像一张网，撒在哪收获就会在哪。

甘作人梯，助力孩子们的美好明天

2014级市场营销1班班主任　翁　栋

作为班主任，担负着对学生进行管理、教育和服务三方面的重要工作。十年树木，百年树人。作为教育一线的班主任，除了要以饱满的工作热情来对待这项任务外，还要把这些理念逐步执行落地，做到切实有效地教育学生、引导学生和管理学生。

一、关于班主任工作的应对策略

实现习近平总书记所提出的“营造人人皆可成才、人人尽展其才的良好环境，努力培养数以亿计的高素质劳动者和技术技能人才”的目标，班主任工作将起到一定的保障性作用。另外，高职院校的班主任多为兼职，且大多为刚刚走出校门再进校门的年轻教师，他们社会阅历有限，普遍缺乏实际工作的实践经历，为适应加快高职教育改革的发展需要和特点，培养高素质劳动者和技术技能人才的要求，可从以下几方面做好班主任工作。

（一）引导学生学好专业课

除了班主任之外，我的另一个身份是学校市场营销专业的一名专任教师，所以，我会按照我们专业的人才培养大纲有意识地引导学生学习专业课，要通俗明了地阐释说明学习方法。开课之后，我会积极与其他授课教师沟通，及时发现班级同学在学习过程中所遇到的各种问题，通过开班会等方式协助学生解决学习困难。在学习步入正轨之后，作为班主任应该引导学生为大学二年级开始考取各项专业职业证书做准备。

（二）利用互联网技术促进师生交流

“互联网 +”时代，沟通方式多种多样，但人们之间心灵的距离却远了。在现代数字化教育活动中，班主任可以通过电话或微信与学生进行沟通交流，但是很多时候教师并不清楚学生的态度和想法，师生之间存在隔阂。因此，消除隔阂，使网络沟通变得更加真实可信，是班主任工作中需要解决的难题。

1. 建立班级的信息化网络管理平台

班级的 QQ、微信群、钉钉群，应由班主任、学生干部作为管理员，也可邀请任课教师和担任班主任助理的高年级学生入群。管理员须制定群规，强调遵守网络道德，净化网络空间，对成员发布的言论、图片、视频进行适度限制和规范，引导学生正确利用网络，防止学生过度痴迷于网络空间。

2. 充分利用网络管理的各项功能

班主任及时向群共享上传学校和院系下达的文件和通知，群共享中还应有专业教师制作的课件和复习资料以供下载。对于班级近期活动的开展和安排、评优评先等在公告栏中预先通知，并通过群活动和群投票等方式征求所有同学的意见和建议，要允许学生发表不同意见。公告栏及时将学校各项检查、分院评比的结果公示，让学生充分享有知情权和参与权。群相册里面有每次活动的记录和现场图片，有利于班级归属感和凝聚力的高效形成。群空间还应有专业课相关老师和学生的学习生活感悟，有利于师生之间、同学之间情感的交流。

3. 发挥网络空间的时效性

班级网络管理和常规管理相得益彰，不可偏废。网络是个虚拟空间，具有共享性和开放性，打破了地域和时间的界限，可随时随地进行交互式沟通和交流，合理利用信息化手段实行班级网络管理，提高了管理的时效性，有利于大学生的成长和自我管理能力的提高。但网络管理也存在局限性，网络沟通是屏幕对屏幕的交流，不一定能反映学生的真实想法，而且缺乏师生之间面对面的心灵沟通。所以，班级网络管理只能是常规管理的补充，不可取而代之。比如，在网络空间的群活动和群投票中无法达成一致意见时，班主任可先组织班级干部进行小组会议，再通过班级主题班会，进行民主协商，出一致认可的方案。

（三）加强学生思想教育工作

思想教育是一切工作的主线和灵魂。时代潮流在变，但思想教育的重要作用没有变。要时时刻刻、见缝插针、随时随地对学生进行正确的世界观、人生观、价值观、审美观教育，规范他们的行为，引导他们除了学习以外把精力投入到积极向上的事情中去。如上网时自觉鄙弃不健康的东西，看书时自觉汲取有利身心的精华，言谈举止要与现代大学生身份相吻合，交友更应慎重。对平时的考勤、卫生、自习、好人好事、违章违纪等情况公开公示，记录在案，使学生在学习、生活中有章可循，有据可依。平时的记录与奖学金、评优相挂钩，使学生能自觉加强自我约束、自我教育，形成积极向上的舆论氛围，使学生明辨是非，正确对待健康的事物，抵制错误的东西，使整个班级形成蓬勃、团结、友爱、奋发向上的良好班风。

（四）明确学生就业方向

职业生涯规划指的是学生根据个人所处的客观环境进行分析，结合自身的主观条件，对今后职业发展目标、工作需求、学习、个人成长等做出细致的安排，以指导今后的具体职业行为。很多高职大学生在走入工作岗位之后才开始认真规划自身的职业，而在校学习期间对此却重视不够。班主任可以对不明确就业方向和就业有困难的同学进行一对一沟通，必要的时候，可借助学校心理咨询老师的力量，对他们进行详细而周密的职业发展咨询与规划，帮助学生顺利就业。除此之外，班主任也可以通过班级内部组织个人简历大赛、面试大赛等，提升学生的求职面试技巧，提升他们的就业成功率。

二、结语

高校班主任承担着大学生思想教育、学习指导、心理健康、就业指导等方面的培养任务，是大学生健康成长、持续发展的指导者和支持者，是高校学生思想政治教育的骨干力量。新形势下，必须加强对高校班主任工作的研究，进一步厘清高校班主任的工作思路，充实班主任的工作内容，完善班主任工作的方式、方法，提出切实可行的班主任工作指导规范，使高校班主任工作更加卓有成效。

共享感悟，共促成长

2014 级人力 2 班、2017 级会计 2 班班主任　李卓君

我于 2014 年来到了旅院，以市场营销专任教师的身份在随后的六年间担任了 2014 级人力资源管理 2 班、2017 级会计 2 班的班主任，并且最终在学院“阳光工程”评选中分别荣获了“五星级班级”和“白金五星级班级”。当然，从对班主任工作的茫然不解到连续两个班都能取得好成绩，其中少不了分院领导和同事的大力支持与帮助。下面从一线班级管理的角度谈谈我的经验与感想。

一、明确方向

高校是培养高素质人才的重要场所，班主任是人才培养的执行者和中坚力

量。明确方向指的是定位班主任的职责、塑造班级整体的形象。就工商管理学院而言，管理对象一般有两种：普高生和职高生。学生生源的不同也对班级管理的方式方法具有一定影响。因此，班主任要根据管理对象，定位好自己的职责和班级的发展方向。

（一）职责定位

班主任扮演着对班级学生的思想、学习、生活和身心健康等方面进行正确引导和有效沟通帮助的重要角色。我除了每月定期走访寝室、走访班级的早晚自修，参与各类班会，也会通过谈心、关注学生日常生活和自媒体（如QQ、微信、微博等）动态等方式了解学生，或者通过与任课老师的交流增进对学生的认识。除此之外，班级大大小小的各类活动我也都积极参与。因此，即使作为营销专业的老师我没有办法在课堂上接触到本班的学生，也依然能够对于班级学生的思想状况、学习情况、身心健康、学生在寝室、生活等方面的情况熟记于心。这些是班级管理的基础，只有充分了解学生，才能形成一套合适的管理制度。

（二）班级发展方向定位

刚入校的新生都是个性突出、自我意识较强的“90后”“00后”，大一阶段是学生们发展方向定位的最佳阶段，需要班主任投入更多的精力和智慧，同时，还要讲究工作方式和方法，才能取得事半功倍的效果。如，我会和我的班助在学期初的班会上提及学校的各项荣誉的争取要求，并以此定下争优目标。由于我所带的班级中的学生均来自普高，所以在制定方向的时候，以学习成绩、优秀寝室、各类学科竞赛活动、志愿者活动为优势，积极应对。最终班级的平均分、优寝率、比赛获奖率都很高，也为之后评选星级班级奠定了基础。

二、提高管理队伍素质

班干部是老师与学生之间的桥梁，是学生工作中的一个重要环节。要把品学兼优、愿奉献、敢担当、责任心和工作能力强、在学生中威信高的学生选拔到班委中来，组成一个班级领导核心，充分发挥班干部的特长，行使各个班委的职责。同时，也要给予他们“自主权”和“信任度”，让他们大胆开展班级的管理工作。以我的班级为例，班委们往往不仅在班级中承担班委的任务，同时还在学校或者分院的学生会、团委各部门中担任一定职务。以此可见，这类学生更愿意为班级、为学校等公共事务积极奉献。当然，作为班主任，也要定期组织班干部开小结会，让各个班委总结近期各自分内的工作情况，交流工作中的经验与不足，班主任要不断地给予他们鼓励和帮助，充分锻炼和提高班委们的整体协调能力、自我约束能力和管理能力。

三、发挥自身专业优势

作为一名专业教师，除了需要投入大量时间和精力用于认真备课、上课、布置和批改作业等，还要及时了解掌握学科最新研究动态，并申报本学科领域相关课题的研究和社会服务。同时，还要兼顾撰写学术论文、著作、编写教材等工作。带领班集体更好地发展，也是老师的责任之一。我们可以发挥自身的专业优势，从以下几个方面对学生进行积极的引导和管理：

（一）促进学生思想积极向上

首先，高校专业教师往往都是具备了高学历、高专业技术的高素质人才。班主任可以利用自身的专业优势稳定学生的专业思想，同时，用自身的师德、师风和学术造诣直接感染学生的思想和行为，用人格魅力去引导学生“三观”的形成。例如，我会在班会中分享自己的学业经历和正能量的成长故事，引导他们形成更加积极向上的人生观。

（二）促进学生专业素养提高

专业教师可利用渊博的学识和专业知识以及专业领域的影响力引导学生的专业思想，引领学生了解专业发展前景，培养学生必须具备的基本专业素养和能力。通过课堂教学和科研工作，让学生接触专业知识以及相关前沿学科知识，拓宽视野，增强他们的专业兴趣和学习动力以及创业成才能力。例如，我经常指导班级的学生参与职业技能竞赛，并最终获得了各类奖项。

（三）促进班级优良学风的形成

专业教师踏实严谨的科学态度、刻苦钻研的精神、丰富的专业知识、得当的学习方法、严于律己的行为都能对学生产生较好示范效应，有利于学生形成积极的学习态度、掌握有效的学习方法、营造良好的学习氛围。首先，可以让学生在早晚自修环节中制定不同的学习主题，如英语朗读、文学景点诵读等，让学生明确学习目标，巩固专业知识，激发学习热情，提高学习能力和水平。其次，制定班规，对迟到、旷课等违纪行为的同学进行扣分处理，对学习认真、考试优秀的同学进行适当的奖励。最后，以开展学习小组的形式，对学习上有困难的学生进行帮扶。

四、结语

高校中的班主任工作符合新时期高校建设和发展的需要，是一股提升教学质量、培养优秀人才、维护学校稳定的重要力量。班主任所担当的不仅是引路人的工作，更是良师益友的角色。在工作中以真诚、奉献的心态对待学生的学业情况、个体发展，甘心做学生进步的肩膀，以有针对性而富有成效的举措陪伴学生探索自我学习、自我管理、自我发展的最佳路径。

我和我的学生们

2016级营销2班、2018级会计7班班主任　徐千惠

我对班主任工作的认识，是在工作的过程中逐步形成的。刚开始的时候，作为新手教师，我对自己能否胜任班主任工作没有把握，心情十分忐忑，不知道作为班主任究竟要承担哪些责任和义务，也担心学生出意外事故。于是，在学生还没有正式报到之前，我就开始通过网上查资料、向周围同事询问、阅读学生手册之类的书籍等形式进行学习，但实际上“纸上得来终觉浅，绝知此事要躬行”。

因此，在后来的实际工作中，我就开始注意观察、记录、思考与总结，提炼适合自己、适合大一学生、适合本班学生的班主任工作计划。班主任工作看

似琐碎，但实际上是一个整体，是一个系统，这个系统中存在着一些“牵一发而动全身”的相互关联的核心要素，只有抓住这些核心要素的处理，才能让班主任工作做得更有实效、更专业、更出色。

那么对我来说，班主任“工作指南”可以概括为“以学习型组织为管理思想，以质的研究方法为研究指南，以信息环境建设为辅助手段，以人文关怀为落脚点”形成班主任工作系统，而其灵魂是“狠抓学习风气，重塑学习化生存的学习习惯”，其执行策略是“防微杜渐，铸造良好的生活习惯”。

一、提高管理工作的标准、再创新佳绩

作为一名班主任，首先要有一种高度的责任心，用慈母般的一颗心，深深地打动每个同学的心。其次要具有一种雷厉风行的工作态度，在管理上要有创新思想，进一步提高责任心。根据新的形势制定好学生的职业生涯规划和近期目标、用共同愿景引导学生，凭高尚的人格感染人，言传身教，在同学中树立起模范形象，以竞争机制激励同学，用差异的教育方法培养学生，不能只停留在管理严格，看好学生的水平上，应该放手触动学生的积极性，抓住学生的思想动态，充分发挥班级干部的职能作用，提高学生的人生观和价值观，了解社会。

二、突出班级集体观念、营造良好的班风学风

良好的班风学风，才是取得班级各项工作优异成绩的前提，开学后，我就开始着手拟定班级管理制度，制度形成后，对同学有了一定的制约。党员、积极分子、班级干部必须起模范带头作用，犯类似错误的进行惩罚。并召开各类主题班会，使同学们对班级有一种依恋感，班级管理工作也取得了可喜的成绩。

三、抓好学生的思想教育，提高班级的凝聚力

作为一名班主任，就应该去关心每一位同学。有的同学想家，我就做他们的思想工作。渐渐地同学能和老师说出自己的心里话，畅想自己的未来和理想。从谈话中，我也在物色班干部，挑选出工作能力强的同学担任班级、学院、校级学生干部，有意地安排一些工作让同学们去锻炼。同时，教育学生要

有集体荣誉感，在军训期间，我和学生一样在炎热的太阳下站着，团结一心，战胜炎热。团结是一个集体生存的基础，团结是一种力量，是我们不断前进的动力。

四、打造品牌寝室、创造优美的生活环境

班主任在做好班级的日常管理的同时认真做好寝室的管理工作，培养学生形成一个良好的生活学习习惯。2016 年我和带的第一个班级一起进校，和同学们一样，都吃住在学校。因此，我每天坚持到寝室检查、关心同学们的日常生活，发现问题及时整改。我制定了班级寝室管理制度，加大了管理力度，帮助同学改掉大二时的散漫习惯，先从寝室入手，积极关心学生的身体状况，第一时间到寝室慰问，用情来感化同学。

为学生扣好“第一粒扣子”

2018级会计4班班主任　宋士显

对国家而言，“第一粒扣子”就是这个国家所有人民认同的核心价值观，承载着一个民族、一个国家的精神追求，是最深层的力量，引领着这个国家的人民持久地去追随、去传承、去创造、去实现。对一个学生而言，“第一粒扣子”，是他最终想要成为什么样的人，这个终极目标会直接影响和决定一个人的理想、信念和生活目标。正因为如此，我能深深地感受到自己肩上沉甸甸的责任和使命，帮学生扣好人生第一粒扣子，是我作为班主任义不容辞、刻不容缓的责任。

一、关于学生

（一）自身要练好“内功”，俗语说“打铁还需自身硬”

要做好班级各项工作必须加强自身建设，班主任自身建设的关键是提高班主任自身的素质，树立班主任的威信。不同于上下级之间形成的行政权力，这要求班主任知识丰富、能力出众、人格高尚，能在学生心目中树立起使人敬服的声誉和威望，这是做好班主任工作的无形资本。

（二）加强道德修养，做学生为人的楷模

班主任是各项工作任务的协调者和具体执行者。他的一言一行都对学生起到潜移默化的作用，都会在学生心目中留下深刻的印象。班主任要注意自身的修养，努力通过自己的言行举止、为人处事给学生以示范，做学生的榜样。苏联教育家申比廖夫曾说过，没有教师对学生直接的人格影响，就不可能有真正的教育工作。马卡连柯也说过，教师的个人榜样，乃是使青年心灵开拓结果的阳光。因此，提高思想道德水平，加强自身修养是对每位班主任的基本要求。

（三）具备多种能力

班主任要具备的能力很多，如观察、分析和判断能力，组织协调能力，个别谈话和谈心的能力，口头和书面表达能力，发现、培养和使用人才的能力，总结工作的能力等。作为一名班主任，必须有体察学生的思想、情感需求，捕捉学生的思想信息，把握他们的真实态度，以达知人知面知心的能力，应有启迪学生心灵的能力，应有教育和管理相结合的能力，应有较高的演讲和对话能力。

二、关于自身

班主任练好“内功”是做好学生工作的前提，班主任在努力提高自身素质能力的同时，要下大力气做好以下四项工作。

（一）树立良好的班风，班级是一个整体

学生要在这个集体里学习、生活、成长。要在学校的各项活动中展示自己的力量和风貌。好的环境能够激励人，可以改造人。因此，这个集体需要有一种精神，那就是蓬勃向上的集体主义精神；争先创优，爱班好学的敬业精神。这种精神从何而来？它来源于班主任坚持不懈的思想教育工作。重视思想工作是班主任做好其他各项工作的基础，是建设好班级的法宝。班主任必须充分认识思想政治工作在班级建设中的地位和作用，应充分利用班会、活动等多种途径对学生进行思想政治教育，帮助他们树立起正确的人生观、价值观。集体主义教育是班级思想教育的重要内容之一，是树好班风建立良好集体的重要表现。以此来增强班级的向心力，凝聚力和战斗力，真正做到心往一处想，劲往一处使。

（二）组建强有力的班委会

要做好学生各方面工作，单凭一个班主任是绝对做不好的，应形成以班干部为中心的学生骨干力量。有人形象地说，班干部是班主任的得力助手，此话很有几分道理。班干部在班级中起到核心骨干的作用，他们是班级各项活动的组织者和倡导者。大学的生活是同学们进入社会的预演，在大学这个小社会中，要学会如何与班级同学相处，如何让同学们的心所向一处，这些都是作为班主任和作为班干部需要思考的。比起细致地管理班级的大小事务，更应该充分相信学生，他们可以处理好各类突发情况。班级的兴衰与他们的工作密不可分，能否组建起强有力的班委会，如何调动学生干部的积极性，利用他们的优势做好学生工作，也是衡量班主任工作水平的标志之一。

（三）班干部的工作包括干部的选拔、培养、使用和推荐等一系列的工作

选拔是基础，班主任可以通过委任、竞选、自荐等各种渠道把那些表现突出，愿为同学服务，有一定组织能力的学生选任为班级干部。班委会组成后，班主任应加强对他们的培养和教育。在大一期间，班主任应时常召开班委会议，对工作中的不足要及时指出，对工作中的困难要予以鼓励，对工作的成绩要给予表扬和奖励。到了大二、大三就可以放手，学生们有了自己的思考，判断，便可以培育出更好的班集体。

（四）要知人，做学生的知心朋友

班主任了解学生、熟悉学生，学生也了解、熟悉班主任，二者之间就能相互尊重、相互信任，也就能为班级各项工作的开展打下良好的思想基础。要学会做学生的心理疏导者，学生可能会有很多的困惑与不解，需要寻求答案，需要交流体会，往往找不到合适的人诉说，这时班主任要转变角色，做学生忠诚的朋友，主动关心他们，以诚相待，以心相交，宽宏大度，公平合理，谨记对好生不偏爱，对差生不歧视，让学生感到你可亲可敬，平易近人，从而愿意在你的指导下健康成长。

共筑师生命运共同体

2017 级会计 3 班班主任　孙万欣

在高职院校，学生的学情比较复杂，有“3+2”、普高、单考单招等多样的生源，作为班主任首先要了解学生的特点，做到有的放矢。同时，作为高职院校的专业教师，教学科研工作任务巨大，要做好教学科研、班级学生管理等工作之间的平衡，把自己定位成一个全方位的育人工作者。通过班主任的工作实践，我有以下几点体会：

一、选择一个得力的班助

设置班助制度，是旅院班级管理工作的有效创新。新生未到之前，如果确定承担班主任工作，重中之重的是选择一个符合期望的班助。班助的来源是新生上一届的优秀学生代表，务必要参加班助的面试工作，通过面试可以了解班

助的能力和表现。班助选定之后，便成了班主任的代理角色，从某种程度来看，一个得力的班助，是一届班主任工作成功的一半。由于作为专业教师，班主任还有教学等其他事务，班助则不同，班助可以有更多的时间融入班级的初始学习生活之中，更为重要的是，班助是新生的优秀学长，学长的身份与新生同学可以无缝对接，没有任何隔阂和代沟。当然，班主任也要随时关注班助的工作动态，确保班主任的管理理念通过班助得以实施，同时，班助开展的各项工作也要及时向班主任汇报。

二、组建一支高水平的班委

班主任—班助—班委—全班学生，形成一个有效的组织架构。根据入学前两周的表现，综合学生中学阶段经历，在班助的协助下组建班委。万事开头难，学生报道之后，即刻投入紧张的军训之中，在为期半个月左右的军训期间，默默关注每个同学的表现，为下一步的班委组建筛选人选。

班主任不仅仅要从事教学工作，还要承担科研任务，所以平时比较繁忙。班主任应及时建立班委会，负责班级的日常管理工作。班委会是一个班集体的核心，是班主任和班级之间的桥梁，必须组建一个强有力的班委会，才能协助班主任做好班级管理工作。班干部是班集体的骨干和核心，是班主任的得力助手，是顺利开展一切活动的保证。班主任对学生干部要重点培养、扶持，为他们脱颖而出创造良好的外部条件。

班干部的选拔，要坚持公平公正原则，推行公开演讲、投票选举，把那些表现突出、愿为学生服务、有一定组织能力的学生选任为班级干部，在实际管理中充分发挥班干部的模范带头作用和自主管理作用。选出班干部后，经过一段时间的试用，如果觉得有些学生不适合岗位，就要果断换岗或换人。同时，对班干部的管理要严格，强化他们的责任意识和服务意识，要求他们一切以班级利益为出发点。定期召开班委会，要求每位班委成员汇报班级近期情况，以便班主任及时掌握班级状况。当然，班主任也要维护班干部的威信，放手放权让班干部独立处理班级事情，保证班级活动的顺利开展。建立班级管理规章制度，放手发动学生，在班委及团支部领导下，制订各种班级工作计划与公约，组织开展各项文体娱乐活动，根据专业设置开展学习竞赛活动，培养学生的各种能力，营造勤奋进取、文明团结的良好班风。

三、建设务实肯干的班风

班级是一个整体，学生要在这个集体里学习、生活和成长，班级中要形成班兴我荣、班差我耻、以班为家、荣辱与共的优良班风，使全体成员能够投入到争先创优、爱班好学的潮流中，从而增强班级的向心力和凝聚力。良好班风的形成，对每一位学生来说都是一种无形的精神力量，能激发他们的学习热情和对美好生活的向往，能使大家拧成一股绳，表现出集体意识感和团结向上的精神。反之，如果一个班级的风气是消极怠慢的，如一盘散沙，那么班级里的每个学生就会感到孤独无助、紧张压抑，班集体名存实亡，久而久之，不仅影响每个学生的学习和生活效率，而且容易患上各种心理疾病。班主任的工作成效直接影响着班风建设，在这个阶段，班主任一定要重视对班干部的选拔培养工作，形成一个坚强的班级核心，充分发挥班干部在班风建设中的骨干带头和管理服务作用。在班级管理中，还要通过党支部、团委、学工处等多个组织，利用班会、辩论会、座谈会、报纸、杂志等多种途径，对全体成员进行思想政治教育，帮助他们树立正确的人生观、价值观，从而使良好的班风能够长期保持，通过良好的班风融洽师生关系，并为彼此营造自立、合作的人际氛围，使班级成员都觉得是班里不可或缺的一分子。

作为工商管理学院的一分子，突出“三心三力，红心接力”在班风建设中的品牌引领，责任心、感恩心、进取心围绕一颗大红心，在第一学期的早晚自习，要求学生做好“红心”笔记，让思政进班级落到实处，真正实现三全育人。

践行“和礼勤进”的旅院精神。每位同学深刻理解并将“互融为和，克己为礼，业精于勤，功成于进”的旅院精神融入血液，形成习惯。班级要求每位同学将旅院精神作为学习、生活中的行为指引，不断提升自我。

四、设计清晰的奋斗方向

三年时间太短，只争朝夕。从中学到大学，环境发生了改变，同学们的学习行为习惯也要跟着及时改变。从步入大学的第一天起，就要引导学生从“被人管理”到“自我管理”的转变，在始业教育中，一方面要明确自己的专业发展方向，未来从事的岗位，这些岗位对知识、素质和能力方面的要求，具体对应哪些课程，需要获取哪些必备的职业技能等级证书或资格证书；另一方面，要德智体美劳全方位发展，健全人格教育，学会适当的变通，在主攻专业的同时，培养一项爱好，养成乐观豁达的处世态度和心态；第三，要始终定位自己是一个旅院人，处处展现自己的旅院精气神，在学习和实习工作中做到尽到极致的服务，同时，要逐渐培养对旅游行业的深刻认知，明白我们的核心竞争力是“旅游 + 会计”，从会计专业的角度去服务旅游业、从事旅游业、研究旅游业、热爱旅游业。

五、珍惜每一位旅院学子

学校和学生是一个命运共同体，每一个班级中的学生都是班主任深爱着的孩子。作为一名班主任，有缘接触和管理一个班级，从入学开始接触，到毕业送到工作岗位，不仅仅是一段匆匆过往，更成为一个个牵挂。在毕业之后，保持持续的联系，遇到问题的学生仍然可以随时向班主任咨询，母校成为毕业学生随时可以补充给养的站点。同时，学校的校友会是一个有效的机制，每位旅院校友都是旅院最为宝贵的财富，通过校友会工作，毕业学子都可以反哺母校。

师爱四重奏

2015级酒店管理喜来登精英班班主任　张慧彦

师爱是教育力量的源泉。我国现代教育家夏丏尊说过，教育之没有感情，没有爱，如同池塘没有水一样。没有水，就不能称其为池塘，没有爱，也就没有教育。热爱是一切事业成功的基础，教育的力量来源于教师对学生的热爱，爱学生是一种高尚的情感体验，是班主任爱的最高境界。在我看来，班主任工作就像是弹钢琴，面对的是几十个年轻、单纯、多变、灵动的音符，要弹好慈母、严父、朋友、师徒四重奏，付诸不同角色以不同的爱，才能做到因材施教、有的放矢。

班主任爱学生，有时是“慈母”般的爱。因为人的精神生活中最本质的需求就是渴望得到尊重。10余年的教师生涯，我当过3届学生的班主任，虽然一个班学生大多有四五十人，但是带每个新班级的时候，我都会做到：记住每一位同学的名字，用手机备忘录记录每一位同学的生日，与每一位同学进行至少一次谈心谈话，我认为这是对他们最起码的尊重和爱。于是，在同学过生日的时候，我会送上简单真诚的生日祝福；在换季之际，我会为家庭特困的同学送上一件暖暖的羽绒衣；在放假之际，我会找来父母离异、自己孤身一人不回老家的同学，将自己的宿舍借她暂住以便假期兼职……一个母亲会给予孩子最恳切的鼓励和包容，最用心的呵护和帮助，班主任对待学生，亦是如此，尊重、信任、理解、热爱每一个学生。

班主任爱学生，有时是“严父”般的爱。俗话说，“没有规矩，不成方圆。”班级工作要建立各项规章制度，加强常规管理。可以让学生自主参与，根据校规校纪自行制定具有本班特色和实际的班规，并签字上墙，增加仪式感和承诺感。曾有一个 2014 级的班级，一路披荆斩棘进入了学校“五星级班级”的候选，关键时刻，班里一位男生突然被查到使用违禁电器，由于他的一己之过，导致全班的心血和努力付诸东流，与星级班级失之交臂。所谓“班有班风”，当执行班规班纪时，班主任就要以“严父”的形象出现在学生面前。我找来该同学，对其进行了严厉的批评，取消了其优秀学生干部等称号和评奖评优的资格。该生主动向全班同学公开承认错误并认真检讨。学生犯了错误时，该批评的批评，该处理的处理，只有奖惩得当，才能形成一个良性的积极向上的班级氛围。

班主任爱学生，有时是“朋友”间的爱。有一个 2009 级的男同学，是一个很优秀的学生干部，有一天来和我说自己是个同性恋者，还问我“老师，你怎么看”？我的职业素养告诉我，既不能把自己放在一个主流价值观的道德高地给予批评和否定，也不能一味地宠溺与应和。首先，我用真诚的态度、理解的口吻解除学生的顾忌，从而与他建立信任感，使其愿意袒露自己的内心世界。其次，我表明自己对同性恋群体保持中立原则，尊重并接纳他的性取向，对他的所思所想所为，不进行道德批判。最后根据自己掌握的知识，引导学生树立正确的恋爱观和性观念，加强性健康教育，并给予积极关注，及时跟踪其心理动态。以一个“知心姐姐”的角度，把空泛的说教变成与学生坦诚的心灵沟通，把抽象的讲道理变成对学生具体引导和细微关怀。

班主任爱学生，有时是“师徒”间的爱。“师者，所以传道授业解惑也。”当学生对所选专业不满意想要转专业的时候，当学生对想专升本还是就业拿捏不定的时候，当学生找工作遇到困难的时候，当学生讨教英语考级指南的时候……我们要成为学生的良师益友，为学生答疑解惑，既要做学生的知心朋友，又要成为学生的人生导师。此外，立德先立师，树人先正己。班主任的一言一行直接影响学生的世界观、人生观、价值观。传道者首先要明道、信道。作为老师，自己首先要坚持以德立身、以德立学、以德施教，坚持言传和身教相结合，更好地承担起学生健康成长指导者和引路人的责任。

一支粉笔，两袖清风，三尺讲台，四季风雨，滴滴汗水，点点心血，诚滋桃李，勤育英才。只要我们充满热爱，用情教书，用心育人，就能成为学生心中可敬、可信、可爱的老师，成为照亮他们人生路程的一盏明灯，用温暖且明亮的光，为他们指引方向、指明道路。

第三章

知行合一，筑牢底色

我和4班的故事

2010级酒店管理4班班主任　赵永红

我所带的班级是2010酒店管理4班，该班在星级班级评比活动中，获得了学校创建星级班级的荣誉称号。

2010级酒店管理4班是一个普高生班级，全班50人，学生来自全国各省。少数民族同学有2个，预备党员1名，整个班级积极向上，学习氛围浓厚，有8位同学考过了大学英语四级，4位同学考过了大学英语六级；同学之间团结友爱，曾以班级为单位承担过实习标兵评比活动；学生多才多艺，1位同学荣获“微笑大使”，20多人次获得各类奖章。特别是几个班委特别给力，除了在班级担任职务外，还在学校和系部担任相应的工作，他们总是把学校和老师交代的事情做在前面，积极主动地为全班同学做好服务。

一、做好引导是班主任工作的关键

我认为班主任的主要角色就是引导。因为我带的班级是普高班，大部分同学入学初，对从事旅游接待业认识并不深入，对从事酒店管理专业的职业认知也比较模糊，也不清楚自己在学校里面要做些什么。这个时候就需要班主任进行引导，我一般是以寝室为单位和同学们进行交流，或许在寝室里，或许在操场上，或许在教室里我都会安排时间和同学们聊天，但是这个聊天不是随便聊，而是根据自己制定的提纲来聊，目的是了解每个同学上大学的意愿和目标。在轻松自由的氛围下，我了解到了很多信息，借助这样的机会与大家分享作为酒店从业者的素质养成过程。大部分同学基本能够接受老师传递的信息和提出的要求，对少部分有疑虑和困惑的同学在交流结束后需进行单独引导。

二、农家乐老板的赞许

有一年班级里要组织到白龙潭秋游，班长岩江邀请我一起去，我欣然前往。一路上同学们有说有笑，非常欢快，下车后发现他们组织得非常到位，分了小组及每个同学的任务，虽然带了不少的东西，但每样东西都有专人负责。临近中午，太阳很大，大家要进行团建活动。我建议借用一家农家乐的餐厅开展，老板讲餐厅已经预订出去了，但是客人还没有到，在客人来之前我们可以使用。同学们对老板表示感谢，老板也很开心。活动进行到一半时，老板通知客人快要到了，同学们需要把餐厅还回去。当时，同学们以最快的速度恢复了餐厅各种物品的摆放，并且将地面垃圾和桌椅板凳重新擦拭了一遍，行动之迅速，效率之高，质量之到位，让老板大吃一惊，他说了一句“我们这里也接待过很多大学生，像你们这样的大学生还是第一次遇到”。问同学们是哪个学校的，大家异口同声地大声回答“浙江旅游职业学院”，老板笑呵呵地竖起了大拇指。

三、承办实习标兵 PK 赛

浙江旅游职业学院的实习标兵比赛一般都是由系部或学校的教务处来承办的。活动开展之初，班委提出要以班级的名义去争取承办这个赛事。当时我觉得也很意外，但是看过大家的方案以后我就取消了担忧。他们做的方案虽然不是很细致，但是承办比赛的关键部分：人员、物品、活动流程等都做了安排，落实到负责的个人。经过交流后，活动方案做了些优化，在整个活动过程中，班级里的每个同学都行动了起来，班长岩江和副班长姜祎坐镇指挥，大家忙得不亦乐乎。经过整个班级每位同学的努力，班级圆满完成了实习标兵的评选工作，并且受到了师生的一致好评。

四、微笑大使

王婷婷是一位来自东北的姑娘，论长相我觉得好像和学院的金牌活动——

酒店管理系主办的“微笑大使”没有什么关系，但就是这样一位普通的同学却获得了浙江旅游职业学院微笑大使称号。在她获得这个荣誉后，我还经常和她开玩笑，“你是怎么获奖的呢？”“靠自信呗。”她每次都很俏皮地回答我的问题。由于当年我在企业挂职锻炼，并没有目睹王婷婷的获奖过程，但是从别的同学那里我了解到其实她讲的“自信”后面是有很多的心血的，当时为了才艺表演的需要，她一方面要控制体重，另一方面还要排练舞蹈，练习发音等，花了很大的气力在老师和同学的帮助下形成了自己个性的舞台风范，大东北特色的表演积聚了不少的人气。

五、五个“一”管理法

其实，我带2010级酒店管理4班的过程中并没有花很大的精力，只是理顺了整个班级的各种关系。首先是建立强有力的班委，新生一进校我就与班助陈红宇商量挑选适合做班委的同学，经过始业教育一段时间的观察，我基本上做到了胸中有数，会提前和学生接触征询意见，鼓励他们为班级做贡献，为自己提升做准备。其次是因材施教，调研每个学生的情况，这部分花的时间比较多，但我认为很关键，只有经过和学生的深入交流后才能知道他们的真实想法，才能根据每个学生的情况制订各自在校期间的计划，做到人人有事干。最后是让学生树立人人成才的观念，不断挖掘自己的潜力，挑战自己，不怕失败，取长补短，向先进的人靠近，多读一些励志的书籍，同时强调多观察，要探究做好每一件事的方法和效率。

总结起来就是五个“一”：

选出一个认真负责的班长，

组建一个坚强有力的班委，

打造一个团结友善的集体，

形成一个人人成才的氛围，

开创一个交流互动的平台。

做学生的引路人

2011 级酒管 1 班班主任　周永青

2011 级酒管 1 班共计 45 名同学，其中男生 19 名，女生 26 名，是浙江旅游职业学院第一批实施自主招生，面向海外实习、就业的班级。因此，作为班主任，我从接手这个班级开始，就把鼓励和实施海外实习、就业工作确定为班主任工作重点。如，主抓英语学习成绩、练好专业技能、强化跨文化交流能力等成为日常工作重点。经过两年的努力，班级共计 39 名同学赴海外实习，海外实习率达到 86.7%，毕业率为 100%。获得学校和家长的一致好评。同时，在班级建设上取得丰硕成果：学生共计获得校级奖励 178 人次，省级奖项 4 次，国家级奖励 1 次。班级也被评选为 2011 年度白金五星班级荣誉称号。

我在班级管理过程中尤其注意加强理论学习，并结合班级具体情况、学校内外环境创新工作。工作中，我把自己的全部情感和所有的工作激情寄托在班级管理与建设上，潜心致学，身体力行，用自己的热情、激情、爱心、耐心激发学生思想上的共鸣。我主要做到了以下几点：

一、转变思路，健全学生人格

作为一名教育者，我明白自己应该处理好教育教学的本质问题，明白育人的真正目的是培养正直、善良、智慧、健康的青年，培养具有强烈的社会责任感和创新思维的青年，培养具有积极向上、团结协作、奋发拼搏精神的青年。

学生是个有血有肉的人，他们不是机器，不是模具，他们不仅属于学校，他们还属于家庭、社会和未来。我们不仅要完成对的教育，还要塑造学生的人格；不仅要对现在负责，还要对将来负责。在班级的日常管理中，我非常注意教育学生热爱生活，热爱祖国，帮助学生树立自信心，协助他们描绘未来生活的美好蓝图。所以，我要求学生不仅要注重成绩，更要注重他们的思想品质的塑造；不仅要注重能力的提高，还要注重学生良好个性品质的养成。我对待学生，尤其是后进生，特别注意用自己的满腔热情和一片真情去感召他们、帮助他们，而没有因为他们成绩差，就对他们予以歧视或忽视。

二、言传身教，用心用情

孔子说过：“其身正，不令而行；其身不正，虽令不行。”言传是身教的基本方式，身教是言传的有效手段。在我耳边我常常听到这样的话语“老师自己都做不到，还要求我做！”可见，教师的言行对学生的影响有多大。所以，当我要求学生做到时，我总是要求自己首先做到。

“金无足赤，人无完人”。班级管理中，有时我也会出现些失误，但是我能做到在学生面前坦然自己的缺点和优点，用自己的真诚去唤起学生思想上的共鸣。为了更科学、有效地管理班级，少犯错误，我不断加强自我修养，汲取新知识，扩大知识面，注重自身良好品德的形成，以身作则，一视同仁，让学生信服，努力增强自己的亲和力，使自己的非权力性影响持久而深远。

三、尊重学生，关爱学生

冰心说“有了爱便有了一切”。教书育人是教师的天职，而育人应该是班主任的首要天职。如何育人？我认为，爱学生是根本。爱学生，就需要我们尊重学生的人格、兴趣、爱好，了解学生的习惯以及为人处世的态度、方式等，对症下药，帮助学生树立健全、完善的人格。

人格尊严是平等的。作为班主任，我努力做到像一个真正的朋友一样，重视、欣赏学生，倾听学生意见，接纳他们的感受，包容他们的缺点，分享他们的喜悦。被尊重是学生内心的需要，是学生进步的内在动力。教育专家常说：“理解是教育的前提，尊重是教育成功的基础。”参照自己的自身经历，我发现：当一个学生被你认同、尊重后，他可能会拥有惊人的潜力和爆发力。

四、换位思考，正确引导

学生是活生生的人。他们有思想，有感情，有自己的道德标准。在处理问题时，我会注意换位思考。学生心情沮丧时，拍拍他的肩膀，这些无声的肢体语言有时候可能要比批评的话语更能催人改正、激人奋进。对于学生，我基本上都是予以正确的引导，而不是劈头盖脸、不分青红皂白乱批一通。一年下来，学生们已经能做到主动承认错误，积极改正错误，并能更加严格地要求自己。

我以为：每个学生头脑中都有两个自我，一个好我，一个坏我。学生思想进步的过程就是好我与坏我做斗争的过程。如果好我胜利的时候多，他们就会进步，就会慢慢地迈向成功；如果坏我占了上风，他们就会退步，就会慢慢地走向失败，最后弄得一事无成。所以，我作为班级的组织者、管理者、领导者和教育者，特别注意适时的予以学生正确的引导，帮助他们克服困难，走向进步。

五、拿起表扬的武器

哲学家詹姆士说过：“人类本质中最殷切的要求就是渴望被肯定，而学生更是如此。”赞美是阳光、空气和水，是学生成长中不可缺少的养料。班主任作为教育者，需拿起表扬的武器。对学生的点滴进步都予以发自内心的表扬和赞赏，努力让我们的每个学生都能感觉到自己的进步。但是，表扬要注意对象，注意时机，注意场合，注意分寸，否则表扬可能会变成另一种味道，甚至会被人以为是讽刺、挖苦等。

六、科学管理，融入班级

本人作为班主任积极参加班主任例会，及时把相关信息传达到学生，鼓励并支持学生参与一切院系活动。加强理论学习，立足学校的稳定和发展，着眼全局，加强与任课教师的联系，协调各科关系，对学生进行情感态度、价值观教育以及方法与过程的渗透，改变学生被动的学习方式，培养学生自主学习的能力，教育学生“学会吃苦，学会生存，学会做人，学会学习”。

作为班主任，我注意了解、掌握教育教学的反馈信息，做到胸中有数，及时找到学生了解情况，为学生分忧解愁。对于心理负担大的学生，注意帮忙解压；对于自信心不足的学生的，注意帮助其树立自信心；对于动力不足学生的，注意加压加负。

鼓励学生大胆创新，勇于表现自己，多参加系、学校活动，鼓励他们在学好专业课的同时，多参加校内外活动，把班级气氛搞得更活跃。发掘学生特长，培养多方面的人才，锻炼学生动手、动口能力，为他们踏上社会打好基础。多开展主题班会，如演讲比赛等，为学生提供锻燥的机会。

以上是我的班主任工作心得和学习心得，我想只要我们以人为本，以金子般的爱心来对待学生，多一分尊重，多一分宽容，多一分理解，善待每位学生，相信他们未来的辉煌，就在我们的无限热爱中。

教育不是灌输，而是点燃火焰

2011 级酒管 13 班班主任　桑华月

2011 级酒管 13 班是我进入浙江旅游职业学院工作带的第一届学生，对于旅院，我们都是新人，我们一起适应、一起成长。时间飞逝，转眼距离和他们相识已过去十年，但他们的面孔、和他们相处的点点滴滴依然历历在目。

由于我刚来旅院，对于班主任工作没有经验，但我的优势是对学生有足够的爱和工作热情。我的国家二级心理咨询师和思想政治教育专业背景在做班主任工作时有了用武之地。

我们班共有 41 人，女生多，只有 3 位男生，浙江省生源，都是从职业高中考到我们学校酒店管理专业，他们有一定的专业基础，不存在专业适应问题，但他们也要面临大学生活适应、人际交往、心理困惑等问题，这些问题说小也小，说大也大，一定要及时解决。

对于很多大学生来说，他们刚来到大学是不适应的，没有了高中时班主任的随时盯梢，任课老师下课就没有更多联系，有问题找辅导员，但辅导员事情多，带的班也多，无法面向每一位学生。因此，大学时期的班主任作用就凸显出来，我们必须要保证 24 小时随时让他们能联系上。我虽然不带他们课，但在他们刚来的第一学期我找每一位同学谈话，了解他们的家庭状况、生活状态、班级情况。工作过程中，我常常想起苏格拉底的一句名言：教育不是灌输，而是点燃火焰。我们要用心中的爱去点燃他们心中的火焰。

因为不是每周都见面，我采用了最原始的沟通方式：书信。那时候还没有智能手机、没有微信，书信的往来拉进了彼此的距离。开学初、寒暑假、实习期间等他们都会收到我的“叮嘱和唠叨”，我把这些书信内容取名为“桑之语”。

我的第一封信落款是 2011 年 9 月 15 日，他们刚报到两天，我让他们尽快适应大学生活，学会照顾自己，注意安全，愿我们酒管 13 班成为一个团结向上的集体，愿我们班的每一位同学在这个集体里，学有所成，健康成长！

第二封信是在军训后写的，制定班规，让他们在集体生活中学会包容和谦让，学会学习。

在书信中我大多数是鼓励他们积极向上，也有很多专题的信件，比如针对适应心理，我写了一封《心理阳光，身体健康》。因为我们班女生多，我专门写了一封信《给女生》。我是从他们这个年龄走过的人，我告诉她们要自立大气、要自尊自爱、要自我保护、要自信美丽等。

我给他们推荐书目、送上新年祝福语、实习赠语，他们的喜怒哀乐我能感同身受。学生说：“实习，赤裸裸地逼着我长大，活生生地逼着我坚强，不得不说，实习很伟大，它轻而易举地逼着我面对现实。”“时刻提醒自己是来学知识，学管理的，不是来享受的，要加油，加油，不能退缩……”我的回复：痛苦是蜕变的过程，有一种爱叫作放手，必须放手让你们在外打拼，你们的翅膀才能坚硬起来，加油！坚持！

我对他们谈不上管理，管理有四个层次：制度管理、规范管理、激励管理和自我管理。在我的鼓励下，他们学会了自我管理，班级同学相处融洽，学习氛围浓厚。“宁静致远，厚积薄发”是我们的班训，“仰望星空，脚踏实地”是我们的青春宣言！时间也证明我们 13 班的孩子们是好样的。

当班主任是辛苦的，也是幸福的。这个幸福体现在教师节的祝福短信中，有学生说："一觉醒来，我就按耐不住激动的心情。今天是教师节，祝老师节日快乐。哈哈，我一定是第一个吧！"

也有学生说："桑老师，教师节快乐。我昨晚以您的名字篆刻了一个印章作为教师节礼物送给您。虽然刻好了，但是我其中一个字的一笔刻反了，感觉白费了，好无奈。"

"感谢你对我们班的关心和照顾。"等，到现在我想起这个场景都很感动。

天下没有不散的宴席，转眼三年已过，有一天收到一位学生的短信：

亲爱的大学班主任桑老师，感谢您在我内心痛苦时对我的开导，对我付出的关心关爱。实习的时候，除了工作本身存在一定的压力外，我自己给了自己很多压力。一场实习下来，内心感悟很多，实习锻炼了我的待人处事的方式，学会了平衡心态。从实习中，我了解了自己的心理素质，更加明白以后要举重若轻些，复杂的事情要简单化处理。现在我只需要静静的，等风来。我平静了很多，以后会更好的。分享生活，留住感动，让我们一直幸福下去。愿一切安好！难忘师恩，我会想您的。我毕业工作方面的情况：就职于杭州梅苑宾馆。工作岗位：宴会会议销售。工作地点：杭州西湖区莫干山路。入职日期：6 月 5 日。我希望自己抱着一颗坚持不懈的心，脚踏实地，认真学习工作。

读完心里酸酸的，这是我在旅院的第一批毕业生，现在回想起来我有很多的愧疚，因为离校远，每到下班时间我必须乘坐校车离他们而去，因为不用坐班，和他们相处的时间少之又少。对有些同学的关心实在不够。这些我会在以后的班主任工作中尽力补偿。

守好初心，以生为本

2018级酒管11班班主任　侯宝锁

2010年参加工作，来到浙江旅游职业学院，初期做行政的我没有机会与学生打交道，但我内心还是很渴望有属于自己的学生。有时候也会在心里默默地想，要是我有了自己的学生，我会怎么样，怎么样……

2015年，这个机会终于来了。我换岗到了酒店管理学院工作，这下我可以名正言顺地带学生，当班主任了，心里还有一点小激动。记得很清楚，我所带的第一届班级2015级酒管9班，39名学生，来自五湖四海，在新生即将报到的前几天，我就已经牢牢地将他们的名字熟记心间。报到当天，坐在班级的位置，等待我的每一位“小鲜肉”的到来。那天的很多事情，诸如学生报到是什么样子，谁跟谁一起住，谁反映了什么问题，我现在仍历历在目。望着十八九岁的他们，就会想起自己当年读大学的时光。那时心里会暗自下决心，我要像对待自己的弟弟妹妹一样，用心去带好他们，争取给予同学们更多的关怀与照顾。时至今日，六年时间，我刚好带过两届班级，90 余名学生。大家都很给力，两届班级全部荣获学校阳光工程“五星级班级”荣誉。

班主任到底是什么？是学生的良师益友，是学生的贴身保姆？我想班主任更多的是要扮演好经营者的角色。

一、高度责任感是班级合格经营者的必备素质

记得那是在新生军训期间。9 月的杭州依旧骄阳似火，同学们每天要完成高强度的军训。中暑、发热、生病送医是常有的事，我心里在想，我们当年军训也没像现在这些小孩这样。有天早上，班助给我电话，说小李（化名）肚子疼得满头大汗，蜷缩一团。我第一反应，会不会是吃坏了肚子，中暑了。于是我在电话里告知班助找医护人员，并第一时间奔赴军训现场。当时已经有 3 个男生把发病学生抬到了医务室，到达医务室看到学生的瞬间，我有点儿心虚了。孩子满头大汗，抱着肚子一直喊疼，看得我那个揪心啊。医务室医生仔细询问检查后，怀疑是急性阑尾炎，已经约好去医院的车子了。我一路上不断地跟学生讲，再忍忍，感觉那段时间过得真的很长。到了医院一检查，果然是急性阑尾炎。怎么办？要立马手术。学生家是外省的，回家做根本不可能，只能在医院立即执行。摆在眼前一个棘手的问题是，家长不在谁签字？在取得家长同意的第一时间，我代家属完成签字，手术顺利进行。学生住院的几天，班级的同学轮流照顾，家长也从遥远的西北赶到杭州。孩子躲过一劫，我的心也放下了。

二、全面掌握学生的特点是经营好班级的前提和基础

我们的学生属于高职生，处于十八至二十岁的年龄阶段，他们的特点会表现得比较突出。具体表现在以下几个方面：

情绪多变，情感不稳定。这应该是属于这个年龄阶段的学生的通病。他们常常凭个人意志判断，对喜爱的事物表现出极大的热忱，对反感的事情深恶痛绝，稍遇刺激、极易爆发、出现偏激行为。自觉性差，自控能力较差。大

部分学生能较自觉地约束自己的言行，并围绕专业进行自我提升，但也有部分学生不成熟，在不利环境中好激动、不冷静、缺乏自制力、易受他人或外界的干扰。学习能力与学习自觉性差。学习自觉性培养不够，不会主动去学习新知识，学习能力受各种因素影响表现出不足等问题。遇到问题不会主动解决，得过且过。班主任要想经营好班级就要在普遍掌握学生特点的基础上，因材施教。

三、合理运用激励手段是充分调动学生积极性的秘诀

调动学生的积极性有许多好的方法和手段，但我认为激励是调动学生积极性的重要的、更为有效的手段。要根据不同的情况，采取不同的激励办法。

（一）表扬激励

表扬切实注意以下几点。第一，要实事求是，恰如其分，不能夸大拔高；第二，要因人而异，尤其是要特别关注那些比较自卑的学生，即使他们取得一点点成绩也应充分加以肯定；第三，要注意表扬一般学生，在一个班级中，处于一般状态的学生较多，班主任表扬一般学生能昭示、鼓励大多数学生。这样可以激励更多的学生前进。

（二）竞赛激励

学生一般都有争强好胜的特点，因此，班主任可通过组织各种有益的竞赛活动，激发、鼓励学生积极进取、努力上进，培养学生的竞争意识、集体观念等。竞赛的形式可以多种多样。如，学习竞赛、体育竞赛、专业技能竞赛等，通过竞赛可以造成一种外在的压力氛围，激励学生你追我赶，有利于学生的快速成长。

（三）关怀激励

关怀是一种情感行为。班主任对学生的关怀本质上是一种师爱，其激励作用往往是十分强大的。班主任的关怀是对学生全面的爱。关怀体现在班主任的日常行为之中，一个亲切的笑容、一次温馨的谈话、一个不经意的问候，往往都能激发学生内在情感的火花。关怀体现在对学生的严格要求之中。关怀固然包含着对学生物质上的关心，但班主任应该更注重对学生精神的抚慰和启迪。关怀是对学生真诚的爱，是对学生的感染和感化。

四、班主任自身素质是提高学生质量的前提和保证

俗话说，名师出高徒。一个高素质的班主任，对学生最有效的影响力并不在于他的“行政权力”，而在于他的内在素质。“学高为师，身正为范”，作为班级建设的经营者，要教育和引导学生健康成长，就必须注重自身的知识积累，不断地学习、不断地丰富、武装自己，让学生感到你是取之不尽的“矿藏”，使知识成为连接班主任与学生的桥梁。在这一过程中，班主任还应不断提高自己的能力修养、不但要让自己成为教育家、演讲家、指挥家，还应努力使自己成为优秀的企业家，让每一位学生在你的班级里都获得良好的发展。

班主任要管的“三件事”和“阳光工程”

2011级导游1班班主任　芦　婷

本人自2006年起，14年间共计担任了14个班级的班主任，其中有2个被评为阳光班级。我带的班中有3个3+2班级，2个职高生班，其余都是普高生班。14个班级中有7个是我中途接班的，有1个班级因为转岗位的缘故中途交给了别人带，6个我是看着孩子们来，送他们毕业的。2009年前，我带了3个酒店管理系的班级，后来带的就都是导游或旅行社经营管理专业的班级了。

现在再梳理这串数字，在我脑中浮现的，是每个数字后面的一个个清晰的班号，一张张或清晰或模糊的却始终年轻的脸，是一个个或欢乐或悲伤却没有愤怒的故事。14个班级，与我从来没有对抗；14个班级，满满都是温暖的回忆。

刚来学校的时候，我一度是孩子们的姐姐，是他们的知己，是他们的朋友。后来我成了他们的妈妈，会努力支撑他们的理想和快乐。再后来，我发现，孩子们到学校来，最需要的，其实还是“老师”——传道、授业、解惑的老师。作为班主任，我最根本的角色，就是“老师”。

在班级的事务管理中，我会在学生入学的第一堂班会上就申明：我作为班主任，只管三件事。

一、是关于“方向”的问题

这个“方向”可以是班级的方向，也可以是每位同学的发展方向。

从班级的方面来说，我会要求营造一个和谐互助共进的班级氛围。我会通过班级选举确定班委名单，但在具体的分工上参考我跟他们谈话的情况。入学选举往往是在开学后不久进行，同学们对彼此的了解还是不够的。班主任可以通过跟班委的交流，去了解每位同学的个性特长，组好班委的班子。我一直相信团队的力量，不希望班委圈或班级圈出现小团体。先选举后分工，可以很大程度上避免孩子们拉票，结圈。

我会首先做一张班级学生的登记表，了解班级学生的基本情况；然后我会做到跟每一位同学都进行一次一对一谈话。在了解学生基本情况的基础上，询问学生对于未来发展的想法，给予一定的意见，帮助学生明确目标，扎实发展。

08 酒管 1 班是我仅带过一年的班级。在我离开他们两年后，仍然在执行着当年定下的班规。一位网瘾少年，也在整整一年的方向确认和敦促执行中，走出了网络的世界。

二、是关于“公平”的问题

我会深入了解学生的家庭经济状况，不让一位贫困生因为不了解政策而失去评定助学金的资格。

我会严肃考纪，重视评奖评优的执行过程。因为，只有做到了公平公正，才可能让班级同学有归属感；让班级同学对学习，对未来有期许、有冲劲；才能让这个班级和谐互助共进。

我会关注班委的组织架构。本着公平的原则，尊重学生们的意见。

三、是关于“解决困难”的问题

换言之，就是学生们在他们的层面办不了的事情。例如，寝室矛盾、安全问题、心理问题、部分与任课老师沟通问题等。

这里要特别提出贫困生的问题。有一些贫困生是确实贫困，因为各种原因，不愿意表露在人前，或者没有办法获得地方上的贫困证明。这些同学需要班主任一一甄别，给予帮助。

开学初，我就会对学生提出，我们要一同关注两个问题：一是顺利毕业的问题；二是奖励处分的问题。所有关于这两个问题的，他们解决不了的事情，我会帮他们一起去面对。

除了这三件事情外，班级的日常事务我一般都是让班委分工完成。因为我相信在学生班委体系中“工作就是最好的奖励”的原则。我会安排学期末的班委述职。这项工作一是可以让同学们了解平时班委们做了什么，班委有什么委屈，有什么地方是需要同学们配合的。二是给予班委一个展示的平台，让班委们去反思“工作”给予自己的成长，敦促自己更加努力地前行。

对于一个班级来说，班委是非常重要的。班委不仅仅是班长、团支书、学委这些，还有寝室长。班委本身就是学生，他们渗透在班级的角角落落，他们会把班级的每一位同学胶合在一起。我愿意跟班委们聊天，去了解班级里的各种“八卦”。我愿意通过他们的对话去了解班里的每个孩子，我也希望他们眼里的班主任是平易近人的，啥事都可聊；是有着原则底线不能轻易侮辱的人。

孩子们亲近你，你才可以跟他们说得上话；孩子们尊敬你，你才可以让他们听你的话。班主任跟自己的学生，面对着同一个目标——让学生的未来幸福美好的目标，并为之共同努力的人。达成共识，建立信任，架构支撑体系，班主任会在班级建设中，工作得非常顺畅。

最后，我们来谈谈阳光工程。

浙江旅游职业学院的阳光工程开始于 2012 年。

我带的 2011 级导游 1 班是首届阳光工程中的五星班级。2015 级导游 5 班是第五届阳光工程中五星班级。

从一开始，我就对阳光工程有很大热情。我总觉得，有一些东西可以是青春的载体，是可以让人生最漂亮的这三年变得无悔的。

人生最漂亮的三年。对于孩子们来说，在这三年之前，日子过得很慢；在这三年之后，日子像流水一样飞奔。有人曾这样说，感觉时间过得快了，那是一个人变为一个成年人的标志。

所以，在这样一个孩子们的梦想多过现实的时代，作为班主任的我们应该做一些什么，让他们在以后的回忆里都洒满了阳光。是真实的，向上！

他们的那些回忆里，应该有一群伙伴，必须有一群伙伴：志同道合，意气风发！那些回忆里，应该有爱情，青涩甜蜜，没有一点瑕疵！那些回忆里，应该有追求，认真地做一些事，在以后的岁月里，也许再没有机会，没有勇气去做的一些事情！

其实，我不知道当年那些星级班级的孩子们会怎样回首看待自己的大学生涯。但是我知道，阳光工程点燃了那个班很多人的梦想。

如果，没有阳光工程，很多人，也许还只是把自己埋在了砾石里。很多人会觉得，自己是普通的，自己应该普通，自己应该吃饭睡觉打游戏。而吃饭睡觉打游戏，就是自己应该拥有的所有青春。他们会觉得，自己可以对很多事情无所谓，舞台和灯光都是别人的故事。

无所谓是一种非常可怕的状态。也许，只是在他们 20 岁的时候，他们的心态居然已经开始老了。

其实，真的不一定非得是星级班级或者星级寝室才是优秀的。因为，有的时候，一群人，一点瑕疵都没有，会很难；一群人，大家都优秀得冒泡，也很难。但是，拥抱阳光工程，也许拥抱的就是一个共同的奋斗目标，就是拥抱无悔的青春，就是去相信自己以及自己身边的人都是最优秀的。

即便是向日葵，它的背面也会有阴影。但是，我们要做的，不就是面向阳光，茁壮成长吗？

静心教书，暖心育人

2013级经管2班班主任　边喜英

每一个选择成为高校教师的人，都是怀着希望种子的人。世界越来越好，一定是从青年开始，而改变青年的力量，就在每一位高校教师手中。从2008年进入旅院成为一名高校教师，我自觉头上多了一个光鲜亮丽的光环“高校教师”。我始终牢记学为人师，行为示范，注重身教，以身作则。我不止一次地告诉自己一定要继续深造，不断学习。回首过去，高校班主任带了五届学生了，在与学生的相处中，更加热爱这个职业，工作也从懵懵懂懂到如今的崭露头角，一路走来，我领略到了酸甜苦辣背后的成就感。现借着这次星级班主任述职的机会，对班主任工作进行梳理。

一、用亲和之心管理育人，加强思想道德建设

新时期班主任育人工作应以习近平新时代中国特色社会主义思想为根本指导思想，重在思想政治理念教育教学，发挥社会主义核心价值观的思想引领，引导学生树立正确的价值观、世界观、人生观，要勇于承担新时代赋予的责任使命，为国家发展贡献才智，做担当民族复兴大任的时代新人。班主任应在工作中引导学生灵活运用所学知识，突破思维模式旧框架，克服隐性自我评价，鼓励学生勇于探索和自我革新，提升创新意识与创新能力，塑造新时期的创新型人才。

据我观察，旅院学生在校期间有三个关键期需要班主任特别关注：第一个关键期是刚刚进校的时候，走入一个新的环境，高中时熟悉的同学没有了，周边都是新的同学，学习方式和上课时间、上课形式都有较大变化。另外，大多数同学对旅游相关岗位非常陌生，业务不熟悉。这个时候一定要树立职业岗位的荣誉感，培养学生对职业的热爱，加强学生对旅游窗口的意识，对他们进行思想教育。第二个关键期是导游资格考试之前，大学的学习生活与高中相比还是很轻松的，当他们刚刚游刃有余地适应了“松散”的大学学习生活时，第三个学期的导游资格考试需要他们拿出比高考还要大的学习劲头。这个时候班主任要和任课老师积极配合，引导学生严肃对待，给予他们温暖的关爱和严格的检查，让他们顺利地拿到导游证。我带的2013级经管2班当年是景观专业第一个全班考过的班级。学生进入高校的第三个关键期是导游资格考试后，同学们突然松散下来，对毕业的去向迷茫又焦虑。这个时候要引导他们关注行业的发展和变化，关注企业招聘的要求，多做与行业相关的实践活动，丰富自己的求职履历。经过这三个关键时期班主任亲切的关怀、严肃的管理，学生都是成才的苗子，建立了对旅游行业的热爱，有了一定的从业能力，对就业和以后的职业生涯发展有极大帮助。

二、以研究之心教书育人，传授文化知识

高校教师是知识的创造者、承担者、传播者、使用者，是人类财富的创造和社会进步的关键人物。大学是学生从高中向社会的关键过渡时期，班主任高尚的品德修养、独特的人格魅力、良好的言行举止会潜移默化地影响学生，对

其今后的人生道路起到奠基作用。特别是专业教师担任班主任，拥有丰富的教学成果和企业资源，能够根据学生的特长和兴趣进行引导式培养，锻炼学生的实践和工作能力。在教学和生活中展现出的认真态度、进取精神、严谨作风、豁达心胸，是学生的榜样。

我虽然来自行业，但做导游领队的时间不长，主要在计调和管理岗位，计调作为旅行社的核心业务运转岗位，随着互联网平台的发展，就业趋势比导游要好，我们浙江旅游职业学院是高职院校中最早开设旅行社计调业务课程的，2008 年我来的时候，市面上没有一本教材。这些年来，我潜心研究旅行社计调人才的培养，从课程设计、教材编写、标准制定、职业能力研究等方面努力钻研，教研相促，取得了一定的成果。在学生中一直倡导所有年轻时的经历都是自己日后职业竞争的优势。我在教学过程中，非常注重训练学生的团队配合和管理思维，引导学生跳出导游的执行者思维。教学上采取任务驱动、翻转课堂的方式，我设计的课程成为麦克思公司统计的毕业后帮助最大的课程之一。

三、以大树之心服务育人，注重社会实践

大学阶段，是学生走入社会、成为职业人的过渡阶段，特别是职业院校的学生，出了校门就可胜任技能型的工作，实操岗位多，对动手能力、应变能力的要求都高，这些能力不是在课堂中或模拟训练中能够得到较大发展的。进入旅游学院前，他们做旅游者的机会很少，对旅游的从业经验为零，更别说是旅游服务经验了。所以，我担任班主任期间，尽量帮助学生创造更多的实践机会。

我从进校担任第一届班主任开始，坚持在刚刚进入学校的第一年，带领学生利用周末的时间深入杭州的景区和博物馆，以研学的方式接触旅游活动，在实践当中成长。2008 级开展的行走运河、解说运河，2011 级开展的解说西湖，探秘宝石山，2013 级开展的解说西湖博物馆、茶叶博物馆，暑期实践“大手牵小手游走杭州　宣传文明旅游”活动，2016 级分别走访并解说了西湖、茶叶、丝绸、南宋官窑、杭帮菜、运河等六家博物馆，还在西湖景区开展了“聆听人文、导赏自然”公益活动 60 余场。2019 级因疫情的原因，很遗憾全班研学的方式虽然只是走了自然博物馆和西湖博物馆，但是部分学生和我在西湖景

区和自然博物院完成了公益活动，还有的同学上了杭州日报、浙江在线的媒体报道。这些课外的实践活动，学生即是旅游者，也是旅游服务者、组织者，不仅将专业知识转化为实践技能，而且能跳出旅游服务者的单一视角，能够站在旅游者、组织者的角度看同一个活动，对学生拓宽视野、换位思考有极大帮助，也为学生建立了全局意识，对以后的职业生涯帮助很大。

班级管理的艺术

2017级导游5班班主任　陈萍萍

班级管理是班主任按照一定的要求和原则，采取适当的方法，构建良好的班级集体，为实现共同目标不断进行调整和协调的综合性活动，是班主任对所带班学生的思想、品德、学习、生活、劳动、课外活动等项目的管理教育活动。班主任是联系班级教师与学生集体的纽带，是沟通学校、社会、家庭的桥梁，因此，班主任工作的意义重大。班主任要想把班级管理工作做得有条不紊，就必须掌握管理的艺术，带好学生，管理好班集体。

一、恪守职业道德、安心本职工作

班主任的工作是对人的工作，无法用量度单位来计量，也不可能随时监督。这就要求班主任自身应具有良好的职业道德修养，具备工作的自觉性和严谨性。班主任的道德责任感越强，就越能体现敬业的崇高境界，能对学生产生潜移默化的影响。

二、提高教师自身的素质

要想管理好一个班集体，让不同类型、不同性格的孩子服从你的教育方式，首先要得到学生的敬佩，让他们配合管理工作，做到心服口服。斯大林曾经说过："教师是人类灵魂的工程师。"教师首先应该热爱教育，把教育事业当作一项伟大事业，而不是谋生的职业，要有自己的理想和奋斗目标，这样教育奉献就会变得顺其自然，就会忘我地工作，不求回报。以上可以看出教师是一个高尚的职业，但同时也是一个需要知识、文化积累的职业。班主任应不断加强自身修养，作为班主任的教师越出色，学生就会打心底里佩服和敬重，产生亲近教师的渴望。

三、认真了解每一位学生，制定个性化的教育方案

学生与教师相处的时间很长，俗话说得好："一日为师，终身为父。"作为一个合格的教育者，应该充分了解你的每一个学生，这就要求班主任要有敏锐的观察力，多方面地去了解学生。对于学生的家庭状况，个人兴趣爱好，优点特长、与同学的人际关系做到胸中有数，知己知彼，百战不殆。班主任要充分了解每个学生，根据每个学生的特点制订个性化的教育方案。

教师只有热爱学生，用心去教育学生，才能耐心去聆听每一位学生的心声。老师要想真正走进学生的心灵世界，唯一的方法就是和学生谈心，通过谈话让孩子感受到温暖，对你敞开心扉。只有这样才能真正了解、认识每一位学生，哪怕是一句亲切的问候、一次轻微的抚摸，都能在学生的心中激起一层涟漪。教师应该及时发现学生的问题，及时解决，让孩子的身心健康发展。

四、坚持心灵沟通

教师要注重情感交流，要乐于为学生服务，解决问题。在与学生交流谈心时，要耐心聆听，不要随便打断学生的对话。错误或者不当的地方，待讲话结束后一并指出，表示对学生的尊重。学会接纳，试着站在学生的立场考虑问

题，不要一味地批评与反对。遇到问题要支持鼓励，给予学生温暖，但是不要盲目同情，要理智面对。

五、培养班干部，让学生自己参与管理

要带好一个班级，不怕有后进生，就怕没有得力的班干部，一个好的班干部核心一旦形成，就能使一个松散的班级变成一个团结、坚强的集体。让学生管理学生，代沟少了，学生的管理方式更适合学生的心理需求，班干部就是起模范带头作用的。班干部的才干不是天生就有的，而是从实践中锻炼出来的。作为班主任要有意识地培养他们，既要向班干部传授方法，又要给他们提供锻炼的机会。让他们逐渐适应这一角色，更好地辅助老师管理其他学生。但要注意，让其管理班级事务，并不是完全撒手不管，班主任要定期对班干部进行工作检查和总结，对表现好的班干部及时表扬，对有缺点的及时指正并加以鼓励。只有这样，班级和谐氛围才浓厚，学生在此环境中才能健康快乐地成长。

总而言之，做好班级管理工作不是一件简单的事情，它需要老师、学生、学校、家长、社会多方面的支持，老师除了要履行平常的教学任务外，更要关注学生的心理问题和个人发展情况，只有这样，班主任才会成为学生的良师益友，才能培养出德、智、体、美、劳全面发展的学生，才会无愧于教师这一神圣职业。

真心实意待学生

2017级旅行社经营管理班班主任　邓　进

班主任是学校中全面负责班级管理工作的最基层的教师，在完成教育教学任务的同时，又肩负着培养教育学生的重任。因此，在培养符合社会发展需要人才的事业中，班主任起着非常重要的作用。班级是学校教育教学工作的基层组织，是教师和学生开展活动的最基本的组织形式。学校中的教学工作和思想品德教育工作主要是通过班级来进行的。班主任在工作中如何让学生得到全面、健康的发展与提高是一项课题。我的班级管理经验如下：

一、组建优秀的班委团队

在班主任管理中，要重视班委团队的组建，尤其是班长、副班长、团支书、学习委员和生活委员等重要岗位，一般都是通过提前考察，用心遴选确定的。要关注每个人选的匹配度，例如：班长要活跃一点，要有责任心；团支书政治素养要高一点；学习委员要认真细致一点、成绩要好一点；生活委员要耐

心细致一点等。班委组建之后就要充分信任他们，做到分工明确。同时，对班委进行集体主义教育、服务意识和公平意识培养，要求他们用服务思维为班级同学真诚服务，以集体荣誉为重，在为同学服务中提升自身工作能力，做到公平公正。另外，在班级遇到问题的时候要首先通过班委来提出方案讨论解决，最终由班级全体同学集体表决通过方案，强化班级的自我管理，这样不仅可以提升班委的工作能力，也能提高同学的班级管理参与度。

二、强化教育思想工作

班主任工作要强化教育思想工作，比如爱国主义，提倡奉献精神，要弱化利己主义、丧文化等方面的发展趋势。当今社会发展较快，有很多不利于学生成长的思想在青年一代中蔓延，要持续强化爱国主义等思想政治教育，看上去好像有点儿空洞，实质上，多次强化思想政治教育对于学生成长有很大帮助，尤其体现在责任心培养方面，奉献精神教育不但会使班级同学相处更加融洽，而且对于未来的工作也非常有帮助。在实际工作中，我会鼓励同学们积极加入中国共产党，并以党员的标准要求自己，并对团支书提出具体的入党各项工作的要求。2017 级旅行社经营管理班级毕业时，共有 6 位同学正式成为中共党员，在全学院所有班级中排名第一位。

三、倾注一定程度的爱心

老师爱学生可以使教师的影响长久地保存在学生的内心深处。无论在生活上还是在学习上，都要给予学生必要的关心和帮助。要抽时间和学生谈心、交流，和学生共同参加活动，缩短师生距离。爱学生，关心学生，处理问题及时，方法得当，注意和学生沟通，学生就信任我。热爱学生，还表现在对学生的尊重和信任，以及对学生的严格要求上。尊重学生的人格，了解学生的个性，相信学生，关心学生，既统一严格要求，又注意学生的个体差异，区别对待。对程度、水平不同的学生，采取不同的教育方法，因材施教。关爱每一个学生，特别是差生，使每一个学生都学有所得，不让一个学生掉队，把每一个学生都培养成对社会有用的人才。能得到学生的信任，使自己的工作顺利进行，使学生能健康活泼地成长，是教师最大的成功和欣慰。

四、与学生真诚相待

作为班主任老师，应放下架子，设法融入学生中，与他们推心置腹，诚恳相待，把学生当成自己的弟妹、朋友来看待，关注他们的一切，以长辈和朋友的姿态出现在他们面前。正是基于这种认识，在平时的班主任工作实践中，我会把自己置身于学生当中，班上搞活动我与学生一起参加，课余时间我经常找学生谈心，了解学生的思想、学习、生活等方面的情况，征求学生对班干部及老师工作的看法，请学生就如何抓好班风出谋划策，主题班会的安排和布置交给学生自己去设计、自己去主持。与学生谈自己的生活及学习经历，和学生一起劳动锻炼，甚至与学生聊天说笑话等，这些做法无形当中拉近了我与学生之间的距离，让学生真切地感受到了他们的老师平易近人，和蔼可亲，觉得老师已经是他们中的一员了。这样，他们乐于接近我，心中有话敢对我说，犯了错误敢在我面前承认，班上不管出了什么事情，随时有人及时向我汇报，这不仅有利于我及时了解班上同学的思想动态、喜怒哀乐、行为举止，而且对班内情况也能做到了如指掌，在开展班级工作时让我感到得心应手，这就是“诚心”在发挥作用的结果。

五、做到耐心细致

班级里有些不爱学习的学生不是不可雕的朽木，只要我们坚持正面教育，动之以情，晓之以理，循循善诱，耐心细致地做好说服教育和引导工作，打消他们的思想顾虑，帮助他们树立自尊心和自信心，我坚信这些学生是可以转化的。不管在什么样的学校，也不管在什么样班级做班主任工作，我们都不可避免地会遇到这类学生，班主任就得设法做好他们的教育转化工作。否则，任其发展将影响整个班集体。做好这类学生的教育转化工作是班主任工作一个极其重要的方面，也是我们能否带好一个班的关键所在。如果说，我们对这类学生教育不好，这其实是教师失职和无能的表现。通过摸索使我懂得：教育学生仅有严格要求是不够的，还必须讲究教育的方式方法，对这类学生要充分肯定他们的长处和优点，理解他们的处境和感受，在思想上、感情上与他们共鸣，要像父母对待子女那样对待他们，开展工作要和风细雨般地进行，切忌简单粗暴，更不得嘲笑、讥讽、挖苦。这样他们才会对老师产生一种亲近感；有了这份可贵的“亲近感”，我们的教育转化工作才能收到更好的效果。

“12345”工作法助力学生成长、成才

2013级会展3班班主任　曹慧群

在旅院工作的八个春秋里，我担任了旅游规划与设计学院2013级会展3班、2013级休闲1班、2016级会展3班三个班的班主任工作。三年中，见证着他们一个个从素颜到淡妆、从青涩到成熟、从懵懂到坚定，我很幸运参与了他们的青春成长，更感恩所结下的珍贵师生情缘。

在我的眼中，班主任是集教育、管理、服务于一身的多重角色，这就决定了班主任不仅是学业良师，也是心灵益友，更是学生健康成长的引路人。“90后”的学生大多个性鲜明、热情阳光、视野开阔，但也存在学习目标不明、抗挫能力不强、行为习惯不良等问题。为了帮助每一位学生寻找人生新的可能，在班集体中感受向上的力量，我不断在班级管理实践中摸索方法、总结经验，逐步形成“12345”班主任工作法。

“1”——一核：以“立德树人”为核心目标

“千教万教教人学真，千学万学学做真人。”党的十九大报告指出：高校应紧抓立德树人这一根本任务，围绕“培养什么人、怎样培养人、为谁培养人”的本质和核心，强化高校思想政治教育的育人导向。作为大学生思想政治教育的中坚力量，班主任不仅要管理好一个班级，更应充分意识到自身所肩负的崇高育人使命，在日常教育中逐步引导学生形成正确的世界观、人生观和价值观，培育学生良好的道德品质，使其成为德才兼备的职业型人才。在带班实践中，我会结合思想政治理论课、主题班会课及日常谈心谈话等多维路径，将三观树立、道德养成、做人立志等德育内容潜移默化地融入其中，引导学生当好人、做正事、走正道。

“2”——两翼：建设好两支学生队伍

班主任工作繁杂琐碎，若要做好班主任工作，需插上“双翼”，才能快速平稳飞翔。“二翼”指的是“班委”及“寝室长”队伍。第一，组建一支坚强有力的班委队伍，是班级形成良好班风的重要保证。在开学初，班主任就应多方位了解学生，观察学生日常表现，鼓励有能力的学生参与竞选。坚持公平、公正、自愿原则，通过自荐、竞选和民主评定等程序，选拔出品行优秀、勇于担当、乐于奉献的学生担任班干部。班委队伍建成以后，定期召开班委会，及时交流总结。第二，发挥“寝室长”队伍的力量。寝室作为大学生日常生活的主要场所，也是学生自我管理、自我教育的重要场域，良好的寝室文化对学生的健康成长具有深远影响。因此，班主任应注重与寝室长之间建立动态联系，以及时掌握每一位学生的思想动态；同时，发挥寝室长的带头作用，构建和谐、温馨、向上的寝室文化。

“3”——三进：进课堂、进寝室、进实践

要成为学生的心灵益友，班主任就需要深入到学生群体中，到班级课堂中去，到寝室生活中去，到实践活动中去。只有“进课堂”“进寝室”“进实践”，才能知思想、知学习、知生活；只有靠近学生，走进学生的内心，才能真正了解他们的思想动态和身心状态。第一，“进课堂”主要为了把握学生的学习状

态和班级的整体学风。通过早晚自习和日常课堂，了解出勤状况、课堂表现、课堂风气等情况，以逐步形成务实、认真、进取的优良学风。第二，每月至少两次“进寝室”，观察学生的生活状态，通过面对面与学生交流，了解他们的所思所想，解答他们的所疑所惑。第三，积极参加班级各类实践活动，如军训、运动会、主题班会、集体生日等，在第二课堂等多样性活动中拉近彼此距离，增进师生情谊。

“4”——四明：班规制度严明、自我认知澄明、言谈举止文明、环境清洁透明

为了使班集体具有凝聚力和向心力，让每一个同学既有归属感，又能相互督促、共同成长，在带班实践中，我始终坚持以“四明”为班级建设导向：即班规制度严明、自我认知澄明、言谈举止文明、环境清洁透明。第一，根据学校规章制度的总体要求，结合班级实际情况制定能够充分体现学生意愿、符合其成长规律的班级制度，充分运用班级 QQ 群、班级微信群等新媒体引领学生的意识形态和思想动态，规范集体行为和班级文化。第二，引导学生明确自我认知。大学不再以分数作为衡量学生成长成才的唯一标准。因此，每位学生在大学里的学习目标、职业方向和成长路径都应该结合自身的实际情况而定。因此，班主任应助燃学生心中的“小宇宙”，鼓励学生积极认识自我、认清现状和需求，立足自身来设定行动路线。第三，言谈举止文明，是贯穿人一生的行为习惯与修养。在带班实践中，我尤其注重学生的日常文明礼仪教育。通过一言一行的亲身示范、少说教、多行动、在班级中树典型、树榜样等方式，促使学生们将文明修身内化于心、外化于行。第四，发挥“两翼”的带头作用，积极创建整洁透明的班级环境和寝室卫生环境，努力争先创优，杜绝出现寝室卫生脏乱差和使用违禁电器的现象。

“5”——五心：爱心、细心、公心、进取心、责任心

在学生工作中，我一直以“五心”勉励自己：爱心、进取心、公心、细心和责任心。“因为爱，所以付出，因为付出，所以更爱。”热爱是做好班主任工作的不竭动力。它体现在以真诚、平等、信任的态度对待学生，全心全意为学生服务，真心实意地热爱、尊重和关心每一个学生；同时，班主任应用心细

密、做事细心，认真周密地考虑各种问题，精益求精地把事情做好；公平地对待每一位学生，一视同仁，严宽有度，对优生不偏爱，对差生不厌弃。此外，班主任不仅要以饱满的热情对待工作，以积极的态度对待生活，更要在学习上保持上进心，努力学习多学科领域知识，提高自身职业素养和综合素质，以身作则，以高度的责任心和班级同学一起进步，力争做到在思想上爱国爱党，在工作上认真负责，在学习上积极进取，在生活中乐观善良，在行动上敢做敢当。

德国哲学家雅思贝尔斯说过：“教育就是一棵树摇动另一棵树，一朵云推动另一朵云，一个灵魂唤醒另一个灵魂。”班主任工作，是琐碎的、平凡的，但更是崇高的、幸福的。

让班级成为学生自主管理的园地

2011级景区2班、2014景区1班班主任　牟　丹

我从1999年第一次担任班主任以来，已有20多个年头，其间我从未间断过班主任工作，对班主任工作的艰辛深有体会。从学生入学工作开始，除了日常的在校班级管理，班主任的工作还包括实习、就业等管理……作为专业教师，除了班主任工作，我还承担着日常教学工作、科研论文、专业建设、课程建设等一系列教学工作，但精力有限，因此，“班主任难当”是绝大部分高职教师的共识。如果我们对高职学生的管理还是停留在中小学那种保姆式、警察式的管理，一定会费心费力不讨好，既得不到学生的理解和喜爱，学生也得不到愉快的情感体验和自我成长。

一、班级自主管理三阶段

班级管理不仅仅是“管”，更多的是“理”，说到底是“导”。应当从管理走向指导，从引导走向自主。所以，科学管理班级，做一个智慧的班主任，让学生学会自我管理，是十分必要的。下面，谈一下实施班级自主管理的三个阶段。

（一）第一阶段：班主任主导，学生参与管理

新生入学时，班级成员彼此之间缺乏了解、互不相识，这一时期班级及其成员都处于不成熟的阶段，学生的自主管理意识淡薄，自主管理能力低下。因此，班主任主要采用命令式管理方式对班干部进行管理。班主任发挥自己的主导作用，深入了解学生，加强常规教育，对学生提出明确要求，在班主任的指导下，全体学生参与制定班级工作任务、目标及规章等，要求学生认真自觉执行。然后，帮助学生明确职业规划，以考证、就业为动力培养学生学习主动性。告诉他们多张证多条路，除了课程学习，还要多获取各种职业资格证书，为将来就业的选择做好准备。所以，我班学生从大一开始纷纷报名参加各种考证，包括计算机等级考试、导游资格考试、普通话考试、英语等级考试和为专升本做准备等。考证和就业准备把学生引到学习的轨道上，使学生自发地把主要精力转移到学习中来。

（二）第二阶段：师生共同管理

到了大学第二学期，班级成员之间有了一定程度的了解，班级的领导核心——班委已建立起来，学生已有了初步的“班级”概念，班级集体和学生个体的自我教育意识及能力都有了一定的增长。这一时期，班主任应采取说服式管理方式和参与式领导方式来对班级进行管理。班主任应抓好班级自我管理领导核心的建立与培养，支持班干部大胆开展工作，班干部明确各自的工作重点，做好其他班干部工作的辅助。这一时期，班主任要在班级中为班干部树立权威，为他们顺利开展工作打好基础。在师生共管阶段，班主任在管理上只起到辅助作用，主要的工作就是培养班干部、完善管理制度、进一步构建班级管理结构。

（三）第三阶段：学生自主管理

这是班集体形成的成熟阶段，这一时期，全体学生均参与班级管理，正确

统一的班级舆论、良好的班风和互助协作的人际关系已形成，全班已成为一个组织制度健全的有机整体，班级成员的心理发展已相对成熟。因此，这一阶段班主任能够而且必须从班级管理中逐渐“淡出”，采用自主管理方式，实现从班级管理者角色向班级支持者角色转变，充分还权，让学生高度“自治”，使学生成为班级的真正主人。学生自主管理阶段，班主任将自己定位为指导检查者的角色，及时掌握班级动态，检查班委工作的开展情况，经常对班级集体进行激励评价。

二、班级自主管理措施

为了实行班级自主管理，加强学生自主管理能力的培养，我借鉴同事的做法，再根据自己具体的班情和学情，做了一些尝试，主要有：

（一）明确自主管理的重要性，激发学生自我管理的兴趣和欲望

入学第一次班会，我就说，你们是大学生了，不能还停留在高中时期，让班主任每天围着你们，管这管那的，应该学会自我管理，因为你们马上要走上工作岗位，要学会独立，要为自己争取更多的锻炼能力的机会。学生对自主管理有了兴趣，会主动积极地投入管理队伍中来。

（二）通过开展班级活动加强对学生自主管理能力的培养

集体活动是培养学生集体荣誉感、增进同学关系的重要途径。无论是主题班会、节日庆祝会，还是各种文娱、体育、春游、市场调查等活动都是学生展现其才干的舞台。在活动中，班主任在“台后”做必要的指导，让学生独立去组织、设计和开展各项活动，在展现自己才华的过程中，不断增强自己参与管理的积极性和为集体服务的热情。

（三）班团干部的培养和使用

有些学生想当班干部是为了班干部这个名，为了转变这些学生的观念，我提出对班干部的要求，要当好一名班干部，首先要有乐于为大家服务的思想，要在其位，谋其职，积极主动地履行学生干部的岗位职责。其次，对自己要求要严格，做好表率。品德、行为规范、文化学习等方面都要过得硬，才能带动大家开展工作。正确引导学生看待当“官”，让学生明白，担任班干部是为了使自己更好地接受锻炼，也是使自己更好地为同学服务。为了充分发挥班干部的作用，我确定了班干部工作责任制。在自主管理过程中，制定了明晰的班干

部职责。

三、班级自主管理展望

一个好的班级评判标准，不光在成绩的高低，名利的多少上，更应该是看在这个快乐成长的园地里，老师、学生是不是都感到幸福、快乐。作为班主任，担任着营造宽松和谐的班级氛围的任务。教会学生设计“家”，让班级拥有家的温馨。引导班级中的每个成员都来为这个大家庭出谋献策，培养班级主人翁意识。充分发挥集体的力量，共同开创宽松和谐的魅力班级。

自主管理增强了学生的管理能力、组织能力。自主管理给了学生一个展示自我的舞台和空间。自主管理还增强了学生辨别是非的能力。

班主任工作，用心了，是艺术；不用心，是琐碎。

甘苦自知，乐在其中

2016级会展2班班主任　邵雨薇

我的班级我的团。2016级会展2班，共40人，我成为他们在学校三年并与他们共同成长的班主任。三年，我的班主任工作经是念好一二三，即树立一个中心，关注两个领地，把握好三对关系。正所谓甘苦自知，乐在其中。

一、树立一个中心

树立一个中心，即树立以学生为中心的理念。的确，做好一个班主任，必须牢牢树立一切围绕学生、一切为了学生发展的观念，与学生建立和谐平等、共同成长的班集体，为学生所思，为学生所想。我所带的2016级会展2班，40位同学中有8位来自省外，32位来自全省各地。其中男生6名，女生34

名。要让这些来自五湖四海的学生有所发展、健康成长，作为班主任必须首先了解每一位学生生源的地域分布、文化差异和个性特点，以及性别意识带来的个人定位。哲学家马丁·布伯说过，教育的目的不是告诉后人会存在什么或者必然会存在什么，而是告诉他们如何让精神充盈人生。真正的教师与学生的关系，正是布伯倡导的“我与你”关系的一种表现，即把学生视为伙伴而与之相遇，根据对方的一切因素来体会这种关系。我觉得这是班主任教师理解师生关系并促使学生发展的最重要的一点。因此，在3年的班主任管理工作中，我与学生亦师亦友，想学生之所想，思学生之所思，营造班集体团结、和谐、上进的氛围，创造学生个体发展的多种可能性，收效甚大。美国心理学家罗杰斯认为：“一个人的创造力只有在他感到‘心理安全’或‘心理自由’的条件下，才能获得最优表现和发展。”

二、关注两个领地

关注两个领地，即一是学习领域，二是生活领域。学习是学生学校学习的主战场，生活是学生学习的后花园。所以，我做班主任时，首先高度关注学生的学习领地，指导学生制订学业计划、个人发展规划，高标准高要求学生有效开展学习。譬如，指导学生了解专业的人才培养方案、课程设置和实习实训的基本安排。会展策划与管理专业旨在培养学生拥有良好的职业道德和敬业精神，具备较全面的会展服务、会展管理的专业理论知识和专业技能，能胜任会议组织和管理、展览策划和管理、节事等相关活动的策划组织以及会展旅游的组织和服务等工作的高技能应用型人才。虽同为旅游专业大类，但此专业在人才培养的规格和路径上，有专业自身的特性。因此，班主任要组织学生熟悉课程安排，了解诸如展览策划与管理、会议组织与管理、节事与活动策划、会展设计、参展商实务、会展信息管理、会展英语、会展物流等主干核心课程以及相关拓展课程和人文素养课程。事实证明，关注学生学业的动机和做法成效是明显的，有利于学生健康地进入后高职时代的发展。这届学生中不少学生顺利进入行业，从事会展活动执行、项目管理、市场营销、客户服务、媒体管理等工作，还有6位同学进入本科深造。苏霍姆林斯基说过，教师应点燃学生勤学好问、渴求知识的火焰。只有当学生不是作为冷漠的旁观者，而是作为劳动者，发现了许许多多个“为什么”，并且通过思考、观察和动手而找到这些问题的答案时，在他身上就会像由火花燃成火焰一样，产生独立的思考。当然，我也十分重视班级学生业余时间的管理，即关注学生的生活领域。指导学生制订个人休闲计划，对一些节假日和休闲项目也要求他们做出妥当的安排，这样能使学生的休闲和学习有条不紊地交叉开展，身心得到有效放松和调适。我经常到学生寝室检查，要求学生要善于利用课余时间，开展一些有益的文娱活动，尽量培养自己的多种兴趣爱好，如唱歌、跳舞、书法、打球、下棋、集邮、剪贴等，这样可以增添个人的活动和情趣，使生活充实丰富、生机勃勃，这无疑会给学校生活增添无穷的乐趣，也有利于建立自信心，增强社会适应能力。显然，既抓学业，又抓生活，两手抓，两手硬，才能有利于学生身心健康，成才成长。

三、处理三对关系

当然，要促使班级学生健康成长，树立良好的班集体形象，我认为还要妥善处理好三对关系：

一是直面全面发展和学有所长之间的关系。全面发展是指学生德智体美劳五育并举，全方位学习，全领域学习，全过程学习，促使学生可持续发展并最终成为一个和谐发展的人。学有所长指的是因个体差异，每个学生都有自己喜欢且擅长的领域。这对关系是针对人的个体差异而提出的。我觉得，管理学生的班主任要认识到学生之间的差异，认识到不同人的发展目标。为实现这样的目标，班主任应及时指导学生选择针对不同类型学生设计的不同课程，并就此不断探索不同类型人才发展的需求和培养规律。同时，指导不同能力、不同兴趣、不同愿望、不同目标的学生在学校寻找到适合自身发展需要的教育机会与教育资源。

二是处理好中华优秀传统文化与国际视野之间的关系。中华优秀传统文化的学习和传承，旨在帮助学生树立文化自信，并在走向国际舞台时自觉成为继承、创新、输出中华文明的文化使者。国际视野的培养旨在帮助学生认识到不同国家和民族对人类文明做出的贡献，不同文明成果如何促进全世界的发展繁荣，认识到要为人类发展承担起各自的责任与使命。作为会展专业的学生，尤其要通过课堂教学、学校社团活动等方式，妥善处理好这对关系。我觉得坚守传统，借鉴国际先进经验，守正创新，对于会展专业的学生来说尤为重要。

三是处理好会做人、会求知、会办事、会生活四者之间的关系。我觉得，四“会”之中，“会做人”应放在最前面，因为立德树人是学校的根本使命，教育的目的就是帮助每一个学生发现自己、发展自己，帮助他们实现个体生命的价值，培养“完整的人”。“会求知”不仅指学生会学习课堂讲授的知识，也指能在大自然、社会生活实践以及人际交往中学习。这是一种开放的学习，强调学习不是为了获得系统化的知识，而是借助知识掌握认识世界的方法与手段。强调自主地实践所学的知识，并能够对所处的环境产生积极的、建设性的影响。“会办事”与“会求知”是“行”与“知”的关系，前者是后者的实际应用，“知”的目的在于认识世界，而“行”则旨在改造世界。“会生活”，是希望我们培养出来的学生不仅能拥有高远的志向、独特的能力，成为社会公共生活积极的领导者、主动的建设者，还能在回到个人生活空间时，成为一个有着丰富生命内涵、生活情趣、艺术审美能力的人。

一二三，这就是我的班主任工作经。

星级班级锻造法

2015级景区3班班主任　汪　亮

班级是一个学校最基层也是最重要的组成部分，班主任作为班级活动的组织者、学生思想的教育者、校规校纪的执行者，肩负着领导、引导和帮助学生全面成长的职责。班主任工作既繁重又复杂，但又充满爱心富有挑战。所以，班主任工作对学生的成长具有重要的意义。这些年来我也是边摸索边工作，既当老师又当朋友，既学习又教导，感悟良多。

一、分析班情

我所带的2015级景区3班是一个中职生源的班级，学生都来自浙江省的各个地市区的职校。中职生源的特点是心态好、对参加活动积极主动，但是学习氛围欠佳，所以营造一个良好的班级气氛，是一个班级在组建初期的关键。而班风的好坏一般就在几个人身上，而且往往是男同学，如果这几个人能转变的话，班风就会有很大改善。所以，在开学之初我就深入了解各位同学的情况，从自身经验出发，帮学生分析解决新生入学的种种问题。引导学生在入学时就拥有良好的学习心态。

二、改良学风

学生在进入大学时是很迷茫的。因为他们一下子有了太多的课余时间，很多人往往就迷失在这些课余时间里。只娱乐不学习，只学习不娱乐，都不是大学的学习方式。只娱乐的学生往往成绩一落千丈，只学习的学生往往交际沟通能力不强，这些都会成为他们踏入社会的绊脚石。所以，我积极组织班级集体活动来调和这一点。活动形式很多，有班级演讲比赛，有专业知多少，有和其他院校班级的联谊野炊等，这样既强化了学生的知识，又能锻炼他们的口才与交际能力。使他们能快乐地学习、学习得快乐。

三、培养班委

建立有效的班级管理体系，班干部是集体的骨干力量，在创建班集体中，他们是组织者、领导者和实施者。要建立良好的班集体，必须有一支称职的班级干部队伍。挑选班干部之前我了解每个学生的基本情况，然后通过谈话，在组织各项活动中，根据德、才、能三个方面，初步筛选，确定临时班干部名单及所任职务。让这些临时干部组织各项班级活动，在活动中进行观察和考验。等到全班同学相互认识，有一定了解的时候，选择表现突出的、能力较强的、符合担任班干部条件的同学作为候选人，再进行民主选举，选出正式班干部。班干部的培养不仅包括素质的培养，也包括能力培养。素质包括思想素质、心理素质、个人气质、品德修养等。首先需要提高的是学生干部的思想素质。班干部能力的培养需要各任课老师的共同配合，而我更要注意培养班干部包括组织能力、独立工作能力、敢说敢试在内的各种能力。班委形成后，班级工作让学生自己管理，我只负责当指导和顾问。班级的各种活动，如班会、设计宣传栏、文体活动、公益劳动等让学生自己组织。活动前，我让班干部拿出计划，活动后督促班干部写好总结。在活动中，我都自始至终参与，注意引导，把好舵，保证活动按预定的目标进行。

四、关心困难

了解学生的家庭情况往往会收到事半功倍的效果。我对全班大部分学生的家庭状况做到胸中有数，了解学生的真实处境。积极给那些贫困学生提供及时必要的帮助，使他们能安心地学习生活。而这些贫困的学生学习刻苦，工作认真负责，又很好地起到了榜样带头作用，带动了整个班级的学习气氛。

五、重视实习

重视实习的过程管理，尤其是与学生的思想交流，根据实习生的心理特点与思想状态确定不同的交流思路。以电子邮件、电话、QQ 等方式了解本班学生在实习过程中的工作、生活、学习方面的情况。及时给予指导，充分调动实习组长及班干部的工作积极性与主动性，以饱满的热情和良好的工作作风投入到实习中，树立先锋模范作用，确保实习顺利完成。

三年来，我班荣获学院五星班级，浙江省活力团支部等荣誉。有一名学生获得国家一等奖学金，两名学生获得学院一等奖学金。班主任工作是很有挑战性的工作，每一个学生都是一个世界，要想成为每一个学生的朋友，要想得到每一个学生的信任，需要付出很多的心血。只要我们是真诚地对待学生，为学生的健康成长而付出，端正自己的工作态度，一切都为提升学生生命状态为出发点，我相信，我的班主任工作能在不断地磨炼中得到提升。

人格塑造，聚力前行

2018级规划1班班主任　吴侃侃

如何带好一个优秀的班集体？班主任是需要有丰富的教学经验？还是严谨的管理能力？经过迎来送往的几度春秋之后，我想班主任除了这几个学问外，还要练好具备独立的人格支撑能力、善意温暖的思考逻辑方式的“内功”。

一、把好一个方向

坚持党的教育方针不动摇，真正落实“为党育人，为国育才”的要求，把党对教育的要求转化为班级实践。努力培养学生具有良好的自我认知能力及正确的思考能力，培养逻辑思维能力及良好的决策能力。希望学生能在大学阶段逐渐具备独立人格，当他们进入社会后，能够利用自己的才智和学识为自己的人生目标服务。

二、营造一个环境

营造一个良好的环境对于一个班集体至关重要，包括优秀班干的带动环境、同学间良好的竞争环境、尊师重教的学习环境、家校合作的辅助环境等。在一个班集体中，班主任带动班干部提前干预，越早营造生活、学习环境，学生们在这个班集体中的成长后劲越大。重视思想工作是班主任做好其他各项工作的基础，是建好班集体的法宝。

三、带好一支队伍

班主任应以关爱和激励的心态去培养班里的每一个学生，要做到一个不能少。一支好队伍可能是一支优秀的班干部管理组织队伍，可能是一支互帮互助的学习队伍，可能是一支乐于实践的参赛队伍。这样的队伍在班集体中起到核心骨干的作用，是班集体各项活动的组织者和倡导者。

以真诚换真心

2019级会展3班班主任　殷晓晶

自2008年进入旅院以来，我已经担任过5个班的班主任，其间经历了很多，也面临过一些问题和困难，作为学生管理工作中的重要一环，我根据自己的实践总结出班主任的三大角色：引导者、沟通者、解决者。

一、班主任三大角色

（一）引导者

班主任是一个班级的核心，在班级中起到精神引领作用，首先要通过建立一个有能力且负责的班干领导小组来管理班级，充分尊重、发挥每个同学的自主性和创造力，形成高效运作的班集体。一个积极向上的班集体能让同学们团结一心，拥有良好的班风、学风，为班级共同目标而努力，为班级荣誉而奋斗。

从大一新生刚进校开始，班主任就要抓住同学们逐渐熟悉的这个阶段，建立班级的核心价值，明确班级的共同目标，通过丰富多彩的集体活动，增进学生之间彼此的熟悉和了解，增强班级的凝聚力和向心力，更要重视班级建设，定期开展主题班会，主题班会要有针对性、思想性，形式可以多样，内容丰富活泼，要让学生乐于接受，而不是流于形式，要能够真正进入学生心坎里，成为联系班级学生的聚会。班主任通过深入班级参与主题班会，才可以近距离与学生交流，在活动中与学生增进了解。

（二）沟通者

班主任要帮助学生建立和谐的人际关系。班级里的同学来自不同的省份，不同的地区，面临着因风俗习惯、生活条件、家庭背景等不同而造成的差异，学生要融入校园生活，班级是第一步，如果人际关系处理不好，容易造成学生陷入不良情绪，难以适应大学环境，更不用说在专业领域和个人能力上的提升。此外，良好的人际关系有助于学生将更多精力放在学业上，怀着轻松愉悦的心情去学习。大学就是一个小社会，融洽的人际关系能够让学生对他人更加宽容和理解。培养学生处理人际关系的能力，也是对社交技巧的一种锻炼，使学生在走入社会后能尽快适应更为复杂的人际关系。

班主任的任务之一就是要积极营造良好的人际关系环境，使学生获得安全感和归属感，要做到公平对待每一位同学，不偏私，特别是在一些涉及利益分配的问题上，更要做到公平、公正、公开；同时，要有意识地培养学生交往能力，遵循人际交往的原则，通过沟通的方式，在实际的交往过程中体会并把握人际交往的各种方法和技巧。

（三）解决者

学生中难免出现矛盾，因此，处理日常学习生活的各种问题是班主任最重要的责任，尤其是对于“90后”甚至“00后”的学生，由于社会环境的复杂及家庭因素的影响，使很多学生的心理较为脆弱。目前，有心理问题的学生越来越多，主要表现为强迫感、性格偏执、敌对心理、人际关系障碍、抑郁、焦虑、学习压力、就业压力、环境适应不良、情绪不稳、心理平衡性差等。他们开始有自己的主见，但是由于阅历少，看问题容易陷入片面化、情绪化。另外，在专业学习方面，对于未来开始有设计和规划，但是一考虑到当前的就业形势，他们就容易陷入迷茫，找不着方向。情感方面也更加成熟，但是自控能力差、感情偏激，一旦投入就难以自拔。近年来，学生因感情问题、学业就业压力等出现的意外事故时有发生，因此，班主任要及时了解原因，随时留意学生的思想动态和行为异常，把学生心理健康教育落实到日常工作中，为学生排忧解难。

班主任除了要善于调停，避免矛盾激化影响班级团结，更要培养学生解决问题的能力，当问题接踵而来，而且复杂度不断升高时，如何系统地找出问题的成因，对症下药，以最有效率的方式解决问题，就是考验解决问题能力的时候，让学生能够自己发现问题、解决问题才是根本。同时，要以宽容的心对待每一位学生，接受他们的缺点，注重发挥他们的长处，帮助他们取长补短。

二、班主任自我成长

要担任好以上三种角色不是一件容易的事，随着班主任生涯的经验积累，我越来越发现班主任责任的重大，不仅需要关心学生的日常学习和生活，更需要关注学生的身心健康和素质培养，因为这才是真正影响学生的未来发展，甚至关系到一个家庭的关键。因此，作为班主任应立足自我，扬长避短，不断提高自身的职业素养和能力，才能当好一名合格的班主任。

（一）调整自己的角色期待与心态

拒绝功利思想，不能只关注近期效应，期待立竿见影，因为学生综合素质的提高是一个长期的过程，要以发展的眼光去看待学生的成长。对于班级的常规管理不能忽视，也不能带着情绪工作，需要持之以恒地抓好日常工作，尽量把问题解决在萌芽阶段。

（二）进行人性化管理

转变固有思维，克服“好学生”“坏学生”的观点，从不同的角度去评价学生，善于发现每个学生身上的可爱之处和闪光点，尊重个体差异，把握学生的心理规律和个人特点，发挥学生的主体作用，适时表扬和鼓励，学会欣赏与信任学生。

（三）抛弃“绝对权威”的观念

允许学生有自己不同的看法，提倡民主平等的师生关系，用对话引导的方式对待学生，变学生被动接受管理为主动自我管理，提高学生在班级活动中的自主性和参与度，不要自以为是地去限制学生的学习和生活，要发挥学生的主观能动性，锻炼学生的能力。

（四）加强与学生和家长的沟通交流

对于现在的学生来说，利用手机、网络等信息化手段可以更进一步与学生进行沟通和引导，可以更快捷地掌握学生思想状况。同时，也要运用现代化信息手段加强与家长的联系，取得家长的理解、支持与配合。

班主任的工作千头万绪，但只要对学生的教育管理方法得当，创造性地开展工作，就肯定能取得实实在在的效果，给学生多一份关爱、多一份呵护，用真心去对待每个学生，只有心与心的相交，才会获得学生的感恩和回报，才能建立起一份深厚的师生情谊。

没有爱，班主任工作无从谈起

2018级西餐3班、2019级西餐5班班主任　高　晴

在大学生三年的学习生活中，有两个人陪伴学生时间最多，一个是辅导员，一个则是班主任。而本人作为具有双重身份的角色，想就具体实践来谈谈自己的心得。

辅导员需要了解学生的日常学习状况、思想状况，解决学生的学习困惑、心理困惑等，班主任亦是如此。尽管不同的学校具体要求不同，但大体来看，二者的工作内容是有重叠的，在实际工作中却无法真正做到泾渭分明。作为一名辅导员，通过带班实践，我对二者工作区别最大的感悟是——高校班主任工作，要侧重于学生学业方面的引导，比如，专业学习引导、学习方法传授等，通过日常管理深入了解学生在学业方面的问题并加以解决。如果发现了其他问题，应该与辅导员充分沟通后合力解决。而评奖评优、资困助学等工作，班主任则需要发挥监督把关的作用，使这些工作公平公正地开展，以配合辅导员对

该项工作的统筹。要说辅导员和班主任工作最大的共通性，那就是对学生工作的热爱和对学生的爱。没有爱，是做不好辅导员和班主任的。

在班主任具体的工作中，重要的是树立良好的班风。要从大一入校就抓起，对学生日常管理严格要求。大学一年级不仅是学生良好学习习惯的养成阶段，更是牢筑优良班风、学风的关键阶段。因此，对学生严格要求具有重要意义。晨跑、晚自习、上课不迟到、宿舍卫生干净整洁，这些良好的习惯将使学生受益终身。在具体的操作过程中，我认为最重要可以总结为以下四点：

一、立好学习榜样

班主任工作中，要侧重于学生学业方面的引导，如专业学习引导、未来专业方向等。我们曾邀请厨艺学院的知名校友——西湖国宾馆厨师长施乾方来做讲座，施校友侃侃而谈，讲他从厨艺的小白到知名的厨师长的漫漫成长之路，现场互动的热烈，同学们听得很专注，我甚至看到了学生“眼中有光”是一种什么样的状态。

细细品来，也许这就是人的感知习惯。我们苦口婆心想把所有的变得更优秀的规则告诉每位新生，但作为一个迷茫的小白，他只知道我来学厨艺专业了，我想知道学这个专业能走多远、路在何方？至于路途中会遇到修综合素质学分、评选优寝、参加社团等，那都是路途中的事儿，站在起点的路口，也许已走向远方的校友更有力量。厨艺系走出了全国技术能手毛佳儿、全国青年岗位能手周炜彬、《舌尖3》的女主角蒋露露……用这些校友的走过的路，坚定地告诉他们未来可期，努力方能到达。

二、选好用好班委

“火车跑得快，全靠车头快。”只要有了优秀的班干部团队，班级各项工作就会顺利开展，班级面貌就会焕然一新，如何培养一支高素质、能力强的班干部队伍，显得尤为重要。如何发挥班干部的作用，结合我带这两个班级学生的经验，我认为要做到以下几点。

（一）选对班干部

班长就是一个班级的车头。接手班主任后，我在班里多观察，发现了一些同学的特长。比如，W同学从小父母不在身边，他不但在家能照顾好自己，在学校也严格要求自己，各方面的表现都很棒，适合当班长。X同学对班级事务很热心，不但自己值日时很负责，还经常帮助其他同学值日，适合当劳动委员，等等。

（二）树立学生干部的威信

班干部选出来后，在班级活动中，我就经常给他们展示的机会，然后在全班同学面前，大力地表扬他们。班干部在这一段时间的良好表现，让大家有一种信服感。

（三）激发学生干部的热情

在平时的班级管理中，我经常采用赏识教育激发班干部的工作热情。许多班干部在学院各学生组织担任要职时候，我会肯定班干部的带头作用，进而激发他们的工作热情。

三、注重家校协同

作为班主任，对班上每一名学生的家庭情况都应该掌握，在出现异常的时候要第一时间与家长联系沟通。家长不应该成为班主任工作的对立面或旁观者，他们的参与是非常重要且必要的。尤其面对身体或心理异常、家庭情况特殊等学生，要做到常与家长交流沟通。每学期每位学生的家校联系都要扎实做好，班主任应将家长联系方式随身保存。

四、鼓励“每天进步一点点”

仰望星空也要脚踏实地，我时常鼓励学生“每天进步一点点”。记得上大一的时候，我的班主任曾给我们班每位同学发了一张小卡片，让我们写上四年里最想完成的目标。当时我们宿舍四位同学，接到这项任务时都有点不屑，但也被推着开始思考这个问题。直到第二天的清晨，我竟然有几分庄重的写下了“考研”两个字，而其他三位室友写的是“去法国”“考公”和“当老师”。我把这张卡片放到我的钱包里，奇迹般地看到这张卡片，我便会心头一紧，总觉得有着一股神奇的力量在督促自己。大四的时候，我们的宿舍被评为了“最美宿舍”，我们也都成为四年前自己想成为的人。

三年前，我迎来了我的第一批学生，在开学第一课上我跟学生分享了这个小故事，虽然没有发小卡片，但常鼓励他们畅想三年后希望自己成为的样子，在每一天都“站在大一看大三，向目标靠拢一点点”。这个班级在2011年拿到了全院的班级最高荣誉“五星班级”，走出了学院和系部的学生会主席，班级一半以上都是学生干部。看着他们向上向善，踏实努力，我第一次感受到教育力量的强大，而这是一种多么美好的传承！

总结而言，班主任工作我认为要有温度，抱着一颗爱心和阳光之心，做到快乐的工作，快乐的生活，以良好的情绪感染学生，使自己的教育教学收到较好的效果。要从点滴做起，从小事做起，因势利导，做到润物细无声，给学生更多的人文关怀，才能把工作做到学生的心里去。

做好班主任工作从小事做起

2014 级餐饮 1 班班主任　史　涛

近年来，随着高职院校招生人数的提升，学生的个性特点越发鲜明。除了具备当代大学生的特性之外，他们对新事物学习接触比较快，同时，因为学生多数为独生子女，个性发展被过度推崇，易造成自我为中心，承压能力弱，容易养成敏感自卑的性格。随着国家对高职教育不断重视，社会综合型人才的需求日益提高，因此，学生工作的开展、因材施教等都对班主任工作提出了较高的要求。要让班主任有威信，班级凝聚力高，班主任要做到以下几点。

一、爱心与严格结合

班主任要拥有爱心，不仅热爱工作，还关心学生，能够真诚公平地对待每一个学生，全心全意服务，不仅关心学生的学习生活，还要关注学生的身心健康。在沟通互动中，了解学生的家庭、学习和生活情况，积极主动地帮助学生解决生活和学习中的困难，组织同学参加班级活动。对所有学生一视同仁，悉心指导和帮助每一个学生。同时，班主任还要严格管理和要求学生，对学生和教育事业高度负责，教学中严格要求学生遵守校规校纪，确保学生养成良好的学习习惯，有严谨的学习态度和细致的学习计划。通过严要求、高标准、勤管教以及多指导等方式，培养学生的自我管理和自我教育能力，并逐渐养成良好的学习和生活习惯。

二、做好学生的思想政治教育

当前，大学阶段的学生面临着思想上的诸多问题，对此，班主任还应当做好学生的思想政治教育工作，解决大学生的疑惑，确保思想意识的成熟。首先，从班主任自身的角度来看，其作为教育者，在教育方法和途径方面要及时创新，运用新的教育方法。目前，思想政治教育的现状为：课程理论枯燥乏味，无法吸引学生学习。对此，班主任作为思想理论的教育者，应当了解大学生的心态，根据学生的心态采取有效的方法授课，不断寻找新的工作切入，以一种新颖的角度和方式教学，激发学生的学习热情和兴趣，正面解决现实教学中遇到的问题，与学生保持紧密的互动交流，深入学生中，以责任心赢得学生的信赖，并以充分的理由引导学生步入学习正轨；其次，从社会的角度来看，在重视经济工作的同时还应当重点抓大学生思想政治教育工作，采取有效的教育方式，重点培养大学生的思想政治素养，重视这一工作的实施和进行；再就是，从学校的角度来看，在重视大学生学业的基础上，还应当加大力度进行学生的德育教育，将德育当作教育的首要工作。学生只有先懂得做人，才能更好地读书学习和思考。因此，学校应当全面培养大学生，除了抓学习之外，德智体美劳等综合素养也要重视，为学生营造一个平等和谐的良好氛围，确保大学生能够保持自我，发挥自我长处学习和成长；最后，从大学生的角度来看，高职院校的学生也要从根本上意识到思想理论学习的重要性，在提高专业课文化水平的前提下，加强思想政治理论的学习，提高自身的政治素养，树立正确的三观认知。

三、工作认真细心为学生做表率

在教学中，班主任要了解和掌握每个学生的思想、学习、生活，了解班级整体状况，通过公平合理、标准统一严格的评定工作带动学生的学习，重视每一次的评奖与评优。同时，班主任作为知识的传播者、思想品德的培育者以及学生健康身心的保护者，他们自身的品德也在潜移默化中感染着和影响着学生。作为诱导和示范，班主任应当做好学生的表率。班主任提高政治理论水平，提高教育管理水平，应当主要从以下三个方面出发：首先，树立正确的教育观与学生观，引导学生求知，教会学生做人和做事；其次，不断地加强学习，充实和完善自我，掌握现代教育理论和教育技巧，始终以时代发展前沿的教学方法引导学生学习；最后，积极参与到班级活动中，加深与学生的交流互动，增进感情，在潜移默化中通过自我品德的释放影响和带动学生。

四、明确规章制度，贯彻“法治”精神，实行民主的班级管理

班级治理和管理，顺应时代趋势，全面贯彻法治精神，不断深化改革，完善高校教学管理体系。遵循一定的法制精神和原则管理班级，实施民主管理。一方面培养学生遵法守法的意识，提高法律素养，提前适应法制社会的需求，另一方面则保证班级管理的有效有序。班级管理中明确规章制度，全面贯彻法治精神，表现在：第一，班干部的选举，奖学金的评定，以及其他各种评优活动，遵守特定的程序，保证过程公开公平，民主进行；第二，老师与学生的平等对话，拿出充分合理的理由要求学生做事，而不是强行命令；第三，维护学生的权益，深入学生中，听取学生的意见，及时处理问题；第四，讲诚信，公平对待学生，一视同仁，奖惩统一标准，为学生营造良好的学习环境。

五、引导学生做好职业规划，不虚度大学生涯

班主任既是学校班级的组织者、领导者及教育者，又是班中全体任课教师教学、教育工作的协调者。高职学校班主任负责指导学生的生活、学习和德育等各方面的工作，是联系家庭、学校、社会等各方面教育要素的纽带，是学校

教育工作中的主要实施者之一。因此，高职学生职业生涯规划指导的任务很多情况下由班主任承担。针对当前高职学校的现状和国家对于职业教育人才培养的要求，班主任统筹各方面资源对学生进行职业规划和生涯设计显得尤为重要。甚至班主任在指导学生职业规划上的地位是无法替代的。高职学校班主任在学生职业生涯规划指导中的独特价值主要集中在以下几个方面：

（一）易于日常教育，着眼长远发展

班主任有更多的时间和机会去了解学生，走进学生，职业生涯规划指导也更具有针对性。班主任可以结合班会、自习课、日常谈心谈话等时间进行指导，也可以结合学校开设职业指导理论课进行辅导。这种随时随地、无缝衔接的指导活动的开展，有利于班主任有效实施德育和生涯指导，同时，也能够结合学生长远发展目标，进一步提出具体可落实的详细性规划。

（二）利于因材施教，促进全面发展

在学校，班主任是最了解班里学生情况的教育者，同时，也是学生最信赖最关注的人，班主任和学生的双向接触使二者关系更为紧密，达成教育共识也更容易。因此，班主任实施职业生涯规划指导，可以有效结合每个学生的职业兴趣、个性特长、专业学习等提出适合每位同学的指导建议，更有利于着眼学生的终生发展。

（三）容易激发情感共鸣，引领班风风尚

班主任应积极地帮助学生进行职业生涯规划指导，可以实现指导一个学生进而带动全班学生的效果，带动全班学生全新认识职业、了解职业生涯规划的意义，自觉谋划职业生涯方案。这样，班主任与学生之间结成对子，既能够解决学生的现实需要，班主任也在工作中提升了职业能力素质。班级崇德向善、积极进取的优良班风也悄然形成。

（四）班主任进行高职学生职业生涯规划指导的策略

高职学生进入职业学校学习是职业生涯准备的关键阶段也是最后阶段。因此，班主任在指导学生职业生涯规划设计，不能仅仅停留在理论上，还要付诸行动。高职学校班主任在进行职业生涯规划指导时可以采取以下策略：制定科学合理的学生指导体系高职学生缺乏社会经验，自制力也相对较差，就算制订了一份完美的规划书，不一定能顺利实施，或者也不一定合理。就业指导的主要工作要从学生的实际情况出发，充分了解学生学习状况和生活情况，带领学生全方位地分析社会和企业需求，使学生能够了解就业趋势，为学生提供科学合理的就业指导服务。因此，需要班主任认真审视，还要时刻关注学生的执行情况，及时改进不足，保证实施效果。增强实践感悟对学生的启发，班主任指导学生时不能仅仅是口头说教。班主任在指导时需要结合自身实践体验，通过真实生动的工作经历，让学生对职业规划有更真实的了解。

默默付出，不求回报

2012级商英2班班主任　唐黎卿

从2006年进校以来，我担任过2006级导游7班、2012级商英2班、2016级商英1班班主任，目前是2019级商英1班班主任。历年的班主任生涯，也是见证自己职业生涯成长的过程。第一次当班主任时，我刚从学校毕业，刚经历从学生到老师的角色转换，内心忐忑惶恐，生怕不能胜任。刚来学校，我对学生管理工作各方面不了解不熟悉，跟学生一样懵懂。很多时候，是学生带着我了解他们的专业、了解我们的旅院。带第二个班级的时候，我刚来到商英专业不久。和学生的日常教学和相处中，我慢慢地了解了我们的商英专业，了解了商英专业同学们的特点，逐渐成长为一名商英专业的专任教师。带第三个班的时候，我已进校十年、在商英专业五年，对专业教学和学生管理工作的认知不断加深，在日常的班主任工作中也更有方法和心得。

以下谈谈我对班主任角色的理解和班主任工作的实践体会。

班主任是一个“上传下达、啰唆唠叨”的角色，这是我当班主任以后的第一个感受。带第一个班的时候，由于我不给本班授课，大部分交流都在班会上进行，主要任务是传达学院和系部的通知，往往都是叮嘱一些安全、学业等方面的注意事项，在对学生进行专业学习指导方面力不从心。对学生来说，班主任可能是一个只会唠唠叨叨的可有可无的角色。

班主任是一个专业学习的指导者、大学生涯的规划者，这是我成为商英专业学生的班主任以后的体会。作为专任教师，教学内容和学生的专业成长息息相关，清楚本专业学生所应达到的毕业要求和职业素养，在考级考证、社会实践过程中一路指导，课内课外可以提供学习支持，见证学生从入学到毕业的华丽转变。这是作为学生班级任课教师及班主任的幸福之处，可以把日常教学和班主任工作紧密结合，不仅在班主任工作的时间安排上，也在具体的工作内容上，互相渗透，更好地实现立德树人的目标。

班主任是学生干部成长的引路人。一个组织有序的班级离不开工作有效的班委。班干部的培养对班级工作至关重要。从军训时指定或自荐的临时班长和团支书到第一次班级竞选以后产生的班委，班主任都在观察和指导着班级学生干部的工作。在学生干部工作出现差错时予以具体的指导和帮助；在重要班级活动开展前提供建议、明确注意事项；在学生干部工作遇到困难、自责自怨的时候予以理解、支持和鼓励；对学生干部工作的全程予以关注、指导和支持。和普通学生相比，学生干部不仅要管好自己的学业，还要为师生服务，传达学院的各种通知事项、组织班级活动、协调同学之间的不同需求，有时候也会面临比较大的压力，在平衡工作和学业之间面临挑战。班主任多关注班干部的成长，有助于提升班级管理工作的效率。

班主任是学生矛盾的倾听者和协调者。班主任要直面学生之间的各种矛盾，做好倾听和教育引导的工作。商英专业女生多，六名学生每天生活在有限的寝室空间里，矛盾和摩擦不可避免。地域差异带来的生活习惯差异、不同个性带来的相处中的摩擦都可能酝酿出较大的寝室矛盾。一般的小矛盾学生之间互相理解、彼此谅解，可能会随着时间淡忘，集体生活也会在一定程度上培养学生对差异的容忍度。一旦有学生找到班主任倾诉寝室相处的问题，往往意味着在学生层面矛盾已不可调和，找到班主任倾诉意味着矛盾的明确化，可能要通过换寝室来解决问题。班主任最重要的是要做到对矛盾双方学生的倾听，适当地引导学生看到自己可能存在的问题，理解如果自己某些方面不调整和改变，在与其他人相处中也可能会出现同样的问题。在和室友相处中，求同存异、互相理解、互相包容非常重要。学会与人相处，处理不同的人际关系，是学生在大学期间的必修课。和谐融洽的寝室氛围是学生大学生活幸福感的重要来源，反之，就可能影响到日常的生活和学习。

班主任是学生需求的观察者、回应者。班主任工作琐碎、繁杂，事务性的工作多，但回应学生需求是第一位的。学生需求无小事。大到评奖评优、小到请假批假，咨询学校的某项政策或者某个专业学习方面的问题，班主任都要尽可能地第一时间处理和回应。有些问题可能班主任解决不了，要告知学生去找哪个部门或者哪位老师去咨询，尽可能帮助学生解决问题。班主任应了解学生管理的相关政策、学生工作的相关部门，适时地告知学生，不要让学生的困惑无处安放，酝酿成大情绪、大问题。班主任可能是学生遇到各种疑问和困难的第一求助人，需要有学校的各种资源的支撑。所以，班主任只是学生管理工作中的一个环节，需要整个学校学生管理服务团队的配合和支持，以真正实现管理育人、服务育人。

班主任是特殊学生群体的关心者、爱护者。班主任心里装着班级的每一位学生，尤其是特殊群体，如贫困生、需要心理关注的学生、学习困难的学生。每一位学生来到旅院，都是带着各自的成长背景和人生经历来的，他们每一个个体都与别人不同。来到同一个专业，他们就要面对同样的学业要求和毕业标准。在这个过程中，他们的某些差异就会对学业和毕业造成困扰。有的学生家庭由于各种原因，经济困难，学费生活费面临压力，但是他们不希望由于经济困难而被关注。因此，工作中既要注意保护他们的隐私，也要鼓励他们自强自立，通过努力学习、积极参加学校阳光助跑项目和社会实践等方式来缓解经济压力。平时多关注、多鼓励，必要时推一把，通过实践锻炼使学生成长。需要心理关注的学生，可能由于成长过程中家庭、学业等方面的因素，有过一定的心理创伤，同样的学业任务和大学生活的压力，对于他们而言，可能会显得难以承受。作为班主任对他们要多关注、多谈心，必要时请专业的心理辅导员老师予以疏导和帮助。每个孩子的成长经历不同，我们要关爱每一个学生，有时候一点关爱也是对学生的莫大支持。学习困难的学生，要在学业上多鼓励、多指导。商英专业的学生，需要一定的英语基础，但由于地区差异大，有些录取到本专业的学生，英语基础较薄弱，但是没有意愿或机会转到其他专业学习，因此，在本专业的学习就会遇到比较大的困难。这样的学生要多鼓励，引导他们平时养成良好的学习习惯，端正学习态度，尽可能不掉队。

班主任是校友资源的维系者，是毕业生和母校的情感纽带。每次迎来一个新的班级，班主任就烙上了这个班级的印记。于师生而言，这个班级的身份印记是永远的。从新生报到的第一天开始，到毕业后多年，只要想起，我们都是这个班级共同体中的一员。这个班级，都是师生共同的记忆，是弥足珍贵的。这种情感纽带，对毕业班班主任的工作开展非常重要，无论是毕业后一年、三年的毕业生跟踪调查工作，还是请优秀校友回母校给学弟学妹做分享，或是拓展专业实习实训基地，都要以师生在校期间建立的良好关系为基础。毕业生是学校和专业发展的重要资源，班主任是校友资源的重要维系者，要留意毕业生动态、关注毕业生的发展。

高校班主任角色认知与再塑造

2012 级会计 3 班班主任　李希哲

教育部《关于加强高等学校辅导员班主任队伍建设的意见》指出：辅导员、班主任是高等学校教师队伍的重要组成部分，是高等学校从事德育工作，开展大学生思想政治教育的骨干力量，是大学生健康成长的指导者和引路人。高校班主任工作的对象始终是一群 20 岁左右的青年大学生。他们热情奔放，充满活力，容易被激发、感染，同时也年轻气盛，遇事容易冲动。因此，需要有一个人及时对他们进行教育、指导与帮助，班主任所担负的恰恰是这样一份责任，一个不可或缺的角色。

一、扮演好师者角色，做学生的引路人

班主任首要职责是引导学生德、智、体、美、劳全面健康发展，这也是班

主任对学生个人成长做出的独特贡献。众所周知，青年时期是一个富有想象和渴望创造的时期，是个性特征初步形成与发展的重要时期，更是学生人生观、价值观、世界观日趋稳定的时期。这就需要班主任老师能够帮助学生学会自我认知、自我管理和自我约束。同时，对学生开展德育教育、法制教育，引导学生做到坚持原则、坚守规章。为此，班主任需要经常性地深入学生，发现问题，循循善诱，指明方向，使学生受到感染，从而树立正确的人生观、价值观、世界观。

二、扮演好家人角色，做学生最亲的人

托尔斯泰曾说过："如果教师只有对事业的爱，那么他是一个好教师；如果教师对学生具有父母一样的爱，那么他要比一个读过许多书，但不热爱教育事业又不热爱学生的教师好；如果教师把对事业的爱和对学生的爱融为一体，他就是一个完美的教师。"现代青年普遍养成依赖父母的习惯，无论是生活起居、营养卫生，还是品德培养、智力开发，都需要父母的参与。入学后，父母的地位被老师尤其是班主任所取代。他们期待老师的指导和帮助。特别是遇到困难和挫折时，如果班主任能够及时给予体贴的关心和帮助，学生会从内心感受到父母般的关爱。即便是个别对班主任有抵触情绪的学生，只要了解学生特点，掌握教育艺术，对其晓之以理、动之以情，学生仍然会尊敬老师，甚至会取得巨大成功。

三、扮演好挚友角色，做学生的知心人

许多专家和学者认为，高校师生之间应该是朋友关系，彼此应该真诚相待，相互尊重。事实也确实如此。青年大学生普遍表现为自尊、自信，他们渴望独立，要求对各种事物发表自己的见解，也希望得到他人的尊重。如果班主任能够对学生表现出热爱与共情，彼此平等相处，坚持耐心细致地做学生思想教育工作，那么他就可能成为学生的知心朋友，他所带领的班集体也就可能成为一个团结友爱的集体。因此，班主任要利用课余时间多与学生进行平等交流，所谓"乐学生所乐，忧学生所忧"，让学生在融洽的师生关系中健康成长。

四、扮演好学者角色，做学生敬佩的人

高校班主任业务能力和业务素质的强弱，直接影响着学生对班主任的情感

趋向。课讲得好，业务水平高，学生就会对班主任产生羡慕、崇拜、爱戴的感情，甚至以班主任为骄傲。这种情感羁绊能够促进学生对班主任产生信任感，他们会自觉听从班主任的管理，热爱自己的班集体，有利于班级管理工作的有序开展。相反，如果班主任业务水平差，学生打心眼里就会不服气，甚至会使学生产生对立情绪，导致班级管理很难开展。心理学家曾指出，处于青少年时期的人的情感态度直接影响甚至决定着人的行为。因此，班主任对业务方面的追求要永无止境、精益求精，只有具备宽广深厚的业务知识和高超的业务能力，树立良好的学者形象，才能赢得学生的敬服。

五、扮演好医者的角色，做学生的守护人

班主任工作的基础和根本是了解学生心理，做好学生的思想工作。这也是建设好班集体的重要法宝。针对男女生的年龄特征和性格取向，开展生理和心理教育是班主任扮演好医者角色的主要任务。当然，班主任医者角色主要侧重的是心理辅导，即通过引导式谈话、疏导式活动、个体辅导和集体辅导等丰富多彩的形式，对学生的心理健康进行适度干预，引导学生的身心健康。

总之，新时代的班主任工作具有更加严格的要求。班主任工作是一片海，是一种艺术，是一门科学，精心而又烦恼，复杂而又细腻，每天都需要我们工作、学习、思考和反思。一个优秀的班主任具有多重角色，换言之，一个优秀的班主任应该是个“杂”家。为了更加出色地完成“带好班级，教好学生”这个基本任务，班主任有必要而且必须扮演好师者、家人、挚友、学者、医者的角色，不断提高自身的综合素质，让学生感受到班主任的人格魅力。

班主任工作“一二三”

2017级空乘6班班主任　刘　颖

我自2008年入校以来，分别担任了2008级烹调2班、2012级航服班、2013级工艺1班、2015级空乘4班、2017级空乘6班、2019级烹调2班6个班级的班主任，其中，2017级空乘6班荣获学校阳光工程“五星级班级”荣誉称号，2012级航服班、2015级空乘4班、2017级空乘6班，2019级烹调2班获得学校优秀团支部荣誉称号。十几年来，我的岗位几经调整，但班级管理工作几乎没有间断过。渐渐地，我发现，和性格迥异的个体一样，每一个集体也会慢慢地生长出一种气质。这气质与班主任的育人理念、治理之道息息相关，更与班主任的个人气质相互交融。

我经常会想，班主任这份“差事”，一干就是三年，着实不是一段很短的日子，然而这一千余个日子里，要给学生们留下怎样的青春记忆呢？一定不要是教室后窗的惊悚一探，一定不要是“最差一届”的循环魔咒。再拉长时间轴，一日为师，终生牵挂。不少学生毕业后，我们再未相见，但形散而神聚，我依然难忘曾经的相逢，依然期待相聚，我依然会在毕业生回访中殷切地盼望着远方的消息。当然这些包含着情感的体验，最终促成了我对班主任这份事业

的思考，今天就浅谈一二。

一、一种关系

首先要解决的一个难题是，班主任与学生之间应该是一种怎样的关系？至亲，知己还是同路人？这些角色我都尝试扮演过，但是回望十几年的心路历程，我觉得更好的描述应该是："成长共同体。"

几年前，我拥有了一双可爱的儿女，也就是从那时候起，学生们开始称我为"刘妈"。一开始，这个略显沧桑的称呼，让我的少女心受到一万点伤害，然而渐渐地，这个名字成了我的品牌。

"刘妈！我寝室漏水了！"

"刘妈！助学金要怎么申请？"

"刘妈！失恋了怎么办？"

每一个孩子都有解决问题的万能钥匙，那就是叫一声"妈"！一个妈字背后，是深深的信任感和沉沉的责任感。当妈的手机24小时始终待命；当妈的从不抱怨自己的孩子淘气不懂事；当妈的相信技多不压身，除了心理学、教育学这些必须修炼的基本功，医学、法律、艺术……这些都能成为当妈的一技之长。十余年来，为学生传道授业，为学生答疑解惑，为学生领航开渡。岁月无痕却收获了情谊满满，脚步匆匆却留下了精彩无限。

当然，一名优秀的班主任，跟真正意义上的"妈妈"还是有所不同，至少，我所能陪伴的，仅仅只有人生的一程，而这一程，我们需要同生共长，精彩与共。具体言之，学生不是消费者，不是产品，也不是服务对象。师生要共同沐浴在受教育和被教育的关爱之中，这是一个共同体，这里所指的教育也是非常宽泛的，有学术上的，思想上的，情感上的，心理上的。在大学阶段，我们的教育成果不是以分数的形式来衡量了，但这个阶段，对人生发展的指导，对心理情感的关注是非常重要的。教育共同体这个词汇中，后半部分是共同体，是的，教学相长是我这几年感受最深的一点。其实，真的不要觉得我们书读得多一点，路走得远一些，就事事都比学生们强。在教育学生的同时，让自己受教育，在陪伴学生的同时，自己也获得成长。

二、两重视角

扮演好班主任这个角色，首先要理解我们面向的这个群体。有人说“00后”人群有以下几个特点：

比较自我，但独立能力缺乏；勇于担当，但吃苦能力欠缺；个性自信，但规则能力弱；能力突出，但功利意识强；期望值高，但心理承受能力弱。

不能说概括得不好，但是十几年的班主任生涯中，我的学生从“80后”到“00后”都有，这以后还要继续变化，那么怎么来认识呢？我认为，不外乎从两个视角来理解他们，即生命阶段和时代背景。

一是从发展的角度上讲，18~22岁是一个特殊的生命阶段，具有特殊的生命特征和生命任务。从这一点上来讲，就不分什么“95后”还是“00后”，因为“80后”“70后”“60后”都会经历这样的一个阶段。在这个生命周期里，学生们的普遍心理状态是自恋与自怜交错，肆意狂妄与妄自菲薄并存，这是一个疾风骤雨般的时期，需要理解呵护更需要导航定向。

二是从社会化理论的角度上讲，班主任要把握时代背景，这是至关重要的。要分析我们的学生处于怎样的一个时代，以及这个时代造就了怎样的一代人。新时代新经济，新四大发明改变了多少学生的生活与思维方式？家庭结构的变化，独生之女甚至独二代的产生，为学生的前20年成长奠定了怎样的基调？互联网的迅猛发展，学生们面临多少价值思潮的争锋？每一个问题都值得班主任去研判并作出应对。担任班主任期间，我调查过学生的消费观，调查过课余时间的宿舍生活，调查过学生的主流价值走向。这些都为我的工作提供了宝贵的一手资料和数据资源。推荐大家参考一份调查，《腾讯“00后”研究报告》，它是基于腾讯社交大数据，结合深度访谈、微信采访、问卷调查等多层次的深度调查，是一份比较有价值的“00后”群体实录。

三、三条路径

（一）说出来不如做出来

学生是看着班主任成长的，班主任与学生之间的联结，决定相互之间成长的同步性。班主任这个职业，没有良田万顷，却有桃李万千；不能扬名立万，却能收获师道尊严。班主任投入事业，对待工作，为人处世的方方面面就是学生成长的最好指南。所以，班主任要避免高谈阔论、夸夸其谈，应当言行一致、身正为范。浙江旅游职业学院的“阳光学工”文化品牌，培养了一支积极、乐观、温暖的班主任队伍，他们点亮学生的同时，也把自己活成了一道光，他们用敬业、爱生、奉献诠释了对职业的理解，也给学生们指明了职业的方向。

（二）不断找寻工作的价值感

这些年，在现实教育中，我确实碰到个别学生丧失理想、迷失方向，他们埋怨命运不好，他们逃避时代担当。但更多的同学，默默勤学、自我奋斗，成长为追求真知、富于创新的社会建设者。他们之间，好与坏的差异，正是教书育人、立德树人的使命责任，这既是班主任的分内事，更是班主任的价值所在。这里虽然没有统一的专业背景、没有完全可定量的标准指标，更多的是考量班主任群体多元的思维广角和共同的命题答案。大学不是就业的培训所，第二课堂的成绩也许比第一课堂更具有特殊含金量。

（三）融会贯通“术”和“道”的真谛

其实“术”与“道”之间，并没有泾渭分明的界限，境界的高低决定了行动上的差距。在技艺上的不断磨炼能更好促进对人生真谛的领悟，而精神和人格的日臻完善也能推动技艺的炉火纯青。班主任们要成为学生成长成才的良师益友，就不断进行修炼。一方面，唯天下之至诚，方能尽其性。班主任要专心致志地修炼武功，天天向上。另一方面，班主任也要做一个主动播撒“和合尚善、自强不息”的精神使者，在向善向好的人格修炼中影响中国的新生代。

成人成己，班主任的修炼之路

2017级表演1班班主任　时忆宁

2021年是我来学校工作的第8个年头。8年来，我一共带过4个班级。从第一年带班的茫然不知所措到后来淡定地处理班级各种问题。我始终坚信，教育的最终目的应该是“成人成己”的双赢，互动互益，彼此成就。因此，特别感谢这一路上同学们带给我的成长，也希望自己曾在他们人生的道路上留下过一段温暖、美好的回忆。很多人认为班级管理是一个“中小学概念”，大学更像是松散的“邦联”，没有特别大的实际意义，但我认为班级管理比起个人管理，更考验班主任的“功夫底子”，领导能力和魅力，体现“教亦多术矣”的真谛。

一、吃苦和享乐谁在前

在这个问题上，我坚持认为“吃苦在前，享受在后”的提法虽然很老套，却有化腐朽为神奇的功效。班级管理只给班主任一次机会。什么意思？一个班级如果从开始管得好，后面可能一直好下去；如果从开始就很弱、松散，一旦这种松松垮垮的班风形成，想重塑班级风貌那真是费上“牛劲”都可能回天乏力。所以，班主任一定要一开始就在班级管理上多下功夫和力气，塑造强大的班级凝聚力和文化。这不是小题大做，而是磨刀不误砍柴工，大道至简。

我第一年做班主任的时候，就在这个事情上吃过苦头。当时是我参加工作第一年，我还是一个初出茅庐的职场“小白”，学院班主任人手紧张，于是领导让我一口气带了两个新生班级。繁忙的工作加上两个班级的工作量，让我这只“菜鸟”一下子喘不上气，错过了军训和始业教育期间强化班级管理的“黄金时期”，结果导致其中一个班级管理松散，学生班级荣誉感缺乏。这使我在接下来的三年班级管理中非常吃力，管多了他们嫌我“多事”，管少了他们嫌我“偏心”另外一个班级。班级违纪学生也比较多，后期管理难度很大。这次带班经历给我一个深刻的教训就是宁愿先吃苦，把班级风气一开始就抓好，这对于三年的大学生活至关重要。

反观我带的另一班级（学院星级班级），一开始我对他们的管理非常严格。第一次班会课，我要求每个学生确定大学三年的目标，每个学期末我会对比他们的成绩、考级考证情况，要求每个同学必须参加学院组织的各类活动。在管理的过程中要做到“赏罚分明”，期初召开班级工作会议，期末召开班级表彰大会，不断调整管理思路，发现问题，改正问题。班级凝聚力渐渐形成后，同学们基本上能够自主管理班级，积极参加各类活动竞赛，收获各类奖项，最终荣获五星级班级的荣誉。最终，这个班级近一半的同学报考了专升本，专升本通过率也达到了 90% 以上。

二、抓两头和带中间

是“抓中间、带两头”？还是“抓两头、带中间”？我觉得后者更符合教育规律，是班级管理的有效办法，通用性高。我所谓的“两头”，一头是指以党员干部、班干部为代表的“顶端”。他们成熟度高，愿意帮助他人，同时具备一定的能力；另一头是指总在等待被给予，被“管理”，自控力差，心理或行为上被动，认识上极端，需要被关照的“底端”。我认为“中间”的同学可以“不用管”。这个“不用管”不是不关心他们，而且在班级管理的大方向上，他们容易受到他人的影响，不太表达意见，凡事随大流，可以少花一些精力和体力。只要一个班级风气好，所有的“中间”都会跟着受影响，反之亦然。

在做班主任的这些年，我非常重视“两头”和“中间”的问题。因为能够处理得当，看上去我在管理一个几十个人的集体，实际上只是特别花心思在那几个人身上。于实际工作量和效率来说，“抓两头带中间”是一种聪明的选择。在带班过程中，我特别关注学生干部的选配和党员培养问题。每个学期我在思考如何把有能力的、性格匹配的学生安排在合适的学生干部岗位，挖空心思让那些有责任心、有能力、想做事、能做事的学生发挥所能帮助老师加强班级管理。同时，我也明白“房谋杜断”的道理，没有十全十美的干部，扬长避短，发挥干部的优势，尽量做到“人尽其用、才尽其专、用尽其才”。

除了“这一头”，“那一头”的管理其实更加重要。星级班级的创建不允许班级学生有任何违纪行为。所以，班主任如果没有把“底端”管好，往往前功尽弃，所有的努力付诸东流。在我看来，每个班级总会有那么几个“刺头”，他们总是游走在违纪的边缘，总能煽动一波同学跟风闹腾，我行我素，难以管教，甚至喜欢跟老师唱反调。曾经我的班级就有这样一个学生，她属于班级八卦中心、舆论顶流、意见领袖，性格比较泼辣，行为极端，女生间的各种矛盾多数都离不了她的参与。如果我们班是个小微博圈，她绝对天天上“热搜”。我想了很多办法来管理这个学生，但是都收效甚微。有一次，这个女生因为抑郁症发作住院了。我非常担心她的情况，买了她平时爱吃的东西抽空去医院看望了她，帮助她协调期末各门课的考试，鼓励她坚持准备专升本考试。也许这个举动给父母早年离异的她带来了不小的触动。出院后，她确实变了很多，甚至主动担任班级副班长的工作，帮助我一起管理班级，发挥了很多正面作用。最终，她在自己的努力下考上了心仪的本科。

三、小花样与大精彩

班级管理是一门艺术，为什么这么说？我曾经“只见树木不见森林”，被眼前一两个问题所困扰，没有从全局角度考虑班级管理，因小失大，班级问题一个接一个。我曾经事事亲力亲为，恨不得24小时全程站岗放哨，但是学生眼睁睁看着我“鞠躬尽瘁”，心里未必认同。后来，我渐渐发现，班级管理非常讲究艺术和技巧，做一个让学生喜欢你、服你、愿意让你管的班主任非常不容易，有时候别看不起一些“小花样”，没准能收获“大精彩”。

第一点，该刚则刚，当柔则柔，刚柔并济是上策。什么时候要“刚”？面对错误的价值观、错误的行为的时候要“刚”。当今社会，大学生容易被网络上各种错误思想扭曲三观，一些学生存在“一夜暴富”“拜金主义”“享乐主义”思想，认为“学习无用”，遇到这种情况的时候，我从来都是第一时间严肃批评教育，绝不给错误思想在班级散播繁殖的机会。什么时候要“柔”？在争取一项重要的班级荣誉时，班主任如果凡事都亲自出马，未必是件好事。都说强势的父母容易带出懦弱的孩子。每个同学其实都有各自擅长的闪光点，这个时候，班主任在做好顶层设计和监督的同时，应该适当“示弱”，放手让同学们自己去做。曾经我带的表演班每次遇到大型的专业演出和比赛时，我会第一时间召开班委会议布置工作。分配好任务后，我会说专业上的事情自己是“门外汉”，同学们都比我懂，鼓励同学们一定可以顺利完成任务。这个过程中，我还是会不时询问进度，帮助解决问题，但是不过多干涉同学们的自我发挥和创意，如，合唱比赛、星级班级排练、毕业汇报演出……最后大家都取得了很好的成绩。

第二点，别小看那些“小花样”，同学们都看在眼里、记在心里。班主任的“小花样”，不仅仅是一种管理技巧，也是一种心理战术，能帮助班级增强凝聚力，营造独特的班级文化。比如：（1）我记下了班级每个同学的生日，在他们生日的当天提醒自己为他们送上生日祝福；（2）我曾经坚持每月给班级同学过集体生日；（3）我曾经做过一个班级游戏，让班级每一个同学写下对其余每个同学的印象，然后重新整理汇编出每个同学专属的同学印象，上面写着大家对自己的评价；（4）我曾经开期末表彰大会，大家一起做游戏、吃零食、看寝室表演，每个同学都能拿到班级颁发的小礼物和感谢信；（5）我曾经号召大家为班级设计logo，买班服，设计专属于班级的独家记忆……这些都是平时班级管理中的一些“小心思”，并不感天动地，但是总会在细节中体现班主任对同学们的关心和用心。虽然组织活动的时候大家偶尔会抱怨“怎么这么多事”“这么麻烦”，但是正是这些点点滴滴，慢慢凝聚了人心，毕业之后，他们告诉我，这些事情留给了他们美好而深刻的回忆。

工作 8 年，作为班主任，我当然犯过很多错误。很长一段时间，回想自己曾经在班级管理中的一些事情，总觉得无地自容：一些基本原则的缺失，一些常识性认识的偏离，一些自以为是的想法，都曾被我拿来“实验”并带给我不少教训。不得不说，感谢我的学生们，他们的宽容和原谅促进了我的成长，让我从一个职场菜鸟，慢慢成长为可以独当一面的班主任。教育归根结底是心灵的灌溉，不“动心忍性”，便不能“增益其所不能”；心灵的“震撼”，无论是“狂风暴雨”还是“和风细雨”，都是为了最后的“桃红柳绿”，共同成长和进步。最后，愿我的班主任工作体会能带给大家些许助益。

亦师亦友，共同成长

2015级人力2班班主任　蔡雅萍

自进校以来，本人先后担任5个班的班主任工作，其中2011级人力班和2015级人力2班在学院“阳光工程”评选中获得“五星级班级”荣誉称号。十多年的班主任工作，本着一颗“友人”之心与学生们沟通和交流，有为学生考试作弊、偷窃、打架而怒不可遏，有为学生寝室乱糟糟的样子而为难，也有为指导学生项目立项、竞赛获奖而喜悦，甚至为学生找到好工作而欣慰，班主任工作可谓是辛苦与甜蜜并存、汗水与收获同在，本人也有幸获得学院奖教基金“优秀思政工作者”荣誉称号。

回顾多年的班主任工作，本人认真完成学院规定的班主任日常管理工作以外，重点从以下几个方面对班级学生进行了引导，以期促进学生在校学习有更大的收获。

一、组建强有力、结构稳的班干部队伍是班级建设的基础

要做好学生管理工作，单凭一个班主任是心有余而力不足的，形成以班干部为中心的学生骨干力量非常重要，班干部是班主任的得力助手。班干部在班级中起到核心骨干的作用，他们是班级各项活动的组织者和倡导者。班级的兴衰与他们的工作密不可分，能否组建起强有力的班委会，如何调动学生干部的积极性，利用他们的优势做好学生工作，是衡量班主任工作水平的标志之一。班干部的工作包括干部的选拔、培养、使用和推荐等。选拔是基础，班主任可以通过委任、竞选、自荐等各种渠道把那些表现突出，有一定组织能力，关键是愿意为班级服务的学生选任为班级干部。班委会组建好后，班主任应加强对他们的培养和教育。要从工作内容、工作方法、工作艺术上进行指导，帮助他们处理好学习和工作的关系。在学习、生活上严格要求他们，使他们真正成为班级建设的排头兵。同时，对工作中的不足要及时指出，对工作中的困难要予以鼓励，对工作的成绩要给予表扬和奖励。

二、重点加强班级凝聚力建设，形成积极向上的班级文化

对于学生来说，第一个学期班级氛围建设非常重要，除学校和系部统一的始业教育相关活动外，如在 2015 级人力 2 班进校以后，先后组织学生举办趣味班会、校内拓展、校外拓展、班级无手机课堂、班级寝室创优、班级秋游等活动，共计 10 余次，并由班级成员共同管理班级微信公众号“奋斗小二班”平台，提升班级凝聚力。在同学们的努力下，班级分别获得工商管理系红歌大赛第一名、工商管理系团员意识风采展优胜奖、鼓动人心击鼓颠球班级挑战赛优胜奖等。第一学期的各种获奖，对班级学生来说，具有很好的提振信心、触发积极向上的作用。

三、鼓励学生参加专业实践，是打造优秀班级的直接源泉

通过班会、交流会等方式让学生了解在校期间能参加的各种社团活动、竞赛等，并积极指导学生参与各种比赛和项目。2015 级人力 2 班全班共有 43 位同学参加各种社团，共获 2 项原国家旅游局“万名旅游英才计划”实践服务型英才培养项目立项、获 1 项浙江省“挑战杯”创青春项目、获 1 项院级“阳光

助跑”项目立项、获 2 项院级“挑战杯”创新创业项目立项、获 2 项院级团支部活动立项、获 2 项工商管理系学情调研分析立项。通过各种项目的实践，提升了学生专业学习能力，增加了专业知识。让学生们展示自己的风采，树立信心，激发成就感。

四、重视文明寝室建设，打造白金五星级寝室，推动班级发展

以学生为主体，以寝室为活动载体，以坚持积极向上，健康有益的课外活动为主要内容，努力把学生寝室建设成为学生自我教育、自我管理、自我约束、自我服务的重要阵地，对于加强高校思想政治工作，提高学生综合素质，培养合格人才有着重要的意义。鼓励学生积极参与文明寝室建设，组织统一学习、整顿，并在班级微信公众号中组织班级寝室大比拼投票，对优秀寝室进行鼓励，2015 级人力 2 班共有 1 个寝室获院级和谐寝室称号，2 个寝室分获工商管理系创意寝室一等奖、三等奖，有 2 个寝室在学院“阳光工程”评选中获得“白金五星级寝室”荣誉称号。

保持一颗有爱之心，与学生真心交流。这么多年担任班主任工作，让我更加坚定地相信，育人就是和学生共同成长。当然我还存在不少遗憾之处，如：“恨铁不成钢”，有时做不到“润物细无声”。在育人道路上，我会一直走下去，以“立德树人”的宗旨继续前行。

用心助力学生成长

2009 级人力班班主任　吴占格

自 2006 年进入浙江旅游职业学院，我陆续担任过 6 个班级的班主任，其中 2009 级人力班有幸获得学院首届阳光工程“五星级班级”，成为当时唯一获奖的大二班级。

回忆这一路走来的大学班主任工作经历，我感到这不仅是一项极富挑战性的工作，同时也是人和人之间一段珍贵的缘分。在这种缘分中，同学们是进步的，班主任就是欣慰的；同学们是快乐的，班主任就是幸福的；同学们是成功的，班主任才可能是优秀的。大学阶段，是学生进入社会前的最后一站，大学班主任的角色就是成为一个好的指导者和引路人，用心助力学生快速和健康成长。

一、精心安排重视开局第一学期——助力顺利起航

“良好的开端是成功的一半。”经过高考的筛选，同学们进入大学时的学习

基础差别本不大。但第一个学期或学年过后的学习状况马上会呈现出明显的差异，根本原因在于其开局蓄势不同。作为班主任，需重点安排好以下几个环节：

（一）班级建设

首先是班干部团队构建。“火车跑得快，全靠车头带”，班级各项工作的上传下达和组织开展，都活跃着班干部的身影。班干部团队的素质和态度怎么样，普通同学基本会以此来感受整个班级的风气和导向。我的经验是不论班助还是班干部，一定要选“正气”特别足、能够将班级利益放在首位、能够以身作则引领大家的同学。在班干部的任用选拔时，一般安排事先基础档案考察、动机激发、军训负责人试点、群众民主选举、试用期实践考察、试用后调整优化等几个环节。

然后是班级目标的管理。基本遵循人力资源绩效管理 PDCA 的循环。P（Plan）环节注重班级目标的双向沟通和导入，并形成班级总领性的规章制度。教师一方面做好引导，适当拔高目标标准，另一方面注重激发学生热情，真正认同目标。第一学期班级重点目标一般集中在学校和学习适应、班风纪律建设、凝聚力打造、各类校园文化活动参与等方面。D（Do）环节重在执行、沟通和反馈，主要发挥班干部团队的力量，包括各级各类活动的责任人落实、组织安排、问题反馈和设法解决。C（Check）环节一般设置阶段性的总结碰头会或形成班级情况定期报告制度，总结班级各项活动执行的情况、离目标的差距。A（Act）环节主要针对班级存在的问题，及时设法解决。这里一方面是注重多方取经，另一方面是注意调动和协调各班干部的工作能量。

（二）始业教育

刚从高中跨入大学，有些同学怀着对大学生活的憧憬与希望，有些带着一颗奋力向上踏实求学的心，有些揣着一丝迷茫和懵懂，也有一些认为到了大学终于可以放松休息娱乐了。所以，帮助同学们认识学校和专业，做好职业生涯规划、合理时间和精力安排，提高专业学习热情是至关重要的。

具体可采取的措施包括：同学基本情况摸底调查、专业基本情况宣贯介绍、邀请优秀毕业生以及专升本同学经验分享、组织高低年级同学联谊、承担《职业发展与生涯规划》课程主讲、指导职业生涯规划书制订、班内优秀榜样宣传和示范、针对性的个别谈话、学期初个人目标表决心、学期末班级内部经验总结等。

二、多方借力促进学业理实结合——助力专业成长

学生最关键的任务就是学习。中学阶段，学生学习的目标主要在中考、高考。大学阶段，学生学习的目标主要在于学以致用，为进入社会工作打好基础。作为任教专业课的班主任，我主要着力点在多通道多方式地推动学生学习的理实结合，深化学生对旅游行业及人力资源管理相关工作的认识，提高学生专业课程的学习积极性，帮助学生尽早及合理地做好个人职业生涯规划，同时锻炼学生沟通、团队协作等社会能力。以 2009 级人力班级为例，具体措施包括：

在学院“学生主体、任务引领、能力本位”人才培养模式研究子项目“浙江旅游中小企业人力资源管理职业研究”的引领下，组织学生分组通过问卷调查、个别访谈、实践考查等方式开展各类实践调研活动。

如，组织班里同学利用周末时间分批次到市区的一些人力资源服务类公司、人才市场等进行考察学习；问卷调研五十多名毕业生，访谈并邀请优秀毕业生制作经验分享小视频；组织学生收集和分析大型网络招聘平台的相关招聘信息，分析人力资源管理专业社会需求；全面动员和指导班级学生开展暑期认知实践，形成《暑期认知实习报告》27 万余字，进行全班传阅；购买人力资源管理职业相关书籍（如《杜拉拉升职记》等）在各寝室传阅等。

通过担任学生专项工作室“人力资源调研与发展工作室”“培训与开发工作室”指导老师，组织学生开展各类调研活动、人才素质测评实战、实习心态培训、团体拓展训练、PPT 制作比赛、简历制作、朋辈指导等多项活动。

通过在省饭店业协会挂职锻炼，进行《浙江省饭店业人力资源发展报告》项目研究的机会，鼓励和指导 20 名学生暑期参与《报告》的一些前期信息收集和调查工作。

其他还有通过与学院学生处合作，组织全班同学轮流参与服务学院毕业生招聘会；尝试与学校周边企业集团合作，选拔班级学生短期分批接力参与其人力资源管理岗位实习实践；指导和鼓励学生撰写专业相关调研论文（如作品《饭店业 80 — 90 后员工管理问题探析》）参与省挑战杯等比赛项目；鼓励和推动班级学生活跃于校内各个学生组织（如党员之家、院系志愿者部、学习

部、秘书处、宣传部、礼仪部等）。

在各类理实结合实践活动的展开过程中，我特别关注提高整个班级学生的参与率和覆盖面，学生深刻感受到了作为准职业人的身份，强化对人力资源管理职业的认同，更是有效激活和调动起大家对专业学习的热情。班级学生的学习风气得到各科教师们的普遍赞赏。

三、用心用情关心学生思想和生活——助力积极心态

大学生离开父母和熟悉的同学、朋友步入高校生活，除了面临最初的适应性问题，还可能面临交友、爱情、经济、学业、实习、专升本考试以及个人发展等各类困扰及诱惑，如何正确调整心态，解决问题并迎接挑战，精神饱满地奔向未来，都需要班主任的必要帮助和引导。班主任应尽可能通过观察、谈心等方式，关心和了解各类学生的发展状况。尤其重点做好对于家庭经济困难学生、心理困扰学生以及落后学生的关注、关心。

对于家庭困难学生，除了关心其生活情况，还应注意引导学生明晰自身就业定位发展职业能力，鼓励学生争取各类奖学金、指导申报阳光助跑项目，学有余力开展勤工助学活动。对于有心理困扰以及受意外事件冲击的学生，采取个别谈心、家校联系、与辅导员老师紧密合作等方法，尽自己所能为学生化解问题或提供支持。对于暂时落后学生，平等接纳、主动交流，耐心陪伴、适时引导。

四、结语

十几年的大学班主任工作，学生们也从“80后”变成了“00后”。让我们珍惜这永远与年轻人交汇碰撞的机会和缘分，不断充实和提高自身，用心承担起“大学班主任”这个角色。

下篇

案例汇总

第一章

心系学生，传递温暖

原生家庭破碎孩子的治愈之路

2016级酒管6班班主任　王　菁

一、案例内容简介

“小艺”（化名）大一刚入校时，经常跑到我办公室，总是说着说着就掉眼泪，后来慢慢地在和她聊天过程中，她向我敞开了心扉。她告诉我，自己从小父母离异，跟父亲一起生活，后来父亲再婚，有了一位同父异母的弟弟。她只能和爷爷奶奶住在一起，并由爷爷奶奶抚养长大。母亲在外地工作，聚少离多。和“小艺”的沟通中我发现她从小非常懂事，常常考虑他人感受，缺少自信，对自己的外貌和能力都不满意，但又非常好强，希望能够在各方面有出色的表现。心理常常产生矛盾与落差，极易自己和自己较劲。

二、案例分析处理

“小艺”这样的姑娘，心思细腻，和她几次相处下来，我发现其实她的个人能力并没有像她自己所表述的那么糟，于是我鼓励她做我们班的学习委员。在我们班，班长是一位组织能力极强的男孩，让“小艺”来配合班长做好文案工作，既可以发挥她做事有条有理的优势，也能让她在与组织能力强、个性开朗的班长一起工作中，多少受到一些正面影响。当然，“小艺”的工作能力也受到了班级同学和系里老师们的认可，一个学期后，“小艺”变得开朗自信多了。后来，我推荐“小艺”在系里做起了勤工助学的工作，在工作中我常常鼓励她，在这份工作中，“小艺”当起了老师和同学之间的桥梁，慢慢地，来找“小艺”帮忙的同学越来越多，她的社交面变得越来越广，脸上的笑容也变得更加灿烂阳光了。2019年，在“小艺”毕业那年，她获得了“浙江省优秀毕业生”的称号。现在，进入职场的“小艺”，仍然会有跟自己较劲的时候，但她说，“每当回想大学这段时光时，我就变得浑身充满力量，现在每天除了工作、学习，还在锻炼身体，相信自己会变得越来越好！”

三、案例思路和建议

每个孩子的成长都和原生家庭有着密不可分的联系，跟学生沟通的过程中，我们需要最大限度地去了解他们，包括生活背景、思维方式等。以此来挖掘他们的内在潜力，激发他们自我成长的动力。另外，作为班主任，一定要从心底接纳和理解学生，这样对他们的肯定和鼓励才能真诚表露，学生才能对你敞开心扉。作为班主任应该与孩子共同思考，共同成长，不主宰、不干涉，做一名温柔的陪伴者。

多渠道守护心理脆弱学生

2018级酒管11班班主任　侯宝锁

一、案例背景描述

2015级酒店管理专业9班学生小孙（化名），女，该生自进校后一直很自卑，与老师、室友、同学交流甚少，且经常出现独自落泪的状况。

通过与该生谈心得知，小孙一家早年从四川来浙江打工，由于父亲身体不好，在她三岁左右的时候母亲便一走了之，自此杳无音讯。失去了母亲的她跟随常年多病的父亲一起生活，父亲既当爹、又当娘，抚养其长大，供她上小学、上初中、上职高、最后考上我们学校。由于从小缺乏健全的家庭关爱，导致其产生自卑，不愿与人交流、胆怯的心理。作为班主任，在报到入学的第一天，就能够很明显地发现这个问题。因此，针对这种情况，结合自己班主任工作多年积累的经验做法，我想应该给予其更多的关怀、照顾。

二、案情分析与处理

遇到这种情况的学生，我的第一反应就是尽可能多地帮扶学生，让她能够重拾自信。因此，我坚持自己做班主任的工作原则，在她的身上花更多的时间与心思，主要做了以下几件事情：

（1）定期（每周一次）与该生谈心，并不断给予鼓励；

（2）组织寝室同学在日常生活当中给予帮助和监督；

（3）鼓励该同学上课坐到班级同学当中，以免被孤立；

（4）在谈心过程中，让学生多开口讲话，自己做学生的聆听者；

（5）鼓励该生多与同学以及各任课教师交流；

（6）鼓励该生积极参加班级、学院的一些活动，通过参加活动去锻炼自己，树立信心。

经过不断的谈心交流、鼓励、激励，该生在校三年，表现逐渐乐观、朋友明显增多，与人交流的机会和胆量也在不断增多，进步比较大。在外实习期间，也会定期向班主任汇报工作及思想动态，实习屡次受到表扬，现已经毕业，开启了新的职业生涯。

三、工作方法启示

（1）面对心理脆弱的学生不能操之过急，要以平和的心态与其交流，帮助学生发现生活中的问题，并能提出有效的解决办法。尝试做学生的知心朋友，主动聆听学生心声，帮助学生重拾信心，使其能正视自身面对的困难。

（2）除了做好学生个人情绪以及思想关注外，整个班级的学风以及班风建设也至关重要。在职业素养课程上，除了学校规定的学生手册相关制度学习外，我讲的更多的是促进班级团结，维护班级形象，打造和谐班级的实例。比如，定期召开学风建设班会，组织优秀学生学习方法交流会，有利于整个班级树立优秀的学习风气。

（3）号召班级干部，多多组织班级活动，增强班级凝聚力。

（4）针对特殊学生，我会安排一个班委与困难学生结对，比如，一起上下学、一起吃饭、一起逛街等，让困难学生融入集体生活。

用爱去呵护心理抑郁的孩子

2011级酒管13班班主任　桑华月

一、案例背景与概述

雯雯（化名）刚入校时清瘦、短发，敏感、不合群。通过谈心了解到该生家境困难，母亲精神异常后离家出走，父亲身体也不好，家中有弟妹需要照顾，该生心理负担较重，经医院鉴定为重度抑郁，经常服药。她从职高考入我校酒店管理专业，热爱学习，喜欢独来独往，和寝室其他成员关系一般，因为家境贫寒，存在自卑心理。

二、案情分析与处理

当班主任最担心班级学生的身心健康和生命安全，在三年的工作当中，我对她的关注最多，投入的精力也最多。我担心有一天她的情绪彻底崩溃，我害怕有一天她想不开。具体来说，主要采取以下几点措施：

（1）做好她的心理疏导工作。谈心是经常的事，物质和精神上的关心必不可少。我让她在纸上写每一阶段的人生目标，让她对未来有明确的期待，并为之努力。

（2）做好该生寝室成员的工作。专门找她们谈话，让这些学生接纳并包容雯雯，特别告诫家庭较为富裕的学生在雯雯面前要“低调”，淡化衣服、鞋子甚至化妆品等价格，这样不会刺激雯雯，让她生活在有爱的环境里，后来这个寝室一直没有出现矛盾，平时雯雯大多数时间还是独来独往，但与寝室其他同学在一起的时光，她的笑容是灿烂的。

（3）帮助雯雯找到业余爱好。记得有一次我们社团邀请到杭州市采荷街道洁莲社区党委书记董利民来校讲座，董利民业余喜欢篆刻，是金石篆刻工艺美术师，那天董书记现场教大家篆刻。雯雯也在，她平时喜欢画画，通过观摩，她一下子对篆刻表现出了浓厚的兴趣，有空就琢磨并练习。毕业的时候，雯雯送给我一枚她自己刻的印章作为毕业礼物，我一直珍藏至今。

雯雯同学从大二开始不用吃抗抑郁的药，她慢慢从自己的原生家庭里走出来，开始未来的职业规划，虽然实习期间因为压力大反复过，但三年的大学时光，她顺利挺过来了。

毕业后，她先在酒店工作了几年，后来成为一名优秀的中职教师，还加入了中国共产党。我由衷地为她高兴，祝福她！

三、案例反思与启示

在实际工作中，我们发现有很大一部分大学生的心理困扰来自人际关系，特别是寝室中的人际关系。对于雯雯来说，我们要给她营造一个有爱的生活氛围，因为她的原生家庭没有给她应有的爱，相反她还要给予弟弟妹妹们爱，她的心理和精神负担超出了她这个年龄该承受的。因此，我们当老师的要给她爱和支持，鼓励她让她相信自己会有一个光明的未来；作为一个集体，我们班级每一位学生都要关心和爱护她。用爱去呵护心理抑郁的孩子，让他们一路阳光。

关爱学生，用温暖滋润学生的心田

2018级导游4班班主任　邓德智

一、案例背景与概述

2019年10月，在任2018级导游班班主任期间，班级内“小阮”（化名）同学因为长达一个月血流不止而且嘴唇发白、面无血色的情况被室友发现，感到异常。“小阮”同学认为这是个人隐私问题，碍于脸面，发现不适并没有选择及时就医，寝室室友发现了这种情况及时劝其前往医院，我得知此情况后让同寝室友陪同“小阮”及时前往邵逸夫医院检查，检查结果显示她的红细胞只有正常人的50%。后确诊为再生障碍性贫血症，通俗意思上来说就是丧失了造血能力，后果极其严重。

二、案件分析与处理

通过检查结果以及后期与她家人沟通得知，“小阮”同学曾在高中就有类似流血不止的情况出现，这次幸好及时送往医院，否则将有生命危险。此事发生后，我第一时间与班助、班委们进行沟通，考虑到该同学病情严重需要住院，我便与班委商量轮班到医院去照顾“小阮”同学，又考虑到“小阮”同学是单亲家庭，家庭住址在吉林省，非常远，爸爸常年在外打工，家庭生活极其困难，治病医药费对她来说是笔天大的难题，于是我马上与学校沟通，第一时间号召校内教师同学发起捐款。同时，因为“小阮”同学的病情已经十分严重了，今后需要一直用药物控制才能维持基本的生活，我意识到这一点，便与同学商量将她的经历写在了“水滴筹”里面，渴望着更多的社会爱心人士能够伸出援助之手，后又呼吁身边亲朋好友以及行业内人士进行捐款，最后筹到了一笔不小的数额。为了让她能够积极面对并战胜病魔，空余时间我都会买些礼物探望她，给予她最大的鼓励，看着她状态一天比一天好起来，我心里的石头也终于落了下来。“小阮”同学病情稳定后选择回家静养，学校为她办理了休学，期盼着她病情好起来，将来能够再次回到校园里读书，“小阮”同学也被深深地感动着。2019 年 9 月，在“小阮”同学的强烈要求和渴望复学的诉求下，鉴于“小阮”同学的病情已经趋于平稳，我积极与学校沟通，和家长再三沟通情况之后，决定让“小阮”同学复学，与 2019 级同学一起学习进步，新生报到当天，她再次带着美好的期盼回到了校园里，她说非常感谢帮助过她的人，给予了她生命的希望。

三、案例反思与启示

在大学校园里汇聚的都是四面八方的同学，他们孤身一人离家出来读书很不容易，班主任应该深入了解他们的学习生活情况，特别是对于单亲家庭同学给予更多的关心，一些学生难免会在学习生活中出现一些问题，这时候就要我们肩负起责任，发挥最大的作用，及时主动地与同学进行交流和沟通，第一时间帮助他们解决问题。作为班主任最大的希望就是愿每一位同学都能平安喜乐，无疾无忧。

阳光的力量

2011 级导游 1 班班主任　芦　婷

一、案例背景与概述

2012 年 10 月，新生班长小曹因为工作失误，被班级同学排斥指责。多日来委屈哭泣，不知道应该怎样面对刚开始的大学生活，以及刚认识不久却显得咄咄逼人的班级同学。

学生们刚进入大学就会参加军训。因为工作和学习的原因，班主任和班助都不能跟随新生们一起军训。所以，一般新生班级都会在入学不久后由班主任或班主任助理指定一位积极开朗，热心助人的同学作为新生班长，处理班级通知、收缴材料的事宜。

新生班长要接收、转发并处理的通知非常多。但由于新生班长也是刚刚来校，对大学的校园生活、各项工作流程都不熟悉，跟学校里的各位辅导员、甚至跟班级同学也不熟悉，又因军训期间不能使用手机等原因，往往容易造成一些失误。

这些失误对普通同学来说却会造成较大的影响。同学们会因此问责新生班长。

二、案件分析与处理

事件发生的原因是因为小曹收到的信息太多，处理混乱，遗漏了其中一件事情。我处理办法是一方面及时补漏，联系相关辅导员或部门，帮助解决这件事情；另一方面做好班级同学的安抚工作。但这件事情最需要解决的是小曹与同学们的关系问题以及小曹的入学初期的心理建设。

我的做法是，对小曹个人，一方面帮她分析了工作失误的原因，客观地指出了她做事过于马虎；另一方面也指出了她担任新生班长以来的热情和努力是老师和同学们都看到的。工作足够努力，却失误频频，不能够完全做好，有一部分原因确实是她的能力上还有欠缺。能力有欠缺是正常的。没有人是完美的。如果她什么都会了，就不需要学习了。学习不仅仅是学习书本知识，也要学习如何做事，如何为人。只要知道自己前进的方向，我相信她会做得更好。一个人的优秀不是跟别人比较出来的，一个人的优秀是指今天的自己有没有比昨天的自己更优秀，要成为最优秀的自己。我建议她先从风口浪尖的新生班长位置上退下来，做我的小助理，以此来提高自己。她欣然接受了。

我开了一个班会，告诉大家新生班长的不易。多数的班级，新生班长都会在正式的班委改选中落选。因为大家都是一起来到学校的，大家都不熟悉，新生班长的工作很难开展，需要同学们多一些包容。当然，我也提出了小曹的工作过于马虎，给同学们造成了困扰，所以，她不再担任新生班长。

因为提前跟小曹沟通过，她很容易地接受了我在班会时候的说法。也因为让班级同学进行了换位思考，同学们对小曹也包容了许多。

三、案例反思与启示

这个事件后，以后每次带新生班，我会做几件事情。首先，在指定新生班长时会向全班同学说明新生班长的不易；其次，会要求班主任助理每天整理当天的通知，与新生班长发的通知进行核对。

对于一个班级来说，这件事情是件小事，班主任做好事情本身的扫尾工作就解决了问题。但对于一个学生个人而言，如果没有做好足够的心理建设，悲伤委屈、自我怀疑的情绪将困扰这个学生很久，会影响到她整个的大学学习和生活。

一年后再一次的班干部改选中，小曹成为班级的副班长。她后来一直积极参与社会实践和社会活动。她记住了我的话：即便是向日葵，它的背面也会有阴影。但是，我们要做的，不就是面向阳光，茁壮成长吗？

细微之处显关怀

2019级导游9班班主任　陆甜甜

一、案例背景与概述

我在一次与学生的谈心谈话中了解到，班里有一名女生家庭贫困，是单亲家庭，爸爸常年在外面打工，她从小寄养在叔叔家中，该生身体患病，需要长期吃昂贵的药物，仅靠父亲打工赚得微薄的收入很难支撑昂贵的医疗费。同时，又因药物作用，导致她身体发胖，该生多次减肥无效。好几次因为付不起医药费，中间停药了几次，导致病情加重。家庭的贫苦和身体的患病及肥胖，导致该生心理产生自卑和自我放弃情绪，不愿申请贫困生，更不愿让其他同学知道家里的处境。

二、案件分析与处理

得知此事后，我通过与该生深入交流，了解她的基本情况后，联系相关模块辅导员争取帮她办理贫困生申请，以缓解家庭负担。同时，多次与她交流谈心，帮助她克服自卑心理，走出自我否定的情绪。该生成绩优异，在高中就已拿到导游证。为了帮她树立信心，克服自卑心理，我鼓励她发挥专业优势，周末通过带团讲解增加实践经历，夯实理论，将所学的专业知识充分发挥。同时，也赚取费用，减轻家里的负担。事实证明，该生在带团讲解过程中，表现出色，提升了专业技能。同时，变得更加开朗和自信。

三、案例反思与启示

大学生正处于成长的关键时期，内心敏感又脆弱，由原生家庭或自身带来的压力，使得部分学生出现焦虑、自卑和消极的心理。作为老师，要正确认识、了解和理解学生的处境，引导学生正确认清自己，克服自卑心理，树立良好的心态。同时，尽其所能帮助学生解决实际困难，愿每个学生度过平安、充实而又快乐的大学生涯。

细微处显师生情

2019级导游1班班主任 童海洋

一、案例背景与概述

导游专业女生小X（化名）在班级中安静、内向，成绩并不是很突出，存在感比较低，平时省吃俭用，生活较为朴素。在开学初的一对一聊天中，该生反映自身家庭经济状况正常，在校与同学关系融洽。在某法定假期前一日，我偶然在其朋友圈看到一组某共享单车骑行路线图，推测出她骑车回家（非杭州地区）。

二、案例分析与处理

作为班主任，看到朋友圈内容后，我第一时间询问了小X的室友们该生的在校生活状况。根据室友们的描述，其生活状态较为正常，但是有时候会"因为不饿"，连续不吃晚饭。室友推测可能是因为经济原因，但考虑到她的面子，没有追问下去。由于这些信息和期初谈心内容不对等，某天放学后我单独在办公室和该学生交流，询问了她是否生活有困难，是否需要帮助。在一番敞开心扉地促膝谈心后，该生道出学期初因为面子问题，没有将家庭困难上报，也没有申请贫困补助。同时，又道出她家庭经济状况较为紧张，自己也放弃了想要专升本的念头，想尽早工作以帮助父母分担兄弟姐妹的学费等。经劝导后，我建议其主动申报贫困补助，安排小班助（有申请贫困补助经验）积极为其联系校内勤工俭学岗位和校外的实习带团机会，叮嘱其在不影响学习的前提下，可以出去兼职带团，增加收入并积累实践经验。离校前夕，在华东踩线的实训过程中，每位学生都被要求站在大巴前部，作为导游为大家进行一段讲解，小X的讲解自然、专业。她拿起麦克风开始讲解的那一刹那，和她在学校安静的形象形成鲜明的对比，令所有同学刮目相看。我抓住这个契机好好表扬和肯定了她一番。毕业后，从其和其他同学不经意间的聊天得知，那次单独谈话让全班都觉得，班主任是个细心的人，非常关爱学生。

三、案例反思与启示

班主任应该关注每一位学生的动向，了解每位学生的学习、生活状况，做好学生在校期间的“家长”。从细节、点滴中了解学生、帮助学生，既能让学生体会到温暖和关爱，又能为学生树立导游执业中“细节中体现服务”的理念。

每位学生都有自己介意的“痛点”，可能是经济方面，可能是学习排名，也可能是身高、容貌等。班主任应该尽可能去了解不同学生的性格特征，找到他们的“痛点”加以关注并避免触碰。同时也要善于发现学生的“喜悦点”。在和同事的日常聊天中得知小 S（化名）在课程中引用了一段“网红导游”的抖音视频内容作为讲解词。任课老师对其讲解内容进行了一番批评。鉴于对该学生不太自信性格的了解，我立即私信该学生，肯定她课外寻找各类资源的学习态度，也强调了任课老师的专业性，并告知其任课老师没有恶意，希望她继续努力，多多发掘各类资源，但需要增加验证准确性的环节。在毕业典礼上，小 S 表达这件事情对她很重要，因为这份适时的鼓励帮助了她走出了当时的彷徨和低落，激励了她继续学习，并在那个学期取得班级前三的成绩。

班主任工作也是一个学习和成长的过程，我们也要及时总结工作中的经验和不足，尽最大可能助力我们的学生健康快乐地成长。

让阳光温暖心田——基于资助工作个案的思考

2013级会展3班班主任　曹慧群

一、案例背景

张三（化名），男，来自浙江偏远农村。家中父亲早逝，母亲一人务农抚养他和姐姐，家庭经济十分困难。大一入学时仅仅交得起2000元学费，生活费基本靠入学后申请的国家助学金维持。该生性格内向，在平日与其谈心谈话过程中，我发现该生存在较强自卑心理。大一第一学期期末考试不理想，他便以为大学三年从此与奖学金无缘，负面和消极情绪蔓延。周末想打工赚钱减轻家庭负担，谁料遭遇诈骗团伙，被骗一千余元。经过这一系列连环打击，他产生了强烈地对现实失望、对自己否定的不良情绪，甚至出现了旷课的消极现象。

二、案例分析处理

在我的印象中，他是一个内向乖巧的男生，见到老师总是彬彬有礼。同时特殊的家庭情况也让他变得早熟。作为家庭的希望，他是想通过努力读书奋斗来改变命运。但通过平日的观察以及与他的深度沟通后，我认为导致他否定自己、产生负面情绪的原因有如下几点：

第一，对大学生活的不适应。刚进入大学，面对陌生的环境和新事物，对学费和生活费的苦恼取代了享受这一切新奇的心情。他一个月只有四百元左右的生活费，生活拮据。通过观察，我发现平时上课或早晚自习他总是一个人坐角落，参加活动也并不积极。学习和人际交往的不适使得他并没有对原本憧憬的大学生活留下好印象，失望和落寞伴随他，同时，也更加加剧了他对人际交往的不自信。

第二，家庭期望带来的巨大压力。作为家中唯一的大学生，他承担着家庭的全部希望。“上大学就是为了拿奖学金”是他给自己设定的目标，可连续两个学期考试成绩不理想后，他满心失望。他一方面想为母亲争光，让亲戚们对他刮目相看；另一方面十分心疼母亲，可又只能心痛却帮不上忙，无形中给自己施压要出人头地，因为内心的敏感和家庭各方面的压力，造成他迫切地想成才却又无法实现的痛苦。

第三，自卑单纯造成社会认知偏差。一个从未涉世的大学生，对社会、对大学充满美好愿景。初来大学，既没有给他一个完整认识社会的机会，也没有给他单纯想象中的那个“社会”作一个修正。怀着给减轻家庭经济负担的想法，周末空余时间跟几位“学长”做淘宝刷信誉，结果遭遇诈骗团伙，银行卡里仅余的一千元生活费全被骗走。在他涉世未深的心灵里，负面因素占据了主导，造成了单方面对社会认知偏差，他无法看到社会真善美的一面。

针对以上分析，我主要采取了以下解决方法：

第一，创造机会，提升自信。入学之初我便非常关注该生，不但因为他确实是所有学生中最困难的一位，而且他的朴实和真诚让人印象深刻。作为班级仅有的两名男生之一，我委任他作为班级安全委员，并常常关心学习生活上是否有困难，在得知他有多门课成绩不理想时，及时给他做心理疏导，并传授一些考试技巧。

第二，现身说法，引起共鸣。当家庭和学业压力接踵而至导致他有旷课、退缩等消极情绪时。我现身说法，分享一路成长历程，其中在面临挫折、辜负父母期望时的内心感受和解决方法，以此让他产生共鸣，并让他明白挫败感是走向虚空沉沦或者迎接成功希望的分水岭，经历挫败，从挫败中学习，是一个人成长、成熟的必经之路，也是大学的必修环节。最终，他告诉我，他确实心理素质不好，还有很多不足。经历这一切后，他对自己进行了深层次的剖析，也有了正视挫折的勇气。

第三，积极引导，感受美好。自他兼职受骗后，对社会充满了不满和失望。在他眼里，没有关系，再有真本领也不可能找到好工作。我拿出很多家庭状况跟他差不多的同学实例，让他相信通过自己的努力拥有一份满意的工作，前途同样是一片光明。社会确实有阴暗面，但我们可以不去触碰它，因为靠自己真本事闯出一片天的人还是占据大多数的。此外，我鼓励他参加志愿服务活动，在给他人带去帮助的同时感受到来自社会的真善美，在助人中提升自我价值。

三、案例反思与启示

第一，资助育人相结合。对于贫困生来说，不但要从经济上给予支持，帮助其渡过生活上的难关，更为关键的是帮助其树立正确的三观。生活上的困难用助学金等就能解决，而精神上的成长、成熟则需要长期的教育和关怀。对于“90 后”的贫困生来说，他们中的大多数并没有“要、等、靠”依赖心理，他们比其他学生更追求独立，更渴望通过自己的智慧和能力来立足。因此，对于资助工作，除了经济上的帮助，来自精神和能力方面的资助应该成为学校贫困生资助体系的一个重要环节。如果说经济上的资助是果实外面包裹的那层华美外壳，让贫困生免受外力的侵袭，那么精神和能力的扶贫就该是给果实内核注入的强劲动力，促使其生长、成熟。

第二，在助人中实现自助。班级很多贫困生不止一次地跟我提到希望去做志愿服务或义工，去帮助同样贫困或有需要的人。这一点很让我感动，也让我反思。因为很多时候我们总是考虑如何帮助他们，让家庭条件相对较差的他们获得更多经济上的帮助，却忽略了他们内心渴望被认可、被尊重、被需要的诉求。因此我鼓励班级同学积极参加学院组织的志愿服务活动，让他们将爱心传递出去，在助人中感受到自我价值，以期通过资助来实现育人。

用爱心帮扶贫困生

2012 级西餐 1 班班主任　华路宏

一、案例背景与概述

入职以来，本人带了三届学生。其中印象较深刻的是 2012 级西餐 1 班，担任班主任期间，我班有十几名贫困生，其间，本人密切关注困难学生，给予关怀和力所能及的帮助。作为班主任，成功帮助一名贫困生提高外语水平并协助她赴海外实习，实习完毕，该学生留在海外就业。

二、案例分析与处理

记得有一名来自湖南的贫困生，最令我印象深刻。报到当天由父亲及资助人（萧山人）送到校，父亲身穿打补丁的衣服，挑着扁担，学生本人衣着极简，发色呈现出营养不良的黄色。后来我才得知，学生和家长是第一次离开湖南，浙江是他们去过的最远的地方，不光是因为家庭贫困无法负担外出路费，从村里通往外界的交通也十分不便。挑着扁担的父亲见到我后，一再请求我多关照自己的女儿。

学生入校后，在各方面都表现出比普通学生更不自信与弱势，平时沉默寡言，在班主任及任课老师面前更是异常紧张。作为班主任，我格外关注这个学生，为减缓她的紧张和不自信的情绪，再加上我又是任课老师的天然优势，我总是制造轻松的氛围与学生聊天。2012 级西餐 1 班是个有爱的集体，大家没有对贫困生有任何的歧视，都极尽所能提供帮助，小心呵护贫困生的自尊心。渐渐地，学生放下戒心，愿意敞开心扉。在与学生沟通过程中，我得知她背负助学贷款，想通过提前实习解决自身和家庭的经济压力。为帮助学生，我对学校政策和项目进行研究，发现海外实习项目比较适合该学生。在我的引导下，学生对海外项目的态度由刚开始的觉得遥不可及，到愿意尝试。首先，解决学生语言问题，在课上课外，帮助学生提高英语水平及面试技巧。派出的手续费及机票费用对学生来说也是笔不小的开支，所幸在持续沟通下，学生的资助人愿意提供资助。在大家的共同努力下，学生于 2013 年通过阿联酋项目的面试，于 2014 年出境。作为班主任，在学生境外实习期间，保持与学生的沟通，从刚开始的不适应到实习结束后主动留下就业。通过境外实习项目，学生提高了语言能力，大大提升了自信心与沟通交流能力，对自己的未来也有了规划。更可喜的是，该学生还清了助学贷款，并且有余力帮助父母共同承担家庭开销。

三、案例反思与启示

当班主任数载，带了三届学生，我心中满满都是感动。感动于学生的成长，由大一新生的稚嫩到大三实习归来的“成熟”。感动于学生的友爱，由大一的素不相识到毕业聚餐的对酒当歌。与其说班主任给予了学生很多，不如说学生赋予了班主任神圣的职能和爱的能力。

用心用情爱学生

2013级西餐2班班主任　卜俊芝

一、案例简介

孙同学是一名大一学生。该同学的父母在车祸中双双身亡，家中还有80岁的老奶奶，家庭经济状况非常困难。上大学的费用是依靠助学贷款和亲戚凑钱来支付的。

刚进入大学时，该生性格比较内向，话语不多，平时生活很简朴。较少参加学院组织的活动，不过他学习很认真，成绩优良，与同学相处也比较融洽。大学一年级的下学期，他时常逃课，找他谈过话，但是效果不明显。突然有一天，他提出了退学的申请。询问具体原因时，他只说家里经济比较困难，自己也实在不想再读下去了，对我们这个专业也不太有兴趣，想早点进入社会赚钱。

后来，与寝室同学的交谈后，才得知原来孙同学的奶奶突然病情加重，住进医院，需要一大笔费用。因此，孙同学想减轻家庭负担，于是决定退学，找份工作赚钱给奶奶治病。

二、案例分析处理

家庭经济状况经常是造成贫困生心理问题的外部因素，家庭的窘迫、借款的压力与还款的忧虑交织在一起，导致贫困生心理上焦虑重重。有些贫困生在心理上表现比较敏感，自尊心特别强，对于外界的帮助并不是很乐意去接受；而有些贫困生恰恰相反，会过度依赖于别人的帮助，甚至会造成他们不劳而获的心理。孙同学平时还是积极努力去生活，所以，我慎重考虑了这件事情，反映到系部，系部决定帮助孙同学。

首先，为该生申请了特困助学金，用于帮助他更好地完成学业。

其次，为孙同学争取了一个勤工俭学的工作岗位。这样在一定程度上解决了他的基本生活，让他可以安心学习。

第三，我们通过入学时孙同学填写的家庭联系方式资料，得到该生叔叔的联系方式并取得联系，让他劝说其继续完成学业。

通过班主任和辅导员的分析与劝说，孙同学接受了老师的建议，对生活和学习充满了动力，他还换了一份校外的兼职，主要时间是在周末，不影响正常上课学习，同时，他学习更加刻苦，非常注重专业知识的实践应用，希望毕业后能找到一份合适的工作。目前，该生的性格变得开朗了很多，和同学还会开玩笑，对自己的未来也有了规划。

三、案例反思与启示

通过这件事情，孙同学的生活态度和学习状态有了很大的进步，他的人生轨迹也发生了很大变化。这件事情不仅是对他在大学期间物质上的帮助，对他的思想和精神方面也有了很大的促动。我们平时用心真诚地做的一件小事，有时会对一个学生的一生带来很大的影响。帮助一个学生不仅从物质上，还得鼓励其积极参与各类活动，全方位提升综合素质。

帮助一个同学，有时可以促进整个班集体的团结，促进同学们之间的关系，促进他们相互帮助。接受帮助的同学是感激的，帮助别人也是快乐的。一件事情的经历，比千句言语的教育要有效得多。

让贫困学生的冬天不再寒冷

2010级西餐3班班主任　徐　迅

一、案例背景与概述

1996年9月，我担任了一个特殊班级的班主任，这个班级36名学生中有1/4学生来自经济欠发达地区，其中有2位同学家境特别困难。小亮（化名）同学身形瘦弱、性格内向、衣着简朴，引起我的关注。我发现他吃饭时不喜欢与同学一起，经常只买1个素菜，经了解，他的生活费非常有限，只能满足最低温饱水平。还有1位小格（化名）同学，性格豪爽要面子，经常有违纪行为，有一次生病医生要求他住院，他却坚持不住院。

二、案情分析与处理

了解了小亮同学的日常生活之后，我觉得在他年少时期因缺乏营养导致身形瘦弱，进入大学后不能再缺乏营养了，我就不定期地给他一些生活费，从家里带来我自己的衣服给他。小亮同学寒假返校会带些黄豆、芝麻等土特产给我，我欣然收下。三年中，我让小亮同学明白贫穷不是他的错，我也欣喜地看到，大学阶段小亮越来越阳光。在小亮毕业后的某一天，我收到了一件衬衣和一封信，小亮在信中说："徐老师，谢谢您使我在旅院的冬天不再寒冷，今天请您收下我用第一个月工资买下的这件衣服，这是学生的一点点心意。"

小格同学生病却不住院，我向他了解情况后得知是没钱住院，开学时家里已经把生活费都给了他，也拿不出更多的钱，小格又好面子不愿向同学借钱，我马上替他交了住院费。临近毕业，所有学生需要参加技能等级考试，小格因为平时喜欢野性消费，早已把考试需要的费用用于请同学吃饭了，为了不让他毕业后留有遗憾，我替小格交了考试费用。毕业前，我跟小格有过一次深入的交流，希望他毕业后能励志成才，能感恩母校、报效祖国。遗憾的是毕业多年，小格却一直未与我联系，当同事得知此事后感叹说“为这样的学生，真不值啊”。可是我觉得值，因为学生会觉得学校是温暖的，不会在学校留下遗憾，他今后的人生应该是受用的。

三、案例反思与启示

在大学里，学生来自不同的地域、不同的家庭背景，自身又有不同的性格与生活习惯，作为班主任需要深度了解每一位学生个体的情况，及时发现问题、解决问题，使学生能平安幸福地度过校园生活阶段，引导学生健康成长。

在经历中收获成长

2019级烹调3班班主任　柏　凤

一、案例背景

2019年9月以来，在任2019级烹调工艺与营养3班班主任期间，班级内有学生“小潘”（化名），家庭经济困难。

开学初，我翻看学生信息情况登记表时发现，小潘同学紧急联系人一栏中填写的是表姐信息，于是进行电话家访了解情况。通过了解，小潘同学自小父亲亡故，母亲改嫁后失联，一直由爷爷抚养长大，家庭经济状况极度困难。通过与室友闲聊，发现小潘同学入学后一直在找兼职，目前正在利用课余时间做外卖员赚取生活费。了解到这些情况后，我找到小潘同学进行了谈话。

二、案例分析处理

（一）案件定性分析

本案例反映的是经济困难学生的帮扶问题。

（二）问题关键点

1. 多途径了解小潘的状态，充分把握其动态。

2. 如何帮助小潘缓解经济困境，专注学习。

3. 如何帮助小潘正视经济困难，树立信心。

（三）解决思路与实施办法

1. 走近学生，寻找突破口。通过电话家访、与其室友同学沟通交流后，我了解到他的成长经历与近期动态，心疼之余更重要的是帮助他解决实际问题，在刚开始与小潘的谈话交流中，他比较抗拒，自尊心较强，不愿跟我交心，后来我与他聊起小时候的成长经历，逐渐打开了心扉，将自己的经历娓娓道来。小潘很小时父亲病故，母亲改嫁后失联，一直由爷爷抚养长大，爷爷年近八旬，无任何经济能力，祖孙俩靠政府低保度日，小潘非常心疼爷爷，但又不想放弃学业，于是节假日便做快递、外卖等兼职赚取学费及生活费。在了解情况后，我为他分析困境，并且讲解了学校的资助政策，帮助他申请困难学生补助。

2. 持续关注，树立信心。鉴于小潘的要强性格，在直接的物质帮助之外，还需要充分尊重他的自尊心，让他树立信心。在帮他申请了贫困生补助，解燃眉之急之后，我又为他介绍了学校的勤工助学岗位，让他在学习之余用自己的力量赚取生活费，他也加入学校的教官大队来锻炼自己。我在平时的学习和生活中给予无微不至的关怀，让他感受到来自学校的温暖，并且鼓励他竞选班委，鼓励他积极申请加入中国共产党。

3. 耐心引导，做好规划。在与小潘的交流中了解到，小潘对自己未来的工作生活缺少规划。于是，我在帮助小潘树立了信心之后，耐心地帮他分析了专业的就业前景，引导他做好职业生涯规划，制定可行的行动路线。暑假在家乡当地的公安大队进行实习，在体验中明确就业方向。他现在已经明确自己的就业方向，毕业后要考取辅警岗位，接下来的一年实习学习安排也选择了在公安大队实习，为自己的心仪工作做好充分的准备。

三、案例反思与启示

（一）积极引导学生正视困难

贫困生是一个特殊的群体，他们往往会有自卑心理，在工作中要给予他们充分的关爱，走进学生内心，引导学生正视困难，卸下包袱，以阳光健康的心态面对学习。

（二）实时、动态掌握学生情况

作为班主任，要深入学生一线，密切关注动态，注重学生骨干的作用，构建畅通的信息交流和信息反馈渠道，做到实时、动态掌握学生情况。

（三）用心发现每位学生的闪光点

每个学生都是一个独立的个体，他们都有自己特点，要用心去挖掘他们的闪光点，为他们提供成长的平台。

小潘同学是一位非常优秀的学生，是老师们得力的小助手，积极参与各种校园活动，学生会、班委、教官大队等随处可见他的身影，通过自己的努力，多次荣获院级以上荣誉、奖学金、助学金等，现在的他不再因经济困难而为生活忧虑，有了更多的时间和精力规划自己的人生。

人生不会苦一辈子，但总要苦一阵子，不同的人生经历会收获不同的成长，经历越多，会让生活越加充实，也会让未来之路更加顺畅。

对班上缺失家庭之爱的学生进行阳光教育的深思

2018 级西餐 3 班、2019 级西餐 5 班班主任　高　晴

一、案例背景

小 C，现大二，是学院重点关注的对象，曾有多次自杀倾向，并实施过自杀行为，幸亏家人发现得早，没有成功。自小父母经商，家庭条件较好，但父母自小 C 出生就忙于工作，对他疏于陪伴，偶尔的接触也都是严厉的打击和批评，该生性格内向、孤僻，学习成绩较差，多门科目挂科，但是喜欢音乐，擅长唱歌。由于抑郁症，无法融入班级，休学一年后复学，现就读大二。

二、案例分析处理

（一）显性信息：

关键人物——小 C 父母；小 C。

关键事件——从小缺乏家庭的关爱；人际交流障碍；有自杀的念头。

关键结果——与周围同学交流几乎为零；在校期间多次想实施自杀。

关键原因——从小缺乏家庭的爱；封闭在自己的世界不愿意走出来。

（二）隐性信息：

核心问题是早期教育抚养人对大学生心理健康的影响较大，父母缺位，孩子缺乏安全感。首要问题是小 C 有自杀倾向。重点问题是立足当下，多方合力。

初步判断该生由于家庭早期抚养方式和教育方式错误，导致学生心理封闭，缺乏安全感。

（三）具体举措

1. 全方位了解情况，正视问题是首要

该生自入学以来，由于性格孤僻，在寝室抽烟，且属于高度关注对象，我

时常关心他。其室友反馈该生有多次自杀倾向，不与人交流，性格十分内向和脆弱，室友不知道他在想什么，但是多次对室友和老师说自己想自杀。他平时经常旷课，多门课程不及格，习惯性在寝室抽烟，被多次劝阻却不理睬同学们。只对音乐感兴趣。了解情况后，我将该此事反馈给学院心理辅导站以及学工办主任，给予出谋划策。

2. 实施个别化教育，阳光教育是核心

第一，鼓励该生积极参加集体活动，以音乐为切入点，鼓励他竞选班级文艺委员，参加学院十佳歌手比赛，多参加集体活动，积极融入集体，感受集体的温暖和快乐；第二，引用从小缺乏家庭之爱的事例激励该生，重塑生活自信心。

3. 践行温情教育，家校联动是关键

该生入校以来，学院给予高度重视和关心，引导该生。结合实际情况将该生现状及时反馈家长，要求家长高度重视，耐心开导，关注其心理变化，定期反馈情况。并对家长进行了家庭教育方式的科普，希望家长配合学生的成长和学校教育。

三、案例反思与启示

第一，要及时做好学生心理普查工作，建立家庭缺爱学生信息档案卡。工作中只有充分了解学生，才能找到学生存在问题的根源；只有关爱学生，才能积极思考，不推卸责任；只有具备完善的知识结构和储备，才能对症下药。

第二，要引导学生自我教育，树立生活自信，发挥内在潜力。鼓励学生，学会积极融入集体，逐步变得阳光，学会做自己的心理医生，发挥自己的闪光点，在自己擅长的领域中提升自信。

第三，实施个别化教育计划，给予更多心理关怀和认可。缺爱大学生因为心态问题，导致其心理及学习质量的差异，因此，针对此类大学生不同特点和学习的差异性，应实施因材施教和个别化教育。

第四，建立家校互动，有效“借力”，充分发挥家庭资源作用。

家庭问题是此类大学生问题的根源，“解铃还须系铃人”，因此，要联系家长，做到全员参与，全部到位，有效解除危机。

用爱赢得学生的信任

2017级商英3班班主任　丁志明

一、背景与概述

以前教过一个学生，名叫小王，这个孩子脾气暴躁，经常与同学吵架，回家作业经常不做，即使做了，也做不完整，书写相当潦草……每天不是任课老师就是学生向我告状。于是，我找他谈话，希望他能遵守学校的各项规章制度，以学习为重，按时完成作业，知错就改，争取进步，争取做一个他人喜欢、父母喜欢、老师喜欢的好孩子。他开始是一副爱理不理的样子，后来口头上答应了。可他一如既往，毫无长进，真是“承认错误，坚决不改”。此时我的心都快冷了，算了吧，或许他是根“不可雕的朽木”。但又觉得身为班主任，不能因一点困难就退缩，不能因一个差生无法转化而影响整个班集体，必须面对现实！我内心一横：不转化你，誓不罢休。

二、案情分析与处理

有一次在课堂上，见不爱学习的小王很难得地高高举起了手，我立刻请他作答，当时他可能是有些紧张，在回答时结结巴巴的，结果班上另一个同学小田当场笑出声来。我还没来得及作出反应，只听小王气势汹汹地冲小田吼道：“笑什么笑！”小田顿时止住了笑，可小王并未就此罢休，他立刻“气炸了”，把手中的课本往地上一摔，径直走向教室门口，甩门而出。见此情景，全班同学都愣住了。当时我迅速做出判断，首先要保证学生们正常上课，其次为了确保小王的安全，要立刻把小王找回来。于是我立即追出门外，叫住小王并告诉他现在是上课时间，如果因为他的缘故而耽误了其他同学的学习，会使本就不融洽的同学关系更增加一层隔膜。也许是担心成为全班同学的“公敌”，小王默默地跟着我回到了教室。在接下来的教学过程中我发现小王虽然人在课堂，却始终没有冷静下来，一会儿踢桌子，一会儿撕练习本。为了保证其他学生的正常学习，我引导其他学生继续集中精神上课，对小王采取了冷处理的方式。

下课了，我发现小王仍然没有“消气”，因此，先把小田找来，对他进行了批评教育，小田也表示已认识到自己的错误并愿意向小王道歉。又过了几节课，当我发现小王已逐渐冷静下来后，便将他找来谈话。他一进办公室便低着个头看地板，像是在找什么东西似的——我知道他已经做好被批评的准备，而且打算一如既往地“虚心接受，屡教不改”。于是我决定换一种方式：我拉住小王的双手，告诉他老师遇到类似的情况是会和他一样不高兴、很生气，对小王刚才的生气表示理解。听到我这样说，小王的眼神“亮”了起来，他抬起头注视我，一脸委屈地向我吐着苦水：“小田太气人了呀！”这时我知道，我已经取得小王对我的一份信任，拉近我们的距离。于是，我认真地做起了“倾听者”，耐心地听小王把话说完，并时不时地点头表示赞同。接着，我以“知心人”的身份与小王一同分析课堂上的做法，让小王知道他生气时的甩门而出、踢课桌、撕本子等行为对自己、对教学用品都没有好处，这样的生气并不“合算”，同时，告诉他“合算”的、我喜欢的做法是：让老师批评小田，自己可以生气但不做伤害自己身体、破坏教学用品的行为。见小王听得很认真，并认同我的分析，我再以老师的身份告诉他对于他发脾气的做法我不喜欢，学校的校规也不允许，同时，告诉小王我相信今后如果再遇到类似的情况小王一定会采取“合算”的，我喜欢的方式来处理问题，小王真诚地点着头，向我保证着。然后，回归事件本身，在谈话中鼓励小王宽容、大度，原谅小田的错误，并适时让小田当面道歉，使小王的宽容落实在行动上。在化解了小王与小田的矛盾后，我在班中进行了教育，表扬小王的举手发言、热爱学习以及宽容大度、虚心改正，也表扬小田的知错就改、真诚道歉，使全班同学都受到教育的同时见证“差生”小王的进步、期待他的下一个进步。

三、案例反思与启示

家庭教育方式的不当、自身的性格特点、学校教育不够完善等原因，使小王成为“差生”。有鉴于此，我认为可以从对小王本人的引导、加强学校与家庭的配合、对全班学生的引导三个方面着手，对其进行引导，加以帮助。同时，对于“差生”的转变需要老师花更多的心思寻找出路，找准方法。

在本事件中，我冷静思考，迅速反应，在保证课堂教学的前提下，以冷处理的方式给予小王冷静下来的时间，然后另寻时机与他进行谈心交流。对于此事，尽管我很生气，并知道该事件对班级学生有着很大的负面影响，但为了更好地使小王转变问题行为，我按捺自身情绪，以温和的口吻、亲切的话语、换位思考的方式换取小王对我的信任、排除小王对老师的对立情绪。同时，给予充分的时间、付出真心的情感，在谈话中让小王认识自身行为的不正确、了解正确的做法，并调动小王的情绪来原谅小田、并保证下不为例。之后，我再对班级学生进行引导，一方面让学生对小王与小田各自错误行为引以为戒，一方面见证两位同学的勇于认错与知错就改。下课后，我也及时与小王家长联系，由于家庭教育对小王的问题行为也起到了极其重要的作用。下课后，我与小王的家长反馈了事情的经过，在反馈的过程中，我放下老师的身份，不以“告状”的口吻而以朋友的角度表示自己对小王的担忧，消除家长对我的警戒心理。在博取家长对我处理该事件的方法的认同后，我努力争取小王的家长也就此事对小王稍加教育，博取家长对我工作的支持，争取家校教育的配合，促使小王的转变。使对小王的教育与转变更有成效。

我想，转变“差生”并非一朝一夕就能实现的目标。鲁迅先生曾说过这样一句名言：“教育是植根于爱的。”爱是教育的源泉，教师的爱心是成功教育的原动力，对学生的热爱、理解、尊重，是教育成功必不可少的条件。对“差生”更要讲究爱的情感、爱的行为和爱的艺术。爱学生，就必须善于走进学生的情感世界，就必须把自己当作学生的朋友，去感受他们的喜怒哀乐。有时一个关爱的眼神，一句信任的鼓励，都能赢得问题学生的爱戴和信赖，会使他们的潜能发挥出来。在这漫长的教育之路上，我们始终能满怀信心、爱心、耐心，抓住每个教育契机，认真、努力、妥善地把握它，“差生”变好一定不只是梦想！

如何转变“一根筋”的学生

2014级人力2班、2017级会计2班班主任　李卓君

一、案例背景

男生阿伟（化名）是我班上的一名学生，进校之后的一段时间我能看出他的与众不同。比如，他总是独来独往，从不与其他同学一起行动，总是默默的一个人去图书馆自习。同学们对他的印象是“孤僻”“难相处”，任课老师也评价他喜欢“钻牛角尖”，看待问题总是“一根筋”。久而久之，阿伟对大学生活越来越消极，成绩也不如之前，与室友的关系也极其不好。

二、案例分析与处理

通过与阿伟的交流，和与阿伟父母亲的交流，可以推断出阿伟的性格是日积月累形成的。阿伟的母亲对阿伟的掌控力很强，每次跟他通话总是提醒他不要玩手机，要把全部精力放在学业上，争取考上好的本科大学。从而造成阿伟的心理压力很大，一旦他遇到不解的事情，就会变得极其焦虑，处事方法就会变得极端。

得知这一情况，我首先与分院负责心理健康的老师取得联系，分析阿伟的各方面情况，以便对症下药。其次，我们多次与阿伟进行谈心，了解他的状态与困惑，并指导他缓解情绪的方法。同时，我也与阿伟的母亲进行了联系，希望她以后不再给阿伟施压，让他能在放松的环境下学习与生活。最后，我把此事也告知了班委们和阿伟的室友，希望以同学的身份对阿伟进行开导，尊重他，某些方面如果阿伟做得不当，也希望他们能够多一些谅解。

三、案例反思与启示

随着年龄的增长，大学生的心理已基本发育成熟，进入自律阶段。他们认

为自己已成人，竭力想摆脱对家长和老师的依赖，自尊心增强，往往自以为是。当有了不同意见或受到批评时，常常表现出对抗情绪，有的甚至有意不服从学校的管理和纪律的约束，放纵自己，不参加学校举办的各种集体活动，结果是影响了学业，也影响了自己的心理健康。由于大学生对社会、学校、人生及自身生活、学习片面的、不正确的理解导致的心理障碍，会严重影响他们的全面发展，应引起高校教师的高度重视。

（1）引导学生树立正确的人生观。人生观教育不能停留在理论上，应该以实际行为来做出引导，比如，我在此次事件中，经常与阿伟谈心聊人生，聊自己的生活经历，聊自己对这个世界的看法。

（2）活跃校园文化、开展好第二课堂活动。大学不仅是传授知识和技术的地方，也应是陶冶学生情操的场所。所以，我积极倡导阿伟多去参与学校的各项活动。

（3）开展心理健康指导。对学生进行心理健康知识的宣传和教育，解决他们在生活、学习、择业、人际关系、疾病和康复等诸多方面出现的心理问题，帮助大学生建立健康的心理，使他们能够正确对待在生活、学习和交际中出现的困难和挫折，保持良好的心态，有效地调适各种心理障碍，愉快地度过大学生活，圆满地完成学业。

做一个有温度的班主任——贫困学生的蜕变

2016级营销2班、2018级会计7班班主任　徐千惠

一、案例背景

Y同学，女，浙江临安人，市场营销专业。该同学是孤儿，家庭经济状况比较困难。她上大学的费用是依靠助学贷款和她爷爷奶奶务农赚钱来支付的。刚进入大学时，她性格比较内向话语不多，少与人沟通，平时生活很简朴。进校时就向学校申请了助学金补助。刚入学期间，Y同学很少参加学院组织的活动。突然有一天，她对我说自己有休学或者退学的想法。我询问具体原因时，她只说家里经济比较困难，在班级感觉没有存在感，自己也实在不想再读下去了，想早点进入社会赚钱。

后来，我经过与其他同学的交谈了解该学生情况后，才得知原来Y同学家人突然身患疾病，住进医院，需要手术治疗，这需要一笔不小的费用。另外一个主要原因是该学生在刚入学期间，语言表达能力不足，很少与人沟通，在班级总觉得别人对自己有歧视，对待大学生活目标不明确，面对周边同学极不自信。

二、案例分析处理

家庭经济状况是造成贫困生心理问题的外部因素，缴纳学费困难，只有通过贷款维持学业；家庭的窘迫、家长的无能为力、借款的压力、还款的忧虑交织在一起，导致心理上始终矛盾重重。自信心不强是造成贫困生心理问题的内部因素，有些贫困生在心理上表现比较敏感，自尊心特别强，对于外界的帮助并不是很乐意去接受。因此，我做出以下几点解决方法：

首先，温情感染，入微细致。安排同宿舍同班同学主动与Y同学说话、聊天，打消其心里会被人看不起的顾虑，鼓励其与同学一起参加班级活动，让

其感受到班级集体的温暖，逐渐消除其对同学的敌意。

其次，我了解到该同学在做微商创业，卖临安山核桃和自己做的小零食，就与领导一起商议决定给予一些创业方面的扶持，帮助她在校内进行宣传和推广。这样在一定程度上解决了她的经济压力，让其可以安心学习，同时，也不必为电脑等昂贵的学习必备硬件设备发愁。

最后，我们通过入学时 Y 同学填写的家庭联系方式等资料，获得她家人的联系方式，与家人取得联系，将学校的临时解决方案告诉家人，让家人同时也劝说自己的孩子继续完成学业。

经过一系列的帮扶措施，Y 同学大学三年顺利完成学业，毕业后在杭州的一家公司做销售，取得了不错的成绩，单位对她评价很好！

三、案例反思与启示

1. 对于心思敏感、自尊心比较强的贫困学生，单纯地围绕“贫困”这一问题与其交流，不但不能取得效果，还会挫伤她的自尊心，应通过与其交朋友或者通过学生工作介入的方式，使其树立自信。

2. 联合、发动班级普通同学、班级干部，关怀其心灵。对精神上的帮助比物质上的帮助要有效得多，让她的心灵能够独立自强、健康成长也是长远之计。同时，也是加强班级凝聚力的有效契机。

3. 学业上的指导和勤工助学相结合。注重学习，加强专业能力，为将来的就业打好基础；同时让她在校内能够勤工俭学，自力更生，通过创业来解决非当前的经济困境。

帮助学业困难学生走出困境

2010级导游1班班主任　陈建新

一、案例背景与概述

作为一名班主任，首先要有一种高度的责任心，用慈母般的心，深深地打动每个同学的心，还要具有一种雷厉风行的工作态度，根据新的形势制定好学生的职业生涯规划和近期目标、用共同的愿景引导学生，凭借高尚的人格感染人，言传身教，在同学中树立起模范形象，以竞争机制激励同学，用差异的教育方法培养学生，面对学习困难的学生要触动学生的积极性，抓住学生的思想动态，充分发挥班级干部的职能作用，引导班级同学更加努力学习，加强与人沟通的能力，培养学生树立正确的人生观和价值观，用自己所学的知识与实践相结合、用实际行动树立起学校和班级的良好形象，以便取得更大成绩。接下来让我们一起走进一个案例：

2010级导游1班某学生，男，该生在2012年秋季学期期末考试中英语导游讲解与领队英语两门课不及格。

二、案件分析与处理

通过与该生以及班级内其他同学了解情况得知，该生英语基础薄弱，对英语的学习兴趣不大，认为自己不适合学英语，大二开学初曾有过转到其他专业的想法。于是，作为班主任，我主要采取了如下举措：

（1）定期与该生谈心，鼓励他努力学好英语。

（2）组织班级内学习优秀的学生对该生日常学习进行帮助和监督。

（3）帮助该生收集、整理适合他的学习资料。

（4）在谈心过程中向该生介绍英语学习方法。

（5）鼓励该生多与任课教师交流，积极向各位教师请教对学习中遇到的困难的应对方法。

（6）帮助该生培养学习英语的兴趣。

为了帮助该生端正学习态度、提高学习成绩，我于当学期定期、多次找该生谈心询问他的学习情况。发现该生有学习懈怠的倾向时，对其及时进行规劝。通过谈心了解该生的思想动态帮助其端正学习态度。同学之间相互交流是行之有效的学习方法，班级里有许多成绩优异的学生，鼓励该生多与成绩好的学生交流学习经验，有助于成绩的提高。督促该生向听力成绩好的同学学习听力技巧；与口语好的同学一起对话矫正发音；与写作成绩突出的同学互换写作练习相互修改；向语法好的同学询问如何分析句式、段落、文章；向阅读好的同学学习阅读技巧、培养阅读中定位关键词和中心句的能力。推荐该生阅读资料室内适合该生的杂志、小说，逐步培养英语学习兴趣，提高英语阅读与写作水平。鼓励该生在课前认真预习、课上与老师积极配合，尽量跟上老师的进度，课间有不懂的问题及时向老师询问，课后认真做好复习，并坚持做好每门课的学习笔记。

三、案例反思与启示

（1）学好英语非一日之功，面对基础薄弱的学生不能操之过急，要以平和的心态与其交流，帮助学生发现学习中的问题，提出有效的解决办法。帮助学生树立学好英语的信心，向学生强调英语的重要性，使其正确对待、珍惜自己所学专业。

（2）班级整体的学风建设与每个学生的学习息息相关，定期召开学风建设班会，组织优秀学生学习方法交流会，有利于整个班级树立优秀的学习风气。只有在一个人人都积极向上、视学习为首要任务的班级里，才能带动成绩差的学生端正学习态度、努力学习，不断挑战自己、完善自己。

团结“群众”，依靠“群众”，解决“困难”

2019级会计2班班主任　陈方方

一、案例背景与概述

2012年10月，我在任2012级导游专业班班主任期间，在和班级普通同学进行日常生活情况谈心，了解班级学习反馈时，同学反映班级“小越”（化名）同学在大二全国导游资格证考试（以下简称“导考”）紧张备考期间有旷课和不参加学校“金牌老师”辅导培训的情况，且精神状态不佳。然而，对于一般准备“导考”的同学而言，这些“导考”的专业课都是辅导好时机，“金牌老师”课余时间的辅导课都是大家争相排队抢座的，另一方面，这位同学平时学习积极、学生工作认真，各方面表现良好，我瞬间感到异常。倘若这关键时间段，“小越”同学一直或长时间如此，极大可能会“导考”失利。“导考”失利对于导游专业同学的导游职业生涯而言后果严重。

二、案件分析与处理

得知这个情况后，先是和“小越”的平时关系较好室友、班级同学、学生会学生干部分别进行情况了解。顺着同学反映的情况，了解到“小越”同学家里发生突发事件影响到经济状况，家里经济紧张、压力大（具体细节也不便对同学对外细说）。“小越”同学也比较懂事，不想给父母增加压力，故而想通过打工分担家里一些困难。针对了解的情况，咨询学校奖助相关政策，该生暂时不符合贫困生相关扶助条件。鉴于时间紧迫，考虑“小越”同学的自尊心，一方面请寝室同学多关注动态、帮助及时给予复习帮助，另一方面单独找“小越”同学聊天，分析“导考通过”的重要性和利弊，并建议解决方案：（1）减少打工次数，保证充足的“备考”时间；（2）班主任借你钱保证这段时间基本的生活费用，你保证充足的“备考”时间，等合适时候再还班主任。不多言，片刻停留后，“小越”选择拿走了“信封”，顺利通过导考。大三快毕业时，我都快忘记了这个“信封”，“小越”到办公室开心地递过一个“信封”。

三、案例反思与启示

作为班主任最大的希望就是每一位同学都能平安快乐、学业有成，有成长有进步。班级每位学生的家庭、性格、期盼都有不同，即便同一位学生，其状态和情绪也会波动，不同阶段表现也有差异，班主任应深入了解他们的学习生活情况，特别是对于单亲家庭同学、家庭经济困难或有突发情况的同学给予更多的关心和关注。日常的交流和班级管理中，还应充分发挥班干部作用。同时，不忘团结一切“群众”（普通同学）的力量，第一时间发现班级角角落落的情况，及时进行交流和沟通，尽量通过政策和相关制度支持帮助他们解决问题，尽自己所能改善情况。

坚持正面教育，挖掘学生身上的闪光点

2018级空乘5班班主任　马庆楠

一、案例背景

班上有一位叫××的男生，头脑聪明、交友广泛，但该生一贯自由散漫、平日里我行我素，上课精神不集中、打瞌睡，还经常迟到，多门专业课考核不通过他也无所谓，心思不在学习上，这是一个老师口中的“刺头”生。而且寝室卫生从不主动参与打扫，轮值也不配合，碍于情面，室友也不好公开说他，但或多或少对他有些意见，时而向我“吐槽”。

二、案件分析与处理

面对这一类学生，作为班主任，千万不能放弃他，要摸清他的问题所在，在向室友、家长、好友全面了解学生的基础上积极探索问题症结所在，对症下药，找到适合他的教育方法。经过一段时间的观察，我对该生有了较全面的认识，发现他属于个性极强又爱面子的那类学生。面对该生，我从不直接批评，不会让他感觉到自己是老师“特别关注”的学生，有时犯错也会在教育的基础上给他找个台阶下，不会让他失去“面子”，久而久之他也明白了老师的良苦用心。经过一个学期的相处，逐渐与他建立起了信任关系，对我没有太多的距离感，有时还会主动与我分享近期的在校表现情况，我发现了该生点滴的进步，在期末总结班会上，根据本学期的表现表扬了他，同时，也指出他身上还可以改进的地方，他不仅听进去了，也虚心接受了。

三、案例反思与启示

作为学生，还是非常希望得到班主任老师的认可和鼓励的，班主任应该深入了解他们的思想、学习、生活情况，与学生建立起信任关系，做学生可以信任、可以交心的朋友。此外，教师要掌握教育的艺术，老师对学生表现出来的积极态度会潜移默化地影响着学生，也会指引着他们朝着更加健康向上的方向去努力去进步。总而言之，在学生心田播种期望，我们就会收获阳光与希望，自律、奋斗是青春最亮丽的底色，愿每一位同学能够心向阳光、满载收获，让每一分努力汇聚成前行的力量。

以大爱之心铸就美丽人生

2014级导游3班班主任　徐慧慧

一、案例背景与概述

2014年夏天，暑假即将走到末尾，新的学期款款走来。在即将到来的新学期，我将担任2014级导游3班的班主任。第一个任务是通过QQ群摸排新生报到情况，同时与放弃报到的学生做一些沟通交流以了解他们未报到原因，看看是否可以做点什么。当时我手头上整理出了一份3个人的名单，其中一位学生母亲的电话令我记忆犹新。由于这位母亲不太会讲普通话，我们的对话有些困难。我在与该家长紧张交谈中，大致了解到，这位学生生活在农村，母亲在家务农，父亲在外地打工，收入微薄，在参加完高考后，家里已经让她在村里一家工厂务工，准备就这样一直到她结婚生子。像这样来自家庭经济困难或父母文化水平较低的学生未报到的情况并不鲜见。作为班主任，我们有责任去引导学生或家长意识到学业的重要性，督促学生家长支持孩子顺利完成学业。

二、案件分析与处理

作为班主任，当我了解到这个情况后，我感觉需要和这位母亲交流一下孩子的未来问题。我跟她讲了很多道理，应该让孩子继续接受教育，追求更大的可能。但一开始各种大道理都无法说动她，甚至始终坚持一种抗拒交流的态度。但我没有放弃，作为一个母亲，也曾经是一个女孩，我想我和这位母亲以及这位还没有接触到的女生之间，是有天然的关联性的。特别是对于一个没有多少文化知识的农村母亲来说，可能孩子将来的婚姻生活，是她接下来最关心的问题。于是，我和这位母亲说，我自己也是一位母亲，我也有孩子，我想您一定也是希望将来孩子有一个好的婚姻、好的家庭吧？这时候我感觉她有些变化了。于是继续说，您可以假设一下，孩子现在就在工厂里打工，她接触到的人大多数也是打工的，那么她很可能也会在这些人当中找对象，将来的生活怎么样，你应该是可以想象到的。但是如果她出来读书，她遇到的就是大学生，到时候她很可能就能在这些人中找到对象，那么她的生活就可能会有很大变化。甚至将来对她的孩子来说，他们将来的生活就会更好了。听到这里，我明显感觉到了这位母亲心理的变化。于是，她告诉我，其实她也很希望孩子能出来学习，以后有更好的工作、更好的生活，但是她父亲坚决反对，而且她父亲是一个十分顽固的人，家里一向都是他说了算。所以这个问题最核心的是这个家庭里的男主角。于是我跟妈妈说，你先让孩子尽快给我回个电话，我先和孩子聊聊，再看看后面怎么办。

挂了电话后，其实我心里也不是很有底。但庆幸的是，自己的话真的打动了这位母亲，当天晚上，学生主动给我发了一条短信，我也非常激动。在交流中，我也得知了她自己对继续上学的渴望，她甚至在短信中请我帮帮她，帮她说服她父亲。当是我突然感觉到一个学生的热切期望和自己的责任，于是在学生发给我她父亲电话号码后，我又打通了她父亲的手机。在此之前，我也做了一些准备，如何针对这位父亲来交流。我发现这位父亲最在意的是经济问题，来上学划算不划算，将来是否能找到工作。于是，我和这个父亲交流的重点就是读书可以改变人生，最起码可以带来更多机会的问题，同时，着重介绍了减免学费、申请奖学金、申请校内兼职等方面的信息，翻着《学生手册》说了很久。最后，我终于说动了这位父亲。等到开学后见到这位学生，我已经觉得我们是朋友了。我对她也有更多的关注和要求，我希望她不要辜负父母的期望，也不要让父母认为我是个“骗子”，把孩子“骗”到了学校最终却没有任何收获。正好我也是自己班级的专业课老师，我会经常请这位学生在课上练习讲解，让她从一讲话就面红耳赤到可以自然讲解。有时候看到她出现了懈怠、懒散的问题，就会找她交流，给予鼓励和引导。两年后，这位学生变得更加自信，也顺利找到了中青旅的实习岗位，最后顺利找到了工作，并继续努力去考取教师资格证。

三、案例反思与启示

学生工作是一份“良心活”，作为教育工作者，我们应该多一份爱心、多一份关爱。我们的工作任务是教书育人，也是在为国家为社会培养栋梁之材。

我坚信知识不仅能够改变一个人的命运，也能改变一个社会的命运。引导孩子们抓住每一次受教育的机会并付之努力，人生将会收获更多。虽然这位学生并没有成为毕业生中的优秀代表，但是我想对她来说，人生有了完全不同的眼界和风景，相信对她个人的成长将是一个正面积极的机会。这也应该是教育的一种价值吧：不一定培养了多成功、多优秀的人才，却在一点一点改善着国民素质和农村孩子的人生。而这也是我做班主任工作的一个目标。

尊重学生，用爱心解决问题

2013级商英1班班主任　吴　洁

班主任是班级工作的组织者、管理者和策划者，也是学校的中坚力量和骨干分子，对良好的班风和校风的形成起到举足轻重的作用。班主任的工作可以说是艰巨而光荣的。要在工作中体会做班主任的成就感和幸福感，除了有一套科学合理、行之有效的班级管理方法外，还应该有智慧。

一、案例背景与概述

2013级的班里有位男生有段时间沉迷网游，经常迟到甚至缺课，泡在网吧“等待工会召唤”。知道这个情况后，我没有说教或者训斥他，而是找机会跟他谈心，帮他把课程的重难点梳理清楚。慢慢地他就收了心，学着合理地安排学习和娱乐的时间。

二、案情分析与处理

善于装傻的智慧。“人人有事做，事事有人做”，大家才能轻松。我们一定不要和学生比聪明，许多时候，我们应善于征求学生的意见，请他们出谋划策，积极参与到班级建设中来，这样他们才会觉得自己是班级的主人，而且可能比我们想得更周全。学生犯错了，我们可以学会装糊涂，批评教育要旁敲侧击，点到为止。自我教育才是真正的教育。大智若愚，上善若水，方能道法自然。

同样是这个班，有次精读课上，因为不够专注，几个男生惹得授课教师勃然大怒，课后老师领着他们到我这儿告状。在办公室，我没有急着当着几位老师的面批评他们，而是和他们一起接受了老教师的教育。事后，我仔细了解了事情的始末，分析老师发怒的原因，帮助他们明白老师的用心良苦，一起讨论了解决问题的方法，引导他们正确意识到问题的根源和补救的方法，真心诚意地向老师道歉，改变自己的学习态度，而不是强迫他们认错，然后老方一帖，继续消极怠学。

三、案例反思与启示

善于借力是智慧，要善于借助班级的力量。著名教育学家马卡连柯说："教育了集体，团结了集体，加强了集体以后，集体自身就成为很大的教育力量了。"班级的每一位学生，都是班级的主人，有了这种主人翁意识，他们自然就形成了强烈的集体责任感和荣誉感，会更加主动参与班级活动。学生的个性发展离不开集体，作为班主任必须要充分创设宽松和谐的氛围，在班级的集体活动和生活中，让每个学生充分展示自己，发挥自己的作用。每个学生都具有不同的个性特点，使他们融入集体，让他们认识到个人在集体中存在的价值是十分重要的。

评定星级班级的时候，我并不是主导者，以班长和班委为主力的参评小组担起了组织、策划的工作。从前期准备到实际演练，每一位同学都参与其中，配合参评小组，各司其职。每个人都发自内心地觉得这是班里的大事，是对自己努力的肯定，所有的辛苦都是值得的付出，真正全员出动，只有所有人不遗余力地付出，才有最后的不负众望。

善于蹲下的智慧，"蹲下来和学生说话"，就是指老师要在心灵深处平视学生。以学生的视角去看待世界，可以更好地理解学生。以平等的心尊重学生，更能赢得学生的心。蹲下来和学生说话，体现了老师对学生的尊重，体现了老师对学生认真又亲切的态度使学生和老师更亲近。因为爱的细节不仅能感染学生，更能教育学生。

第二章
应急有序，处置有方

那个差点被处分的退伍士兵

2015级酒管13班班主任　何立萍

一、案例背景与概述

班里有位男生名叫宽宽，是一位刚刚退伍的新生，第一学期就被选上了当副班长，主管班级安全保卫。他被全班女生称为最贴心的兵哥哥，做事非常靠谱，为此，我感到非常满意。可是两个月后某晚，学校保卫处来报告说体育馆有男生篮球队员之间有冲突，部分学生动手打人了，场面混乱，从监控找到了一位男生的身影，好像是我班宽宽同学。我一听感觉这情况太严重了，我立即电话联系了他，他回答我说，他是去围观劝架了，不是去打架，直呼冤枉他了，并且生气地对我说，自己是一位军人，不会做违反校规校纪的事。听着他委屈的声音，我先安慰他道：估计监控拍摄模糊不清，老师会帮你向上级主管部门反映，但若是你说谎了，老师也不会包庇你，要接受校纪校规处分的，你认同老师观点吗？他轻轻地回复我说：老师若是你都觉得我真打人了，那我不想读书了，我想回家乡了。因为觉得被学校处分了，我无法面对我的班级、我的家人，还有我的班主任了。我回复他，老师会在明天第一时间帮忙问清原因。

二、案情分析与处理

听完他的电话回复，当晚，我久久不能入睡，第二天就马上联系了保卫处和学工部，这毕竟是一件关系到学生成长发展的大事。学校两个部门负责人做事也是非常认真严谨，已经在紧锣密鼓地开展多方面的调查、访谈取证等，直到当天下午，情况基本明确。最后，证实了宽宽同学确实当晚出现在吵架现场的围观人群中，当冲突升级为打架后，他冲出来拉架，但当晚天黑，现场又比较混乱，所以误以为他是参与斗殴了。

结果出来后，我便立马找他来办公室了。我先告诉他调查的结果，让他紧张的心终于放下了，同时，也请他思考："整个过程你参与了拉架，此行为应该说是做得对，但老师认为你只是做对了一半，还有不够好的。""为什么？"他很茫然看着我，不知道那另一半是什么。我便缓缓说道：因为当时现场非常混乱，你一个人在拉架，虽然你还有一套防身术本领，但当时人太多，无法控制，若不是有保安巡逻看到制止，后果不知道会如何！所以，当遇上校园内围观吵架，你作为一位班干部、一名兵哥哥，更要分析局面会如何发展，会不会升级为校园群殴事件等。应该先拨打学校保卫处电话或者请旁观学生去找保安帮助；上前劝架的同时要大声对着围观和打架的喊："大家都住手，不能再打了，保安马上到了"。记住劝架时也要务必做好自身防护工作，学生的安全是第一位的。老师这样说，你觉得呢？他很认真听了，承认当时没多想，以后会吸取教训。

三、案例反思与启示

此案例中，我觉得首先是要第一时间听取当事人的述说，耐心听，不要武断下结论，批评责备学生。其次，可利用主题安全班会，对打架问题开展一些小组讨论，让大家知道打架的危险性后果、打架的干预处理预案等。一旦可能发生打架事件，应立刻知道自己该如何做，把打架消灭于萌芽阶段。最后，还需要结合专业特点等来进行演练，加深学生们对处理事件的印象：设想自己是一名酒店部门管理者，面对酒店客人在大堂内发生了打架斗殴的突发事件，你将如何处理？我们应从案例中得到启发，更重要的是帮助全班同学们掌握面对并处理突发事件的能力。

与时间赛跑，守护学生生命安全

2017级酒管11班班主任　莫　迟

一、案例内容简介

那是孩子们入校未满百天的一个周末，2017年12月9日下午3点左右，我突然接到班级生活委员的电话，看到小A室友背着小A同学前往医务室，我回应保持联系。刚挂了电话，小A室友来电，讲述事发经过：由于当天是周末，同学们一般会睡懒觉不吃早饭，小A同学也是。到了中午，小A没起床吃饭，室友们也不觉得奇怪。一直到下午，室友们打算换身衣服出去吃饭，喊了小A没反应，这下引起了室友的警觉。回想当天小A没出过声，赶紧凑近了喊，还是没动静，后来用手拍肩膀甚至推了推，依然没有反应。室友们发觉不对，立马背起小A送去学校医务室。医务室的医生经诊断后认为小A同学血压非常低，整个人处于昏迷状态，建议马上送医就诊。我提醒该生带上医保卡和现金，同时，联系班长跟进。送到邵逸夫医院后，学生电话告知情况很危急，小A呼吸微弱，需要马上抢救，需监护人签字。

二、案件处理过程

了解到情况后，我赶紧换上衣服赶往医院，同时，打电话给孩子家长、系部领导。当我赶到医院时，系部值班辅导员、班长、班委和室友都在，大家满脸担忧。医生说是糖尿病酮症酸中毒，如果再晚一两个小时送来，人可能就像睡着了一样，永远醒不来了。此时，小A刚从抢救室出来，处于监测中，能睁眼，但是没有意识，血糖值还是居高不下，低压较低。而我这边了解到该生父母在外省打工，当天无法赶到医院，该生亲戚将赶来代为照顾，但是可能要半夜以后。

班委和室友立刻自发提出轮流守夜照顾小A。随后，院领导、分管领导、系部负责人也赶来了，给予了我们力量与信心。第二天晚上，该生家人赶至医院。第三天，该生转入普通病房。

三、案例反思与启示

这件事我至今回想起来仍是心有余悸，毕竟是关乎学生生命安全的大事，所幸结局还算美好。回顾整个事件，有四个关键点值得注意：

关键点一：迅速反应。事发时间是周末，这是非常大的不利因素，如果是平时正常上课，学生如有异常肯定可以提前发现。好在室友反应迅速，发现不对立马背起小 A 从 4 楼赶往医务室，同时，将医生的诊断结果第一时间告知给我。

关键点二：及时沟通。我在知晓事发经过后，第一时间联系家长、系部、班委，做好沟通的桥梁，及时向家长告知动态情况，要求家长赶来的同时承诺我会全力配合医院这边的相关要求，希望大家稳定情绪，沉着应对；第一时间向系部、上级汇报情况，听从安排、采取行动；联系班委，团结一切力量，为应对其中的突发情况提供力所能及的帮助。

关键点三：团结一心。无论是学校、班级、家庭，各方力量团结一心共渡难关。校领导亲赴现场给予了心理支持，系部的沟通指示给予了组织支持，家长的理解配合给予了情感支持，学生的迅速反应给予了力量支持（与小 A 身高体重差不多的室友，硬是一口气从 4 楼将其背下来赶往医务室；在我还未赶得及到医院时，学生已自发筹钱替小 A 缴纳了上万元医药费；得知小 A 家人无法及时赶至医院，同事、同学自发轮流守夜）。

关键点四：及时总结。小 A 转移到普通病房后，我第一时间组织召开班会，告知同学们客观情况，避免恐慌情绪。同时，以该事件为引，开展安全教育和突发事件应对处理教育，引导学生做到遇事不慌张、不急躁，沉着冷静积极应对。

如何处理突发寝室矛盾

2011级酒管1班班主任　周永青

一、案例内容简介

班级学生宋某与同班同学江某发生口角后产生肢体冲突。具体情况如下：两人在玩网络游戏过程中因配合问题，导致宋某输了比赛，因此，两人发生言语冲突，并有推搡行为，经过多名学生劝说，两名学生才停止过激行为。

二、案例分析处理

（一）案例解决措施：

1. 查明原因，安抚双方情绪

在事后倾听双方讲述事件发生的起因与经过，应查明事情原因，再做后续处理。处理问题的目的不是惩罚，不是安抚，而是教会学生寻求解决问题的办法，教导学生避免用武力平息自己的怒火，使陷入争斗的学生学会冷静克制并协调彼此之间的分歧。

2. 第一时间与家长通报实情，消除误解

由于宋某、江某违反校规校纪，作为班主任我第一时间让两人写出整个事件的行为自述，并立即通知其家长，请家长到校约谈，对事情发生的客观经过，依校规校律等相关条例处理本次打架事件的情况做了通报，家长认识到了事情的严重性，会同分管安全的辅导员一起做学生的思想教育工作，取得了很好的效果。宋某、江某认识到了自身的错误，相互道歉并重归于好。

3. 召开班会，提高学生认识

整个事件处理后，我会同带班辅导员立即召开专题班会，组织学生讨论、交流预防和解决寝室人际交往矛盾冲突的具体方法，鼓励学生加强沟通，一起讨论寝室生活中的矛盾或冲突，引导学生学会站在对方角度思考问题，教学生正确应对负面情绪，提高自我管理、自我尊重、自我反省和自我观察的能力。并提醒全体学生，如遇到人际冲突甚至暴力时，其他同学应立即制止或劝阻，不能袖手旁观或大声鼓噪、吆喝，故意扩大事端。

（二）案例思路和建议

1. 慎重处理寝室打架事件，疏导学生情绪

在本案例中，作为班主任，我在第一时间找到打架的两名学生，没有用简单的批评、指责方式，而是分别倾听学生讲述事情经过，站在学生的角度处理问题，体会学生的情绪和想法，理解其立场和感受，将体谅和尊重放在首位，在学生犯错误、痛苦难熬的时候给予忠告，不仅解决了事件，还给予了学生温暖，学生更信任老师，愤怒、不平衡的情绪得到平复，便于学生快速冷静，重拾理性，有利于突发事件的终止。

2. 规范应急事件处理程序，消除后续隐患

班主任在做好班级稳定管理和学生思想教育的同时，将家长第一时间请到学校，当面通报事件经过，避免学生向家长陈述事情时有所隐瞒，造成家长对学校处理意见产生误解的被动后果。同时，让学生写下书面材料，若两人再犯也有依据采取较严厉的处罚措施，这也是班主任工作过程的重要证明。这种规范的操作程序既能避免学校陷入被动的局面，又能对学生产生警示作用。

3. 及时关注人际交往冲突，提高思想认识

事件处理后，我又在班级召开了专题班会，从寝室打架事件中发现学生在处理人际交往冲突方面的思想误区，借助班会统一学生的思想认识，对预防和制止类似事件有着重要作用。通过提高思想认识能够引导学生正确、冷静地对待和处理类似情况。另外，对旁观学生也做了思想教育，要求学生遇到类似的冲突事件时发挥积极的协调作用，及时制止事态进一步扩大，避免演绎成更严重的暴力事件。

4. 重视学生思想状态，提高学生人际交往能力

在整个事件中，我抓住了寝室冲突事件的深层次原因，发现了学生思想中比较普遍的问题。寝室矛盾十分普遍，如何正确处理人际关系是目前大学生感觉困惑的难点，这与目前大学生的整体思想素质有关，他们情绪易激动，自尊心强，习惯从自身角度看问题，再加上中学应试教育造成的人格教育缺失及家庭教育造成的人际交往能力欠缺，使高校寝室成为矛盾冲突发生的密集场所，

这是亟待高校引起重视的深层次问题。

5. 加强法制观念教育，消除冲突事件发生隐患

学生寝室冲突事件还暴露了学生对于打架事件的无畏心理，因此，应该加强学生的法制观念教育，让他们认识到打架可能带来的严重后果，树立底线意识，明确不能逾越的界限，学会用冷静、克制、理性的眼光看待问题，不敢轻易触碰法律、校规校纪，树立牢固的法律意识，这样才能有效杜绝类似冲突事件的发生。

6. 注重学生品德建设，引导学生保持平和心态

学生间容易发生冲突，最根本的问题是做人，没有品德修养意识，自身的思想、品行、观念会发生偏移，看待人和事就会发生偏移，不平衡的心态就会产生，不冷静的行为就会出现。因此，要高度重视学生的品德建设，引导学生学会做人，树立学生正确的世界观、价值观和是非观。在网络发达、正负面信息大量涌入的形势下，高校品德教育的主阵地应发挥积极正面的宣传作用，研究新形势下的德育方式和途径，引导学生做诚信、文明、理性、谦虚的人，学会做人。

三、案例思考

如今，很多学生都是独生子女，各自有各自的脾气，学生间容易发生冲突，在这种情况之下，身为他们的辅导员应该在劝解、化解矛盾的同时发现事情的本质，从根本上去解决和预防此类型事件的再次发生。同时，应该在平时的学习和生活中多关心和观察学生的思想动态，第一时间了解学生内心所想，这样才能真正地避免学生之间矛盾的产生。

总是请假的实习生

2010级酒店管理4班班主任　赵永红

一、案例背景

在北京某酒店实习的A同学，已经联系我好几次，表示她需要请假回家，该同学在校期间表现一直比较优秀，而且还是实习小组长。当时我也觉得同学如若家里确实有事，只要与酒店沟通好，符合酒店请假制度就可以了。但是酒店方回复说该生已经请过好几次假了，不能再请了。当时我还觉得比较奇怪，该生之前也没有和我提过请假的事情，通过电话联系该生一直在讲其奶奶生病没人照看，需要回家照顾。之后，我又联系了该生父母，母亲讲夫妻二人都在外地打工，没有听说奶奶生病，我当时感觉有些不对劲。之后，经过再次与酒店人资部沟通，以及与在该酒店实习的其他同学了解情况，得到的消息是该生与同在酒店实习的一位男生B在谈恋爱，而且处得比较火热。我又问了其他同学，感觉他们都闪烁其词，具体情况不是特别确定。

二、案情分析与处理

通过侧面了解，A同学怀孕了，当时我感觉非常震惊和愤怒，感觉是自家的孩子受到了欺负，真想马上到北京去把情况弄清楚。但是冷静下来后感觉不能这么冲动，还是要制订一个妥善的处理计划。我第一时间向系里的主管领导进行了汇报，共同制订了处理意见，具体由我来进行推进。当时确定的处理原则是既要保证学生的身心健康又要保证学生能够正常毕业。首先，我通知AB两位同学的家长到学校集合，商讨一下怎么办，A同学家长由于打工的原因一直不能按照约定的时间到达学校，觉得孩子没什么事情没有必要过来，当时我做了大量的沟通工作，他们才来到学校。双方家长到学校后，我请他们在学院的芳草地教工餐厅用餐，餐后利用餐厅的包厢，进行洽谈，双方家长在我制定的两个原则前提下进行了深入的交流，最后达成了以下共识：（1）A同学休学；（2）B同学写下保证书确保A的身体健康；（3）AB同学家长双方均会密切关注孩子的情况。

三、案例反思与启示

通过这一案例使我意识到，虽然到酒店实习出发前，我已经做了大量的安全教育工作，但部分学生还是经不起一些诱惑，容易犯错误，说明这方面的教育还是不够细致；另一方面，由于家长忙于生计经常会忽视对子女的关爱，让孩子感觉不到家的温暖，只要此时有人关心她，单纯的心灵就会放松警惕，身心容易受伤害；再者就是学生自己的问题，事情发生后，AB两同学也不知道该怎么办，一点心理准备也没有，只是一味地逃避，没有通过正常的渠道来应对，虽然毕业后他们组成了家庭，可以说结果还是好的，但他们也为当时没有积极面对解决问题感到后怕。最后的启示就是教育不只是学校老师的事情，同样要引起家长和社会的重视，三者要联动起来。

耐心、细致化矛盾

2017级旅行社经营管理班班主任　邓　进

一、案例背景与概述

我在担任班主任期间，一位女同学因为与同宿舍同学发生矛盾，要求更换宿舍，本来可以根据其意愿直接更换宿舍。后来，我考虑到更换宿舍容易，解决矛盾难，毕竟是同班同学，低头不见抬头见。我找这位同学谈话，了解情况，主要原因也就是因为一些小事，我想最终还是要解决这些矛盾。

二、案例分析与处理

第一步，我先做这位同学的思想工作，要求她从自己身上找原因，不克服这个困难，以后去其他宿舍还会遇到这种情况，如果能克服这个困难，自身也会成长很多。刚开始，她一再坚持要求更换宿舍并开始哭泣，等待一段时间冷静下来之后，我提出，可不可以先回去试着挑战一下自己，以包容的心态融入宿舍，这位同学同意先行尝试。

第二步，我私下找到与这位同学有矛盾的同学沟通，主要采取倾听的方式了解她们之间的矛盾，听过之后，要求她接纳这位同学，多帮助这位同学成长，在帮助其他同学适应集体生活的同时，自身也会有所成长。这个建议得到她的认同。

第三步，一周之后，得到反馈，两位同学都发来微信说矛盾已缓解，并成为好朋友。

三、案例反思与启示

我认为，多倾听学生心声、多与学生沟通，想办法解决带班过程中遇到的问题和矛盾才是关键，回避矛盾只会让矛盾越积越多，所以，我认为，在沟通上即使花费较多时间也是值得的。

用心关爱患有抑郁的学生

2013级经管2班班主任　边喜英

一、案例背景

近年来，有关大学生抑郁的报道经常出现在大众视野中，因抑郁症导致退学休养甚至走上自杀不归路的大学生数量也在逐渐增多。在多年的班主任经历中，小A同学给我留下了深刻印象。她因高考失利进入专科，进校后一直因未上本科而心里纠结，到第二个学期情绪爆发，觉得自己遭受室友排挤，不进食，只哭泣，甚至有自杀的想法。经网上测评表测试，初步判定其为抑郁症。

小A同学在网上找了一个30多岁的男性作为自己的倾诉对象，长期处于不是给我打电话就是给网友打电话的状态，这样的状态持续了一个月。暑假期间该生父母并没有带她去医院检查，而是请大神到家里做仪式，抑郁症根本问题没有得到解决。

二、案例分析处理

案例初期，我在她宿舍里找到一位细心的班干部，帮助观察小A同学的动向，避免其独处并发展成自杀行为。紧接着，通过和其家长沟通交流，我了解到她原生家庭父母年龄比较大，没有其他的小孩，她是被抱养的，妈妈在村里开小超市，父亲在城里打工。我通过买书、上网找资料等方式分析出她存在自我认同偏差，要求太高，否定自己，爱钻牛角尖，社交孤独、与父母不会交流，同时我进一步了解了如何有效和抑郁症患者沟通。

后来，我还求助于学院心理辅导员，在班内外一起配合帮助她。在班里找到她还能说上话的一名女生和两位阳光男生，请他们多找她玩，一起复习准备导游资格考试，周末一起活动。之后，心理辅导员陪她去第七人民医院检查，她被诊断为重度抑郁，开始了药物治疗。后来，她脸上慢慢有了笑容，顺利拿到了导游证，考上了专升本，算是顺利度过了旅院生涯。

三、案例反思与启示

大学生抑郁发病率逐年攀升，作为班主任，我认为要从预防和帮助两个方面来行动，尤其做到以下几点：第一，班级要有班级文化和活动，多设计课堂外的体验互动活动，让同学们有事情做，建立归属感和荣誉感。第二，出现问题不逃避、不害怕，冷静面对并处理。第三，针对抑郁的学生，通过以下几个方式来帮助他们：（1）帮助其建立小团体，让焦虑和抑郁的学生了解他们并不孤单，抑郁症患者并不是很特殊的人；（2）引导抑郁的学生与其信任的人聊天，可以是一个朋友、家庭成员或老师；（3）必要时寻求专业帮助，比如学校的心理健康中心或者是医院里的专业医生。

做学生的知心朋友

2018级导游1班班主任　韩德琼

一、案例背景与概述

班级里有位女生来自东北，入学前患有抑郁症，她通过面试进入了实验班。她主动与我沟通，希望担任班委工作，通过竞选和本人自荐，成功当选为副班长。在大一下学期，她去企业锻炼时因为企业导师言语上的刺激下导致抑郁症发作，甚至产生了轻生念头，在学校寝室里误食大量药片。

二、案情分析与处理

事情发生后，作为班主任我第一时间赶到女生寝室，马上将女生送去邵逸夫医院洗胃，在女生清醒后及时安抚她的情绪，梳理了事件的来龙去脉。及时将家长请到学校，建议家长带着她去杭州市第七人民医院看病，安排她回家休息一段时间，同时和家长保持联系。

同时，我找相关同学了解情况，并与企业导师进行沟通，在班级召开班会说明情况。我和同学们说，在实际工作中，企业导师的某些言论也许不是很恰当，也许是一些没有恶意的玩笑话，希望大家可以一笑而过，不必太较真。在讨论阶段，也有部分同学认为对于患有抑郁症的同学，学校应该提前告知企业以降低风险。而我的观点是如果与企业和盘托出，会对该学生有所伤害，最终企业也许会拒绝给予该学生实习机会，甚至会影响到该学生的就业。最后，班会上大家达成共识，安排每个寝室的同学都录制一段集体的祝福视频，以缓解她内心的焦虑，让她感受到班级的温暖，尽快走出抑郁的情绪。

为了后期的社会实践能够顺利开展，我与系部书记进行了汇报并与企业商量，为她更换了企业导师。一个月后，该名学生从家里返回学校，考虑到作为副班长的工作压力，在征得她的同意后，我将她调换到心理委员的岗位上，使得她有机会接触到更多的心理健康讲座和心理疏导。我会经常找机会和她谈心，并送她一些小礼品，给她制造一份小惊喜，让她感觉到时刻被关注和照顾。在全班同学的鼓励和呵护下，该学生后期表现良好，也顺利完成了大学的学业。

三、案例反思与启示

当代大学生普遍存在着或多或少的学习压力和生活压力，抑郁的不少，我们需要采取适当的方式方法来处理，不能用任何歧视的眼光看待这些患有抑郁症的同学。

大学时期，学生是真正意义上的第一次远离父母，来到一个新的环境，难免会感到孤单与无助。作为班主任应该从细节处着手，经常与班级同学进行面对面的沟通交流，掌握学生的思想动态，走进学生的内心世界。

作为现代学徒制的实验班，大学生活和企业锻炼最大的不同在于，学生在大学里就相当于被保护在象牙塔当中，而当学生来到企业，如何在最短的时间内适应企业环境，具备与人相处的能力，获得良好的人际关系，就是最大的考验。

作为班主任，首先要保障每位同学都能身心健康地成长，但同时也必须把社会中可能存在的问题告知学生，毕竟班主任只能陪伴一时而不能保护一世。教给他们为人处世的道理和方法，让他们学会在风雨中成长为坚不可摧的个体。我也常常告诉他们："无论在学校还是以后在企业，有任何事情都可以找班主任，我的手机是 24 小时开机的。"

断卡行动——记一例金融诈骗事件的危机处理

2015 级景区 3 班班主任　汪　亮

一、案例背景与概述

“老师，同学们都打车去市区赚钱了！”

2019 年 12 月 10 日中午，学生小 A 急匆匆地来到办公室找我，“××保险公司说年底冲业绩，办一张银行卡就能领 300 元，我也想去。但之前上过您的安全教育课，我觉得事情没有这么简单，您看这个有什么风险吗？”

小 A 给我看了班级群转发的兼职信息，要求学生们办的是 ×× 银行和 ×× 保险联名的借记卡，办卡网点也真实存在，但几个关键点引起了我的注意：

1. 给学生发消息的人，微信名叫“优安人力（举报互封）”；

2. 要求学生现场办理银行卡；

3. 银行卡需要留给对方；

4. 有问题群里问，现场不能说话。

常年从事学生安全工作的经验告诉我，这不是一次普通的学生兼职活动。我马上放下手头的工作着手调查，发现一天前有同学在某微信群中发兼职信息，自称是 ×× 保险公司，为了年底冲量找学生去办理假入职，签订协议并办理其公司和 ×× 银行联名的借记卡，办理后银行卡需交给对方保管 3 个月，学生可以收到 300 元的兼职费。而此时，小 A 的室友小 B、小 C 等都已经出发去该保险公司了，他们认为学校有不少同学都已成功办理并顺利拿到了钱，觉得小 A 有点杞人忧天了。

二、案例分析与应对

1. 调查事件风险。听完小 A 的陈述，我立即联系了已经在市区“兼职”

赚钱的小 B。电话接通时小 B 已经在该公司办理好了银行卡。让我在意的是所谓的借记卡如果是信用卡，那问题就严重了。我让小 B 拍照发给我看，所幸确实是借记卡。看到结果我也有些迷茫，对方难道真的只是年底冲量？卡放在对方公司只是怕学生拿回去就注销？听小 B 反馈，当天在等着办卡的学生有 100 多人，那么大的量，不像是年底为了完成任务的刷量。那猫腻到底在哪呢？有问题找百度，我发动办公室辅导员在百度搜索“保险办卡有佣金”字样，终于一条信息映入眼帘“办张银行卡，就得 500 元？一条巨大的黑色产业链被曝光。”原来这些银行卡和办卡人的信息，最终会被诈骗、洗钱等犯罪团伙收购，成为他们转移资金的工具。

2. 迅速应急干预。了解此事的风险点后，我进行了如下应急干预：

（1）第一时间和已经在现场的小 B、小 C 说明利害关系，说服他们放弃这次 300 元的兼职之旅，马上注销银行卡，绝对不能交给对方。

（2）给某保险公司的总公司打投诉电话，告之该分公司正在开展的违规业务。

（3）联系学校保卫处，通过保卫处向全校其他系部发起危机警告，动员各系安全联络员排查已经办理或正在办理该银行卡的同学。

（4）向杭州市反诈骗中心、经文保大队报警，通过警方查明事情真相并对其他高校进行预警。

3. 后续安全排查。当场事毕后，我还进行了如下后续工作：

（1）通知各班学情联络员进行班级内排查，到 12 月 11 日上午，共计排查已经参与过该兼职办卡活动的同学 9 人，已经报名准备下一批去参加兼职的同学 15 人。

（2）12 月 11 日下午，我召集这些同学进行了一次集体谈话，告之此事的风险点，让已经办了卡的同学，尽快注销该银行卡；报名还没去办的同学，打消这种不劳而获的兼职想法。

（3）通过 QQ 群、微信群、班长团支书例会、职教云课堂（安全教育）等多渠道通报本次事件，提醒广大同学切莫贪小失大，注意自身信息和金融安全。

三、案例反思与启示

本案例表面上是一起社会不良机构校园欺诈诱骗大学生的案件，但其背后反映出两大问题：

1. 当代大学生获取兼职信息的渠道基本来源于网络；

2. 不劳而获、动动手指、轻松兼职的想法在大学生中蔓延。

对此，建议如下：

（1）理性兼职引导。辅导员要引导学生树立正确的价值观，学生面对兼职活动时应该先分析自身是不是适合此类兼职，有没有胜任的能力，和学校的课程安排是否冲突，对自身的专业提升是否有帮助，不能一味地只以赚钱为目的，害人害己。

（2）加强安全教育。辅导员要加强对学生的安全教育，通过谈话、班会、网络聊天工具、安全课程讲座等方式，让学生多了解诈骗的套路，让学生远离如刷单、刷信誉、微商模式传销等虚假兼职的坑害。

（3）定期网络排查。辅导员要组织学情联络员、安全委员等同学对班级微信群、QQ 群、百度贴吧等网络社交平台进行及时的监控和定期的排查，及时发现并删除此类高危风险信息。

疫情防控下学生矛盾的处理和寝室文明建设

2019 级会展 3 班班主任　殷晓晶

一、案例背景

2020 年 10 月 13 日晚，H 同学因当日其他情况造成个人情绪较烦躁，心态不佳。同寝室的 Z 同学在打球回寝后，与 H 同学聊天过程中因玩笑过度造成 H 同学情绪爆发，H 同学对 Z 同学进行推搡，在室友的及时阻止下，未造成人身伤害，但是在双方已经脱离肢体接触后，仍有言语挑衅。

二、案情分析处理

本次双方矛盾激化的导火索是聊天中的过度玩笑，而根本原因则是来自两方面：一是双方开学以来长期的小矛盾累积与发酵，因为该寝室是两个班级的混寝，前期矛盾发生时没有及时处理造成矛盾激化；二是寝室文化、寝室文明建设不够彻底。

在当晚问题发生后，寝室长及时通知了班长、团支书和安全委员，告知相关情况，由班级安全委员和团支书前往该寝室缓和矛盾，调节双方情绪。同时，班长在第一时间联系公寓的值班辅导员、学院学工办主任和我，使我对初步情况有了了解和把握，避免出现在我不知情的情况下发生重大打架斗殴事件。

在后续的处理中，我做了如下几项工作：一是第二天和两位同学及寝室中的其他同学进行谈话，力求做到全面客观地了解事情经过。经过前一晚上的劝说，双方已经初步缓解了矛盾，在经过充分的调解后，双方握手言和并对之前的行为进行了道歉。二是督促班长和团支书每天到他们寝室进行走访聊天，活跃寝室关系，随时观察是否有其他问题发生。三是进行寝室文化建设，通过团建、比赛、班会等集体活动推动寝室关系和谐，增强寝室集体荣誉感，该寝室还取得优寝及其他集体荣誉数项。

三、案例反思与启示

通过本次事件使我深刻认识到不同地域不同家庭所形成的不同性格的学生在寝室生活中可能会发生的隐形矛盾。同时，因为在疫情防控期间，长时间在校生活，无法合理安排生活中其他活动所造成的心理状态不佳、情绪烦躁等都可能激化寝室内部矛盾。

在该事件发生后，我首先，通过班委、寝室长进行寝室矛盾排查，将一些隐形的、一直存在的矛盾通过沟通交流及时了解并化解；其次，建立寝室突发问题应急制度，确保寝室矛盾不会扩大和严重；最后，开展多次心理辅导、班会等集体活动，积极督促班级同学参加校内活动，丰富校园生活，增强集体意识和荣誉感，最终班级取得了阳光工程星级班级荣誉。

心与心的碰撞

2019级旅英1班班主任　龚晨枫

一、背景与概述

2011年6月的一个晚上，八点多，我正陪着孩子上兴趣班，突然一阵电话响，“龚老师，我怎么办啊，哇——哇——”，电话里传来一阵大哭，我正要问清状况，“龚老师，是我，旺仔！”熟悉而又冷静的声音传来，“你们班的小小同学情绪突然有些失控，我现在送她去萧山医院，你看要是方便的话，也赶紧过来！”挂掉电话，安顿好孩子，我立刻驾车赶往萧山医院。小小同学是我从她进校以来就非常关注的一位学生，她能干但敏感，聪明但要强，积极但冲动，这次因为一个比赛失利，她情绪完全失控，几近崩溃。

一到医院，远远地我看到瘫坐在椅子上的小小，她也看到了我，一下子站起来，朝我扑过来，接着抱着我一顿号啕大哭！旺仔和医生朝我使了个颜色，示意我让她发泄自己的情绪，我就这样抱着她，任凭她哭、喊，断断续续地讲述着当晚比赛中的细节以及导致她崩溃的缘由。时间慢慢过去，也许是累了，也许是镇静剂的原因，她睡了会儿，醒来已近半夜。她不想待在医院，经过与学校的沟通，当晚我送她回学校，安排了一位她比较信任的同学陪着她住；而我回到家，已是凌晨。第二天早上7点多，约的心理辅导老师已经开始介入，经过仔细疏导，还是建议她转去专门的医院治疗。于是，我开始联系她的家人，配合她的家人处理她随后的治疗。在这个过程中，我也更详细地了解到她的一些情况，对于她的精神状态也有了更深入的认识，这对于我与她后来的相处提供了很大的帮助。这件事情之后，我一直是她信任的人，她遇到所有的事都习惯性地找我倾诉，出国啦，恋爱啦，工作啦，创业啦……我听她讲她所遇到的人和事，也给她一些建议，鼓励她勇敢地面对自己、做好自己。

二、案例分析与解决

（一）用心了解

通过小小同学这件事，我意识到对于班级中需要关注的学生，除了了解这个学生本身，还需要多花一些时间和精力，从各个途径了解学生的原生家庭。一个人和他的原生家庭有着千丝万缕的联系，而这种联系有可能影响他的一生。小小同学出生在一个山村，家里靠务农为生，有一个哥哥和一个姐姐，其祖父母、父母重男轻女思想比较严重，认为女孩子不用读那么多的书，一直不支持她读书；她从小就比较自卑，但是这种自卑的情绪又让她非常渴望成功，尤其渴望出名；上了大学后，她非常积极参加学校里的各项比赛，并且非常希望在比赛中能够获奖；但是任何比赛都有输家，这一次她恰巧遇到了比较严厉的评委，直言了她比赛中的一些不足，台下的观众再跟着一通起哄，于是好胜与自卑碰撞在一起，她表现出来就是情绪失控，无法自拔。因为她从小没有感受到来自家庭的爱和温暖，所以她的内心是自卑的孤独的；她通过努力读书考上大学并参加各项比赛，一方面是希望掩盖内心的自卑，另一方面是为了找到存在感；严格来说，原生家庭的问题是她价值导向、心理行为出现偏差的主要原因。

（二）全心对待

了解到小小同学家里的情况，在与她交流过程中，我采取了“多加肯定以赞促进”的方式，慢慢肯定她、鼓励她，更重要的是，引导她用自身不断地进步和力量逐渐让自己变得更自信、强大和美好！为了激励小小能发现自己的价值并喜欢上现在的自己，我鼓励她竞选班委，并开始找机会并创造机会“表扬”她。上课时，我常常请她分享她的想法，鼓励她表达自己；课余时，我支持她去兼职，多多尝试不同的工作，一方面可以为自己挣得一些生活费，另一方面也可以为自己增加一些工作经历；大学三年，她做过培训学校的老师，去超市做过推销，去餐厅端过盘子，去景区做过导游等；最重要的一次经历是她参加了学校的海外实习项目，通过在海外实习工作的经历，她得到了更好的历练，锻炼了自己的口语，扩大了自己的交往面，人变得自信又美丽！

（三）真心沟通

人与人的交往中，最基础的是相互尊重，有尊重才有理解，有理解才能做进一步的沟通和交流。除了原生家庭的因素，小小同学本身也是自卑自负的矛盾体，她性格外向，想法单纯，比较自我和冲动，所以，说话办事不理性，甚至不计后果。缺爱的内心是孤独自卑的，她渴望被人关注，被人关爱，所以她行为夸张；但是她一遇到挫折就容易情绪失控。小小同学从开始担任班委以来，虽然与同学建立了一定的自信，但是在班级管理工作中，她也遇到了不少难题，其中一项就是与同学的相处。她渴望得到大家的认可，但是因为她性格的原因，有时候比较急躁，常常跟大家闹得不愉快。在建立起她对我的信任之后，我数次与她聊天、沟通，指出她处理事情过程中的一些不足，充分认识自己；另一方面，我也鼓励她主动“出击”，与同学主动交流，尊重别人的意见，听取别人的建议，慢下来，静下来，坐下来。就这样，仅仅一个多学期的时间，小小进步就特别大。她不再毛毛躁躁，而变得自律稳重；她不再自大自负，而变得自信自爱。

三、案例反思与启示

班主任工作是烦琐的，需要一定的情怀，也需要我们用饱满的热情投入到工作中。只要我们真心与学生沟通，定能获得学生的信任；只要我们充分尊重学生，学生也会珍惜我们的付出；只要我们倾情付出，定能换来学生的真心回报。面对大学生，应以心待人、以情感人，承担起大学生健康成长的道路上不可替代的重要使命。

专业实习中的“危”和“机”

2016级商英2班班主任　陈　玥

一、案例背景与概述

大二大三阶段，对于外语专业的学生来说，出国出境学习及实习，是非常难得的积累经验和锻炼自己的机会。因此有不少学生会考虑出国或者出境一学期至一年的学习和实习项目，班内就有一部分学生选择了出境实习，在与学生初期的沟通中，我发现学生对于实习项目整体的态度还是比较积极的，会去积极适应工作。虽然比较辛苦，但是学生觉得工作内容和环境自己比较喜欢，同时有成长和收获。

二、案情分析与处理

在实习项目过半的时候，我突然收到通知，得知一位学生从楼梯上跌落需要住院。刚得知消息的时候我心里十分焦急，因为毕竟境外实习不像本地实习，消息和资源没有本地来得及时，我很担心学生在境外的身体情况，家人不在身边，住院也需要有人帮忙照看。后来，在系部书记，教研室主任和教务处等多方面的协调沟通下，由境外实习项目的负责人先行照顾学生，同时协助学生家人尽快办理证件前往。在学生本人能够活动及使用手机之后，我与学生保持沟通，在学生卧床休养时期，嘱咐与其关系较好的同学对其多加关心。所幸的是，在与该学生、同学和家人的沟通中，发现学生本人的心态比较乐观，情绪状态较积极，在出院休养恢复后，还是选择继续留在境外实习单位工作。

三、案例反思与启示

这次境外实习突发事件的经历，让我们更加意识到，在学生中强调实习安全的重要性。虽然此次事件不是发生在实习工作岗位上，但对学生本人来说，在他乡遇到这种难以预期和控制的事件，还是一次影响较大的经历。因此在与该学生沟通中，我以关心身心状况、照顾学生情绪和提供帮助为主。同时，对班上其他同学，再次重点强调了实习安全问题，提醒学生平时出入一定注意安全，做好防范，在实习期间要注意自己的身体健康，将安全意识牢记于心。

一场“美丽”的风波

2017级空乘6班班主任　刘　颖

一、案例背景与概述

小黄是一名眉清目秀的姑娘，就读于我院2015级空中乘务专业。开学不久后因参与某航空公司订单班选拔落选，她把自己的选拔失利归因于鼻子长得不够挺拔，从而陷入深深的焦虑中。其父年轻时因工伤失去劳动能力，家里全靠母亲苦苦支撑。其母不忍女儿伤心绝望，无奈下，举债让女儿进行了隆鼻手术。术后学生出现了排异反应，反复出现感染发热。经医生诊断，必须取出假体才能缓解症状。小黄感到自己因为手术花了父母的血汗钱，不仅不能达到预期效果，又焦虑自己的鼻子不好看影响未来就业，这样就更没有能力回报父母的养育之恩，痛苦与自责交织，情绪几近崩溃。

二、案例分析处理

（一）问题的关键点

1. 学生因整容失败导致生活和心理上的困难；

2. 学生出现了自我认知的偏差；

3. 学生的价值观需要引导。

（二）解决思路

作为班主任，在了解该事件以后，我确立了自己的解决思路：

1. 以情动人，及时解决学生的情绪问题

学生陷入痛苦与自责中不能自拔，如果不能及时处理好学生的情绪问题，其他的工作都很难达到预期效果。首先要动之以情，让学生感受到老师、父母、朋友的关爱，感受到支持的力量，重拾勇气，正视困难，走出危机。

2. 以理服人，精准解决学生的思想问题

涉及这起整容风波，我觉得有三方面的道理可讲。第一，关于“美”的道理。崇美尚美原本是无可厚非的，但是大学生如何正确地认识美、体验美、创造美？这是值得探讨的问题。第二，关于“我”的道理。如何正确地认识自我、悦纳自我、经营自我？第三，关于“好”的道理。什么是好，什么是坏？好坏观即价值观。大学生应该向往什么？追求什么？拥护什么？舍弃什么？通过层层引导，让学生树立正确的价值追求。

3. 以爱暖人，全面解决学生的现实问题

思想问题解决以后，还有依然存在的现实问题，我会用心用情用力地帮助学生，化解一个个难题，克服一个个困难。比如，继续治疗的问题，经济困难的问题，就业帮扶的问题。

（三）实施步骤

根据我的解决思路，我很快制订了实施方案。

1. 用身边的恩情让她摆脱伤痛

我首先全面了解事实，寻找学生的社会支持系统，与学生的父母、好友协同作战，同向发力。在三方努力之下，我很快跟学生建立了较为信任的关系，特别是在一番关于亲情的解读之后，学生感受到父母的挚爱、期盼和理解，情绪得到很大的控制。

2. 用深刻的道理为她明辨美丑

接下来，我摆事实讲道理。关于“美”的道理，我给学生翻看自己的旧照片，引发了学生对内心与精神成长的思考。接下来，我又列举了马云、董卿、武亦姝的案例。让学生真正了解，过分注重外在的美丽，会缺乏思想与性格的丰富性。关于“我”的道理，我运用心理学、哲学相关知识引导学生如何全面客观地认识自己，如何接纳不完美的自己。关于“好”的道理，我用学姐的事例引导学生确立高层次的理想目标，追求高层次的幸福人生。

3. 用实际行动助她走出困境

针对暂时的经济困难，我向学生宣传了我校发展性资助的政策；针对学生的身体状况，我向她介绍了大学生医保的相关政策，鼓励她积极治疗，早日康复；针对学生在就业方面的困惑，我积极引导，跟学生一起探讨面试技巧，分析面试失利的真正原因，让学生重拾信心。

三、案例反思与启示

（一）这是一场“美丽”的风波

班主任要引导同学们用更加理性和智慧的思考去追求美、创造美、传播美。有人说，大学是所美容院，如何让学生用三年知识增长和阅历积累带来的自信，产生由内而外的改变？风波之后，我开展了“走进两馆”系列活动，图书馆和体育馆是校园文化建设的两大阵地。图书馆让学生拥有儒雅气质，体育馆让学生拥有健美体魄。

（二）这是一场价值观的交锋

在价值观日趋多元的社会背景下，班主任要有能力、有定力判断并引导学生做出正确的取舍，做出符合身心健康、合乎社会要求、符合时代精神的价值选择。

失窃风波

2019级会计5班班主任　陈满依

一、案例背景

我正在备课之际，班助小培来汇报。小培告诉我488寝室失窃了。郝新梅（化名）的一只皮夹在中午时分不翼而飞，里面有现金800元和若干张美食卡，然而这些“吃货”卡大多是不记名的。

二、案例分析与处理

488寝室曾经被评为星级寝室，6姐妹情同手足。这让我和班助一致把怀疑对象指向了外面。于是去询问宿舍阿姨，翻看监控，却一无所获。

学院负责安全工作的老师也协助调查，由于涉案金额不大，也为了息事宁人，暂时没有将事情汇报给公安局。

隔天，488寝室长毛茴（化名）激动地跑来，本以为毛茴要汇报皮夹找回来的喜讯，谁料毛茴说她自己的皮夹也失窃了，同样是在中午休息时分。毛茴提议召集寝室成员开会，我同意并前去参加，布好局，软硬兼施，看得出每位同学都急赤白脸地洗清自己。

毛茴是寝室大姐大，做事认真负责且好胜，寝室成员对毛茴的失窃关注多于郝新梅。郝新梅是个吃货，家里经济条件比较好，美食吃不完也经常和伙伴们分享。邓利尔（化名）和周之琴（化名）是宿舍关系最铁的两个，她们两个是班级学霸。

郝新梅和毛茴的皮夹失窃都是在中午时分，邓利尔和周之琴互相作证，她们两个在图书馆。周之琴还掏出手机给我看那天她在图书馆发的朋友圈。

这一来，嫌疑对象就剩下了孔芳蓉（化名）和肖可可（化名），孔芳蓉倒显得很镇静，说如果自己是小偷，以后断子绝孙这类的话，我赶紧止住了她。

肖可可索性就哭了起来。她向来碰到困难就喜欢哭，我赶紧安慰她，肖可可当着大家的面，翻开了自己所有的柜子抽屉，甚至随身携带的包包，并且提议每个人都把自己的私人物品翻找出来，大家都还自己一个清白。

我陷入了沉思。善解人意的毛茴打破了沉默，和大家说老师来不是为了抓小偷，大家都是一家人，以前是以后还是。自己和郝新梅虽然成了“失友”，但也不会怪罪任何一个人，希望以后寝室还是一如既往，不给老师丢脸，说完意味深长地望了我一眼。

毛茴关切地提醒郝新梅是否记得那些卡的卡号，或许可以凭着卡号去店里查下监控。当得知郝新梅什么都不记得的时候，毛茴轻叹了一口气。

488 寝室重新恢复了平静，而我的心头却像压了一块重重的石头。

几天后，郝新梅急赤白脸地找到我，按捺不住的激动心情，“老师，我偶然发现聊天记录里有我一张充值卡的照片，我去店里查了我的卡，有消费记录，我也看了监控，居然是毛茴，是毛茴，真的是毛茴。”

得到消息后，我五味杂陈。那天我叫来了毛茴，也通知了她的父母，毛茴哭了，父母也流泪了。事情结果报告给了学院，处分是免不了的，每个人都应该为自己的行为负责。

三、案例反思与启示

校园作为学生学习、生活的象牙塔，多数时候是人们眼中的一片净土。但是学生们来自五湖四海，生活经历不同，成长的环境相异，因此校园也是一个复杂的小世界。作为班主任，首先，在教育引导学生的过程中应该强化法制教育，防患于未然；其次，需要深入了解学生背后的每一个家庭，在与毛茴父母的交流中得知，从小毛茴父母在外经商，长期缺乏爱的经历让她有了一种无法控制的“病”，外表坚强内心脆弱，所以，有些人并不是我们看起来那般强悍。事情水落石出以后，我分别找了郝新梅和毛茴深聊，毛茴写了欠条，表示会用打工挣来的钱全额赔偿给郝新梅；由于金额较小，尽管事态没有扩大化处理，毛茴也积极主动地提出为大家做义工，也曾请求我去说情宽恕，我并没有答应她，她仍然受到了处分。那天我整整陪她聊了几个小时，理性地帮助她分析事情的来龙去脉，也终于看到了毛茴眼中毫无保留的认同。

生活在世上，我们每个人都得为自己的行为负责。过去的事已经过去，重要的是未来我们怎么走好人生的每一步，在跌倒并付出代价的同时，作为班主任，我们必须要做到不放弃、不抛弃，我们都曾年少，我们都曾犯过错，跌倒需要有人搀扶，因为他们和我们一样，依然热爱生活、热爱世界。

闹钟和室友情

2015级营销2班班主任　邱宏亮

一、案例背景与概述

2017年，通过一年的学习和生活的磨合，班级内小A同学与寝室同学因生活习惯不同产生并累积了大量矛盾。因小A性格较为孤傲，平时喜欢独来独往，习惯闹铃起床后独自前往教室上课。小A同学的闹铃于每天早晨五点半准时响起，每过半小时响一次，响铃于七点停止。室友们的起床作息均为七点半左右，小A的闹铃无疑打扰到了室友们的正常作息。室友们跟小A沟通后她还是没有改变，长此以往，每天清晨“扰人清梦”确实让室友们无比“头疼”。班委和辅导员通过与小A同学和室友的多次深入了解以及剖析问题根源，多次介入调解但没有显著效果，小A同学仍强烈要求换寝。在班主任得知相关情况后，通过多次努力，与班委、辅导员互相配合，成功化解了小A与室友的矛盾。

二、案例分析与处理

寝室是大学生生活学习的重要场所，同学们来自五湖四海，有着不同的性格特征和生活习惯，难免会因为一些小问题产生摩擦，而女生寝室更是寝室矛盾最为频发的场所。在本案例中，小A因个人性格和生活习惯问题，在事后并未感觉到自身的行为已对室友造成困扰，也未对室友有任何致歉，致使室友认为小A是有意为之，寝室矛盾由此产生。班主任知道情况后及时同班委、辅导员进行调解，调解过程分为三步，第一是对小A进行单独调解，询问小A假如事情得到有效调解，是否愿意继续和室友共同居住；第二是小A回避，和其他几位室友了解情况，室友认为只要小A同学就闹铃问题能理解室友的难处并积极配合，同意小A继续居住，并没有排斥小A要让她搬离寝室；第三，也是本案例最关键的地方，是将所有寝室成员集合在一起，面对面进行调解。首先，由班主任把和两方单独谈话的内容都提出来，让双方来进行当面辩解，起初两边还是各执己见，而随着沟通的深入，最终的矛头都是指向了小A闹铃长时间打扰到了室友这一根源。在班主任的要求下，小A声泪俱下当场对“闹铃事件”进行了解释。原来小A一旦陷入深度睡眠到点直接起床会导致心跳过速、身体疲惫不堪，一整天都没精打采，没有办法很好地学习上课。所以，小A设置了多个闹铃将自己从深度睡眠唤醒并保持浅度睡眠。经过与大家的沟通，小A已经知道自己的行为对室友造成了困扰也正式向室友表示歉意，而其他室友在了解了小A当时心态的情况下，接受小A的致歉。班主任也为此折中地提出了建议，小A可以将闹铃声调轻或调至震动状态来减轻对室友的打扰，如果室友们还是认为声音过响的可以尝试佩戴耳塞。至此，问题基本得到解决，寝室六人在开诚布公的交流后，一致表示会和睦相处，而小A在面对室友的坦诚交流后，也愿意继续在该寝室居住，打消了调换寝室的念头。之后一段时间，该寝室再未产生任何矛盾，此次事件得以圆满解决。

三、案例反思与启示

一是寝室不仅仅是辅导员工作的重要阵地，同样也是班主任的。作为高校班主任，因为课业、带赛等因素无法抽身经常走进学生寝室，但空余时间应尽力深入学生的生活中去，了解学生在寝室里的生活学习状况，觉察寝室存在的矛盾和问题，只有深入寝室第一线，才可以了解学生最直观的问题所在。

二是在处理寝室矛盾时，调换寝室是最后最坏的办法，而非最先最优的办法。调换寝室虽然能够立即解决当前寝室的矛盾，但对于新调换的寝室，则意味着潜在矛盾的产生。一旦新调换的寝室再产生矛盾，班主任和辅导员则又要考虑继续调换寝室来解决矛盾，如此，该问题将长久困扰班主任和辅导员的工作。为此，在处理寝室矛盾时，调解是首要也是最重要的处理方式，这其中要注意调解的技巧和方式，要形成自己特有的调解思路和办法，尽量将寝室矛盾在本寝室内化解。

呵护每一缕阳光

2018级会计4班班主任　宋士显

一、案例背景与概述

大二期间，在某天晚上9点，我接到了班级同学电话，在北七男寝，我们班同学小罗（化名）忽然晕倒在地，全身抽搐不止，情况反复，失去意识。情况严重，我立马赶到学校，紧急呼叫了救护车。我赶到学校时，学校校医进行了紧急处理，小罗同学恢复意识，他认为这是个人隐私问题，不愿意去医院，经过多次劝导，我带着小罗以及其室友前往医院就诊、检查。

二、案件分析与处理

通过检查结果以及后期与他沟通得知，“小罗”同学曾在高中就有类似抽搐的情况出现，这次幸好及时送往医院。此事发生后，我第一时间与辅导员、班委们进行沟通，还好该同学的病情不是很严重，小罗同学的父母在当天晚上就从宁波赶到学校，接小罗回家休息，但是小罗因为学业原因，不肯回家，经过了我的劝导，该同学同意先回家休息，调理好身体，再申请返校。对于该同学发病的原因，我经过了解发现该同学与家里人关系很疏远，父母忙于工作，没有时间关心孩子，才会导致孩子在先前发病而不知，我作为班主任也与父母进行了沟通，应多给予孩子关爱，该父母表示以后会主动关心孩子。

三、案例反思与启示

在大学校园里，同学们孤身一人离家出来读书很不容易，班主任应该深入了解他们的学习生活情况，一些学生难免会在学习生活中出现一些问题，这时候就要我们肩负起责任，发挥最大的作用，及时主动地与同学进行交流和沟通，第一时间帮助他们解决问题。作为班主任，最大的希望就是每一位同学都能平安喜乐、无疾无忧。

快乐成长共同体

2017 级会计 3 班班主任　孙万欣

一、案例背景与概述

2019 年 10 月 15 日，在担任新生 2019 级会计班班主任期间，在班助协助下，通过班级同学报名，公开答辩，全体班级同学投票，班主任对投票排名前几名的候选人逐一谈话之后，组建了一支班委队伍。在班委成功组建 2 周之后，前后有三波同学向班主任反馈意见，对班长“麦苗”（化名）同学的工作不满，希望重新选举班长。作为新生班主任，最担心的就是班委队伍的组建以及班委能否稳定工作，是否需要听取同学的反馈建议重新选举班长，还是维持现有班长不变，我一下子举棋不定，陷入困境。

二、案情分析与处理

通过仔细分析同学的反馈意见，我发现主要是因为班长“高冷”，并且与同宿舍的少数几个同学形成一个小团体，平时不与班级其他同学打招呼，在布置班级各项任务的时候，令其他同学有居高临下的生冷之感。但是，班长“麦苗”同学自己并没有察觉自己的不妥。分析反馈情况之后，作为班主任，我首先侧面了解了班助的意见，班助认为“麦苗”同学有较强的工作能力，做事情比较麻利，工作的方式方法可能需要进一步改进，也有可能是刚入校不久，还没有与其他同学熟络起来。紧接着，我和“麦苗”班长做了一次深入的谈话，告诉她作为班长，对待同学要热情，要试着和班级同学打成一片，注意改进平时工作的方式方法，树立为班级同学服务的意识。“麦苗”班长积极地听取了我的建议，并且表态下一步要树立好自己在同学心目中的形象。和“麦苗”谈心之后，我又分别单独和反馈意见的同学逐一进行谈心，告诉他们，“麦苗”班长全心全意服务班级的奉献精神是可取的，同学们也要支持她的工作，尤其是“麦苗”班长愿意主动改变之前给其他同学的“高冷”印象，希望同学们给班长一定的适应时间，立即罢免“麦苗”班长职务，对她的积极性也是一种打击，不利于同学的成长。如果一段时间之后，班长的工作方式方法没有改变，可以考虑重新选举班长。经过两周之后，班级同学主动给我反馈，“麦苗”班长和之前大有改观，班上同学都很喜欢“麦苗”，同学们一致支持“麦苗”继续担任班长。“麦苗”同学受到大家的认可，我自然看在眼里、喜在心里。

三、案例反思与启示

大学班级中的同学来自五湖四海，能够聚在一个班级里面是缘分。同时，在大学这个年龄阶段，学生还不太成熟，在一个班级里面，由于种种原因，难免出现小的摩擦和纠纷。面对同学之间的小问题甚至是小错误，本着育人为本的原则，我采用疏导的办法，将小问题化解在萌芽状态。同时，这些小问题也是育人的绝佳案例，作为班主任，在处理这些小问题的过程中，我及时进行思想、为人处世等方面的教育，教育同学们学会换位思考，学会与他人相处，树立班级集体意识，处理好“小我”和“大我”之间的关系。

宽容·陪伴·成长

2014级市场营销1班班主任　翁　栋

一、案例背景

班长小周（化名）是一个退伍军人，他以部队的标准来协助我管理班级。但进校之后的一段时间，我能看出他的与众不同。比如，他总是独来独往，默默地一个人去图书馆自习。虽然班级管理得比较好，但融入学生群体也非常重要，这对学生成长也是具有一定影响的。

二、案例分析与处理

通过与小周的交流和与小周父母的交流，我可以推断出小周的性格是日积月累形成的。小周的家庭对小周的要求比较严格，父母由于工作较忙，平日也不怎么关注小周的心理状态，很少与小周谈心。从而造成小周的性格比较孤僻，容易产生孤独感，习惯于独来独往。

得知这一情况，我首先与分院负责心理健康的吴老师取得联系，分析小周的各方面情况，以便对症下药。其次，我们多次与小周进行谈心，了解他的状态与困惑，并指导他缓解情绪的方法。同时，我也与小周的父母进行了联系，希望家人能给予他更多的关注、更多的关怀，让他能在放松的环境下学习与生活。最后，我把此事告知了班委们和小周的室友，希望他们以同学的身份对小周进行开导，多邀请他参加集体活动，多与人交流。

三、案例反思与启示

（一）倡导“以人为本”的教育理念

首先要尊重我们的学生、关心我们的学生、服务好我们的学生，在学生管理中一切为了学生，为了学生的一切，时刻关心学生，把关心体现在细微之处、无所不在。

（二）贯彻“以人为本”的理念

熟悉每一个学生的特点，掌握每一个学生的困难，把握每个学生的走向。“以人为本”的理念贯穿入班级管理中，并记录班级学生成长。

（三）学会表扬学生，给他们建立信心

大学不仅是传授知识和技术的地方，也应是让学生建立自信的地方，所以，我积极倡导小周多去参与学校的各项活动，丰富自己的精神生活。

专升本考前焦虑学生辅导

2009级人力班班主任　吴占格

一、案例背景

曾有一位学生毛某某，平时性格略为内向，与寝室同学关系还可以，但并没有特别谈得来的朋友。他自尊心强，入学以来就给自己订立了专升本的目标。他平时对待学习的态度很是认真，参加校内社团及学生活动不多，学习成绩在班里第十名左右，属于中上。大三阶段他在校内实习，并报名了专升本考试。但在临近考试的三个月，他出现焦虑状况，复习时注意力易分散、学习效率差，入睡困难、多噩梦，内心感到非常紧张、自责和担心，甚至产生逃避心理。状况反复持续一个多月，主动向班主任求助。

二、案例分析处理

（一）评估和诊断

班主任收到学生求助后，对该生产生心理问题的情况进行评估和诊断。焦虑自评量表（SAS）测验提示中度焦虑；再对照症状学标准，分析其表现症状及问题泛化情况、反应强度、功能性影响、持续时间，排除严重心理问题；最终判断学生心理与行为问题表现属于一般性心理问题（考前焦虑）的咨询范畴，属于自己介入的能力范畴以内。问题主要有两个方面：考前焦虑、睡眠障碍、复习时注意力不集中；非理性信念：必须要通过考试、不通过就糟糕了。

（二）辅导目标的确定

在诊断评估的基础上，我与学生协商，共同确定心理辅导近期目标：帮助其剖析不良行为的症结所在，消除不合理的认知与行为模式，帮助其树立合理信念，力争复习看书困难的状况有所改善；改善害怕考试通不过的紧张焦虑情绪，改善睡眠状况。具体目标是复习考试能安下心来集中注意力，减轻睡眠障碍，降低焦虑水平，焦虑自评量表测评得分降低 8 分。

（三）辅导方案的制定

在探寻分析学生心理问题的生理、社会以及认知原因的基础上，确定采用操作性、目标性、时效性较强的认知行为疗法和合理情绪疗法，以及配合放松训练、自信心训练等行为技术加以矫正。

（四）辅导结果

通过每周与学生约谈 2 次（每次约 50 分钟），持续 5 次后，学生基本缓解了忧虑烦恼的情绪，自我认识趋于合理，能恰当地评价自己及考试，复习应考心态也能保持平静、注意力能集中，睡眠障碍明显减轻。焦虑自评量表（SAS）测评分数降低。

三、案例反思与启示

对于高职学生来说，不少人在入学时就怀有“专升本”的强烈愿望。个别学生甚至抱有非理性的“必须要通过专升本考试”的绝对化要求及“考不上就不知道该怎么办了”的灾难性预期。高职班主任需要重视对在校生“专升本”的引导工作。具体包括：

（一）设法帮助学生持续保持向上的动机和初心

正视学生的“专升本”需求，通过班级讨论“专升本”话题、通过个别辅导让学生有一定的职业生涯规划能力，帮助学生设立阶段小目标，合理安排学习时间，减少因行动不足、了解不多所带来的迷茫和焦虑。同时，帮助学生消除不合理认知，开拓个人成长和发展可能途径的视野。

（二）努力搭建营造班内学习进取的环境和氛围

班主任可以主动提供“专升本”相关的各类助益性信息，防止走弯路；引导和鼓励学生组成小组，结对学习，互相督促和勉励，并能共享学习心得和经验。

（三）必要时做好学生“专升本”心理调适工作

学生在备考阶段，尤其是冲刺阶段以及落榜后的阶段，情绪波动较大。部分学生在冲刺阶段，过于焦虑导致学习效率降低、身体健康出现状况；有的学生因成绩落榜过于失落，一时回不过神。这些都是学生管理工作中特别需要关注的点，需要班主任及时发现问题并进行相关的心理疏导工作。

用好情绪 ABC，化解鸡毛和蒜皮

2015 级酒店管理喜来登精英班班主任　张慧彦

一、案例背景与概述

2015 级酒管专业某女生宿舍，共有 6 人组成。大一的第一学期大家彼此相处融洽，但是到了第二学期，随着家庭背景、生活习惯、性格观念等不同，宿舍中逐渐分成了两个小团体，甲组同学家庭经济条件普遍较好，均在城市长大；乙组同学家庭经济条件普遍较差，均在农村长大。在大一即将结束的时候，甲组同学向班主任反映寝室存在的矛盾问题，要求要么调换寝室，要么改变现状，因为寝室矛盾已经影响到她们正常的学习生活。乙组同学从小生活环境艰苦，勤俭节约但个人卫生习惯不佳，两组学生因寝室卫生问题、用电问题常常发生口角。甲组学生成长环境宽松，且均为独生子女，很少能站在他人角度考虑问题，认为对的事就认死理，语言比较强势，但无恶意。

二、案例分析与处理

作为班主任，首先要从思想上高度重视，寝室发生矛盾虽是常见的事，但处理不好容易造成负面后果。我把该寝室 6 名同学一起叫到一个安静的谈话室，让她们共同说出 3 个彼此都认为造成寝室矛盾的具体事件，然后运用心理学上的情绪 ABC 疗法逐个梳理寝室矛盾产生的原因，帮助她们解决问题。

事件一：寝室卫生问题。甲组认为乙组打扫卫生不认真，不愿意和甲组共同分担脏活累活；乙组认为甲组的刘同学作为寝室长小题大做、摆官架子，说话盛气凌人，不尊重人。寝室卫生问题 A，甲组信念 B1 是乙组同学压根没有好好打扫卫生，说了半天也不听，因此认为 C1 是乙组同学没有责任心、卫生习惯差。乙组信念 B2 是寝室卫生都打扫了，没有很脏啊，因此认为 C2 是寝室长刘同学小题大做、不尊重人。信念 B1 和 B2 的区别在于甲乙两组同学对于寝室卫生应该达到什么标准的要求不同。

事件二：空调使用问题。乙组同学家庭条件差，不想多使用空调，但天气炎热室友使用空调也很合理，甲组寝室长刘同学询问乙组意见后得到的回应都是冷冷地“随便”两个字，长此以往，形成了甲组同学开关空调的习惯。对于甲组同学控制空调开关A，甲组信念B1是每次询问乙组的回应冷冰冰、不如不问，认为C1是甲组难以沟通。乙组信念B2是甲组刘同学开始征求意见假惺惺之后压根儿不问，认为C2是甲组以自我为中心、不尊重自己；信念B1和B2出现的差异主要来自先前矛盾的积累。

事件三：小组作业问题。由于甲乙两组关系不断恶化，双方为了减少正面交流的机会，将某课程的小组作业分成两个部分，先由甲组完成前半部分，再交给乙组完成后半部分。但在实际完成作业的过程中，由于衔接问题，急促地提交作业A，甲组信念B1是衔接部分难以割裂，自己组尽量多完成一些再交给乙组更节省时间，乙组也能任务轻松一些，结果C1也是顺利按时提交了作业。乙组信念B2是甲组未遵守约定按时完成自己的部分，迟了两小时给乙组造成了很大压力，结果C2是险些就未能按时上交作业。信念B1和B2只要稍加沟通，甲乙两组就能消除误解。

寝室关系重建：通过应用情绪ABC理论向该寝室分析以上几例事件，我要求该寝室以后遇到意见不一，互相有意见时，一起使用情绪ABC理论分析各自不同信念的B，尝试去理解对方的信念，即对事情的理解和看法，互相提出建议，在难以说服对方时，及时征求班级其他同学、班主任、辅导员的意见。一学期后，该寝室关系得到明显改善。

三、案例反思与启示

学生寝室矛盾多发、易发，对于一些矛盾持续得不到化解的情况，作为班主任要高度重视，采用科学有效的办法去应对。从实际工作经验中总结不难发现，化解寝室矛盾绝不是法官判案，针对寝室矛盾产生过程中小而多的事件，班主任要做的不是分出谁对谁错，而是要帮助学生认识自己和他人的观念上的差异，增强学生从积极的角度思考事情、看待他人的能力，从而引导她们建立良好的人际关系，进行正确的人际交往，形成一种团结友爱、融洽和谐的学习生活环境。

第三章

追求卓越，护航成长

教书育人，引领发展

2010级经管2班班主任　黄宝辉

一、案例背景与概述

为切实提高学生的专业技能，培养旅游策划创意人才，在学院教务处、旅行社管理系的支持下，我负责指导的思睿旅游创意工作室策划组织实施了“浙江新世界国旅杯”首届院级旅游产品设计比赛。本次比赛有以下几个创新点：

（一）首创企业全程参与策划组织实施职业技能大赛的模式，实战性强

本次大赛由浙江新世界国旅冠名，并首次组建了来自企业的技术顾问队伍，负责对参赛团队进行培训和指导。浙江新世界国旅及来自其他企业的技术顾问，全程参与本次大赛的培训、初赛、决赛，对大赛的内容和形式提出了建议。参赛团队多次深入企业一线调研，聆听指导老师和企业技术顾问的指导，参赛作品因此定位更准、组织实施更符合企业资源的实际状况、风险预估防范更具前瞻性。

（二）首创以“全链条设计”理念为指导的参赛形式，学生技能得到充分锻炼

本次大赛的参赛形式分为两个部分：一是旅游产品设计方案的撰写，二是旅游产品设计方案的阐述。旅游产品设计方案内容分为市场调研、策划创意、组织实施、产品包装、营销推广、风险预估与防范六个部分，方案撰写则要求规范、详尽。在旅游产品设计方案的阐述过程中，各代表队分别以PPT的方式演示产品设计方案，图文并茂，引人入胜，而且各代表队在阐述方案时，简练规范。虽然学生在准备参赛作品的时候普遍感觉难度较大，对技能要求较高，但是随着比赛的一步步推进，最后进入决赛的团队，作品水平相比初赛时有了明显的提升。

二、案例分析

由于受到我的影响，2010 级经管 2 班学生对旅游产品设计比较感兴趣。比赛举行时她们还是大一学生，但依然有学生愿意参赛，也有学生愿意担任备赛工作。本次比赛的竞争激烈，全院共有 26 个团队参赛，范围遍布全院各系，最后有 12 支团队进入决赛，4 支团队获得综合优胜奖。2010 级经管 2 班最终有 6 名同学与 2008 级经管班学生组成比赛团队，并获得综合优胜奖的好成绩。还有 8 名同学承担了本次比赛的组织实施工作，从费用的预算、经费的申领、宣传海报的制作，都由学生自主进行，助其培养奉献精神和组织协调能力。

三、案例反思与启示

技能比赛对提升学生能力非常重要，班主任要做的是提供舞台、提供资源、在关键环节上提供指导，然后放手让学生去做。学生在备赛过程中会遇到很多困难，比如团队凝聚力、产品设计主题定位、实地考察资源不足、作品修改没有思路等，班主任要及时发现问题，引导学生自主解决问题。在攻坚克难的过程中，一步步体会到成功的快乐。

人在旅途——徜徉北山街

2014级旅游管理（中澳合作）班班主任　徐　辉

一、案例背景

我带的班级来自全国各地，刚入学时，同学们离开家乡，对杭州的地形地貌以及人文知识并不是非常了解。而且，大多数同学以后将从事旅游管理或者旅行社导游等工作，不熟悉或者不了解所在学校城市的基本情况，对以后的专业发展都不是非常有利。基于这点，我设计了赴杭州西湖北山街进行一次实践教学与考察活动。

二、案例分析处理

我将本次实践教学分为五个模块，分别是漫步北山街、造访西湖博览会博物馆、解读“新新饭店”及“秋水山庄”、参观杭州香格里拉饭店、体验“新丰小吃”。实践教学中，我为同学们演示讲解了西湖自然与人文的点点滴滴，同学们在西湖博览会博物馆中了解了杭州的发展史，在新新饭店及秋水山庄，聆听了发生在西湖周边的半部民国史，在杭州香格里拉饭店，参观了在G20峰会期间普京总统入住的总统套房，在“新丰小吃”，让来自全国各地的同学们真正了解了“舌尖上的杭州”。

此次实践教学是为国际导游专业的大一新生量身定制的，是旅行服务与管理学院班主任领衔授课的“职业素质养成”课程延伸到课堂外的尝试，一方面让来自全国各地的同学们收获实践知识并增进友谊，对自己选择的专业能有一份更深的情怀。另一方面通过实践教学为同学们以后的专业课学习奠定一个良好的基础。

三、案例反思与启示

旅游学，绝不是一门纸上谈兵的学科，旅游管理（导游）更是一个有内涵、有修养的职业。学旅游的学生更应该在实践中发现问题，在问题中探寻答案。

一位优秀的旅游教育工作者，应该保持一份愿意发掘内涵的好奇心，挖掘历史遗留的宝藏。杭州是一座具有非常丰富旅游资源的城市，旅游高校教师可以设计多项专题旅游，如博物馆之旅，古建筑之旅，杭州名人之旅，大运河专题研究等引领大学生进行探索与研究。这样做虽然让教师本身的工作量有所增大，但却使学生们受益匪浅，教师通过带领学生游览当地的人文景观，宣传当地的文化精髓，让学生能够更加深入地了解地方文化，从而增加学生的人文内涵和文化自信。不仅能够使学校与本地企业进行人才的对接，还能够使学生的综合能力得到加强，以便更好地适应旅游行业的需要。

近年来，高校旅游管理实践教学普遍受到关注，实现旅游管理专业的实践教学，能够大大提高学生的学习兴趣，使学生能够切身感受专业的魅力，在实践中充分把握专业技能要领，将理论与实践进行结合，增强学生的思考与动手能力，强化学生的职业感。

用心发现，精心塑造

2016级导游1班班主任　李德煜

一、案例背景与概述

2017年12月，2016级导游1班Z同学报名参加了旅行服务与管理学院导游技能选拔大赛。某天晚上，我结束加班准备去等校车时，想着刚好顺道去走访一下学生寝室。当我走到学生公寓的楼道时，无意间发现Z同学正在学生活动室专心致志地练习，竟然没发现我已经走了进来。终于，过了一会儿，Z同学发现了我并惊喜地说道：李老师，您来啦！太好了！感谢您从百忙中来看我们。老师，过几天我要参加导游技能选拔赛，您看看我行吗，接着该生连忙开心地拉住我并给我演示了一下。后来，在不懈努力下，Z同学以省赛一等奖的身份最后站到了国赛的舞台上，并最终以优异的表现获得了全国二等奖的好成绩。

二、案件分析与处理

作为2016级导游1班的班主任，我对全班同学的专业能力和外在条件还是比较了解的。坦率地讲，我觉得Z同学在模拟导游课的表现并不十分突出，嗓音也没有特色，在参加初赛海选的时候险些被淘汰。我当时并没有特别看好Z同学，但是让我特别出乎意料的是，在活动室演示的Z同学竟然让我眼前一亮，他的展示很出色，尽管与标准还有一定差距，但却给我留下了深刻的印象。所以，当天我决定留下来对他的讲解词和讲解技巧进行辅导和加工。Z同学用努力、勤奋、执着的行动与坚持打动了我，也让我深有感触。他用自己的实际行动很好地诠释了“进步”的真正含义。我们终于迎来了一周后的初赛，初赛中的Z同学在台上的表现依然称不上完美，最后也只获得了三等奖，但是让我感到特别欣慰的依然是“进步”两个字，比起该生在活动室的表现又进步了一大截。Z同学进步的背后是“台上一分钟，台下十年功”的鞭策。后来，在确定参加省赛选手的会议上，我也是凭借了“进步”两个字打动了其他任课老师，把Z同学列入了省赛选手的选拔队伍中。一个假期过后，所有的选拔选手再一次登台PK。果不其然，我在Z同学的身上又一次发现了长足的进步。正是这样一点点的进步，让Z同学最后过关斩将，一路前行，以省赛一等奖的身份最后站到了国赛的舞台上并且最终获得了全国二等奖的好成绩。激励他一直继续前行，这可能是我作为班主任所能给予他的关心、信任和鼓舞吧。

三、案例反思与启示

每个学生都是一个鲜活的生命，更是一个独一无二的奇迹。作为班主任，我们要善于去探索、去发现每个学生的不同个性和发展方向，精心去培育、塑造他们，让他们呈现应有的光芒。每个学生都是一个小太阳，他们温暖着老师的心。正在教书育人的我们要挖掘同学们身上的一个个闪光点，引领他们快速成长，这也是作为教师最大的价值和意义所在。我们既要做知识传播者，也要做学生人生的导师，更要做学生的知心朋友。同时，我们也要坚信，每一位同学都是一个优秀的存在，只要付出努力，都能够成就更加美好的人生！

待到山花烂漫时——大学生恋爱观探讨

2017级导游5班班主任　陈萍萍

一、案例背景

我在所任班级发现，不少学生已开始恋爱。但是很多学生还没有树立起正确的恋爱观。有一名女生通过校园论坛认识了一位校外男生，因和其产生矛盾，擅自离校出走，前往男生所在城市。所幸作为班主任，我及时发现问题，规劝学生及时返校，并与其深入交流，引导其树立正确的恋爱观。该生后来与校外男生结束恋爱关系，步入正常校园生活。

二、案例分析处理

随着时代和社会的发展，当代大学生的爱情观千奇百态，而随着年龄的增长，身体发育的逐渐成熟，在高校中越来越多的大学生越来越早地走到爱情的边缘，走进爱情世界里的也大有人在。了解学生的恋爱观，并且引导他们树立正确的恋爱观是十分有必要的。事件处理结束后，我召开了“待到山花烂漫时——大学生恋爱观”主题班会，通过班会的召开，使同学们，第一，了解恋爱观：通过讲解让同学们懂得什么是恋爱观，恋爱观取决于什么，使同学们能够更好地理解和认识恋爱价值；第二，了解恋爱类型：通过学生自己的讲解来分析其恋爱所属类型。在众多的大学生恋爱中，不同的理想、信念、思想、人生观和心理素质，形成了不同的恋爱类型。通过介绍让同学们了解当代大学生的普遍恋爱类型；第三，树立正确恋爱观：恋爱观是一定社会条件下的经济关系和道德关系的产物，是具有阶级性的；第四，提升恋爱挫折的承受能力：通过分析讲解一些有关失恋受挫故事，来提高恋爱挫折承受能力。失恋受挫折承受能力对大学生的心理健康是非常重要的。

三、案例反思与启示

大学相对宽松、自由的环境，成为培植爱情之花最肥沃的土地。大学生恋爱一直是大学校园的热门话题，恋爱和学业也就自然成为大学生在校期间面对的两个主要问题。恋爱关系处理得当、正确，可以成为学习和事业的催化剂，使人学习努力、成绩上升；恋爱关系处理不当，可能分散精力、浪费时间、使情绪波动、成绩下降。在大学校园中恋爱已经是不可回避的话题。因此，与其回避恋爱的话题，不如召开班会讲深讲透。引导大学生树立正确的恋爱观念，让大学生的爱情成为青春记忆里最美的风景，而不是终身的遗憾！

扣好走入社会的“第一粒扣子”

2011 级导游 2 班班主任　钱正英

一、案例背景与概述

我在任 2011 级导游班主任期间，有位同学“小华”（化名），是退伍军人，年龄比班级其他同学要大一些。他为人热情，性格外向，军训期间做事也比较积极。他为集体做了不少事情，在学生中也有一定的威信，是我工作的好帮手。但是随着日常学习的开展，他逐渐暴露出很多缺点：一是粗枝大叶，二是日常言行举止不是很文雅。尤其令人头疼的是，班级不少女生对他比较反感。因为他对自己要求不严，而对其他同学在日常班级管理上又很严格，久而久之，他作为班委在班里的威信就越来越低了。班级里的同学时常到我这儿来告状，她们的告状一度令我非常烦恼。

二、案件分析与处理

一开始我采取的是一种慢处理的做法：比如说，同学来告状，说“小华”如何不好，而且有些话说得很过分，我就很关心地问她们需不需要我出面，假如她们点头，我就告诉她们，这事我一定要管，适当的时机我会找“小华”谈话的。不过一般我不会立即找“小华”谈话，我所需要做的只是耐心等待，等告状的人多了，汇总一下具体情况，再找“小华”谈。学生之间的小摩擦就是这样，老师既不能太当真，也不能不当一回事，不能被学生的情绪影响，应该理智地处理。过了还算比较平稳的一年之后，由于班里同学对“小华”的意见比较大，他终于向我提出了辞去班委工作。我对他说，我知道你的意思了，说实话，老师蛮意外的，这样吧，你先回去考虑考虑，让老师也考虑考虑，过几天我再找你，好吗？他答应了一声，转身走了。

其实，当时我内心的想法是想答应下来的，但考虑到“小华”的自尊心，我打算缓一缓。过了几天，我把他叫到办公室，平静地对他说，老师想了很长时间，决定还是同意你的辞职申请，一是因为你有这个想法必然是经过深思熟虑的，二是老师本来是不同意你辞职的，因为你为班级付出了很多，但马上要参加导游职业资格考试了，考虑到你基础比较薄弱，所以，老师还是尊重你的意愿，这样安排可以多花一点时间在学习上。至于接任者，我还拿不定主意，你能帮老师推荐一个班委的人选吗？这次的沟通很顺畅，“小华”推荐了另一名男生给我，考虑之后，我采纳了他的建议。

后来我在班级里公布了新的任命，班级在全体班委的带领和全班同学的努力下，我们班荣获了学校“五星班级”称号。

三、案例反思与启示

大学是个小社会，同学们来自五湖四海，每个人的经历和背景不同，想法与处事方式也大不相同。班主任不仅要做好一个引领者，还要做同学们之间的润滑剂，在思想上引路，在生活中关照，在矛盾中调和，帮助学生扣好走入社会前的第一颗“扣子”。

学风建设，经典诵读

2017 级休闲班班主任　温　燕

一、案例背景

为了提升班级的学风，我在 2017 级休闲班开学初期就鼓励同学们进行英语打卡，也鼓励同学们积极诵读或背诵与茶相关诗文，通过背诵摘抄，最后老师出题目同学们作答，以激励同学们的国学学习的热情。活动开展初期，老师根据实际情况制定了活动方案，包括主题、目的、诵读规则以及奖励，通过各项举措来推进同学们的诵读。

二、案例分析处理

经典著作是我国民族文化教育精神的一个庞大载体，是我们民族生存的根基。通过学习文化经典，能够很好地传播和发展民族精神。开展经典诵读活动意义深远，优秀的经典文化可以帮助我们学习茶文化，一些与茶相关的茶诗词以及茶经等是我们休闲服务与管理（茶文化方向）学生学习的蓝本。

通过诵读，了解优秀的中华文化，潜移默化地陶冶同学们学习茶文化的性情，可以发挥以下作用：（1）弘扬中华优秀传统文化，提升人文素养。（2）让学生诵读经典、理解经典，并运用到专业上，以经典诗文开阔胸襟，帮助学生养成良好的行为习惯。（3）在诵读熟背中，培养茶文化专业学生读书兴趣，扩大阅读量，能够与实践联合起来。

我与班级同学一起制定诵读内容及规则。诵读内容主要包括茶诗词、茶经、茶书籍及相关文化经典书籍。诵读规则主要是通过诗词背诵、茶书籍摘抄整理、阅读笔记等形式进行。参与的同学可以根据自己的喜好选择茶诗词或书籍等进行打卡，根据诵读不同的诗词、书籍进行积分，每学期每班评选出“经典诵读达人”，并给予不同的奖励。同时，诵读优秀的同学将优先推荐学徒制学习和其他获奖机会。

具体操作上，主要通过趣味活动形式开展：学生根据个人安排在微信小程序“小打卡”中的“经典茶文化诵读”的圈子中打卡，上传内容。可以是背诵的诗词视频、摘抄整理的读书笔记等，同一个作品不同形式不累计加分。由班助、学习委员负责日常管理，学习委员负责每个礼拜整理学生打卡积分并进行统计；每学期期末整理同学打卡记录进行评比。

三、案例反思与启示

活动开展过程中，同学们的表现都很不错，也养成了学生们积极学习的氛围，我所在班级中有一位同学获得了国家奖学金；在专升本的考试中，有16位同学报名参加考试，11位同学过线并被录取。

相信自己，青春加油——班长成长记

2015级会展2班、2018级会展2班班主任　陈　蔚

从2010年参加工作以来，我一直担任班主任，根据自己10年的班主任工作经验，我认为班干部是班主任的左膀右臂，班干部团队里必定有卓尔不凡的个体，班长就是领头雁，是排头兵，是班主任和学生的直接联系纽带，俗话说“火车跑得快，全靠头来带”。对于一个班集体来说，班长的管理能力直接影响到一个班级良好的班风和学风的形成。显而易见，如果想对班级进行有效的管理，必须抓牢“班长的使用和培养”这个着力点。在接触的几任班长中，我遇到过一个特殊的个体，下面我想通过这个案例讲讲班长成长的故事。

一、案例背景

初见我的班长没有太多印象，由于学校女生多男生少，我记住了他的性别。对于初入学的新生来说，军训是最难熬的日子，教官把孩子们分成10人一排。每个班选出一个“代理班长”，班长此时毫不犹豫地站了出来。新生互不认识，自然没有人异议，顺理成章地，班长踏上了光明前途的第一步。正是这难熬的日子，热心帮助每一位同学的他让所有的同学都在班干部竞选会上给他投下了宝贵的一票。第一学期很快过去，班长每天都忙忙碌碌，班级事务有条不紊地完成，而脸上的笑容却越来越少，微信头像变成了抽象模糊的脸，好几次看到我都欲言又止，我有疑惑却没多想。寒假后开学的某一天，班长来到我办公室，哽咽着说不愿再做班长了，满脸通红。我问他为什么不想做班长了，刚入学时的满腔热情去哪儿了？他说真的很累，任何人找他帮忙，他都不忍心拒绝，怕别人不高兴，但时间久了自己又吃不消。我意识到这个孩子是“讨好型人格”，以前只是觉得他懂事主动，现在发现不是那么简单。

二、案例分析处理

我联系了他的父母，了解到他从小就被严格对待，与家人的沟通很少，很在意父母对他的看法，印证了我之前的判断。几乎每一个“讨好型人格”，都是从幼年时就开始形成的。太多的他们在幼年时就没有得到过父母无条件的爱，甚至会被打骂、批判、否定，所以，他们从小就处于一个不平等的位置上，害怕冲突，也必须要去顺从、妥协，摆出低姿态，才能不被否定打骂，才能“被爱”。辞职是件小事，如何帮他树立信心，改变待人方式才是最重要的。我找他谈心，告诉他学会拒绝别人不合理的要求，根据自己的时间精力安排工作，正确地管理自己。我在班里召开班干部会议，强调了班长的统筹作用，班干部要承担相应的工作，任何时候都要积极响应班长的号召，同时，也告诉大家班主任是他们的坚强后盾。

三、案例反思与启示

经过一段时间的谈心和陪伴，他在一天天地长大、一天天地成熟，他的模范作用也被其他同学认可，这更加坚定了我投身教育的信心。从这个班长身上，我更清楚地认识到班干部的心理和培养工作任重而道远，以下几点是我的感悟：

（一）深入了解学生家庭情况

不同的家庭情况和成长环境造成学生不同的性格特点。在学生身上出现问题时，要第一时间去了解，为什么学生会这样呢？要站在学生的角度去思考，分析导致他们现在的性格、脾气、观念的深层原因。

（二）从细微处入手，在工作中慢慢接触，逐渐取得学生的信任

每一个学生身上都是有优点的，而再优秀的学生总有不尽如人意的地方。作为老师，我们要学会欣赏学生，多给学生一些鼓励，增强他们的信心。以身作则，通过自己的言行引导学生，从细微处入手，慢慢赢得学生的信任及尊重，使得学生敢于敞开心扉，信任老师。

（三）不要直截了当，可以侧面引导

在没有取得对方信任之前，不要单刀直入，直接就问题进行交谈。有过特殊经历的学生，对不熟悉的人始终会抱着警惕的心态。不妨先从朋友做起，通过一段时间的接触，在工作中一起努力，共同体会集体的力量，也夯实彼此间的感情和信任，从而让学生明白自身问题所在，调整好心态，会取得比较好的效果。

梅花香自苦寒来

2016级会展2班班主任　邵雨薇

我做班主任与我担任二级学院教学秘书的工作，有一种天然的纽带联系。一方面，作为班主任，可以直接了解乃至对接学校、学院的政策、目标、要求；另一方面，可以根据自己教学管理工作的领域，加强对班级学生工作的管理。尤其是自己的工作范围，如实习管理工作，更是对学生走进单位、走向岗位、走入社会，产生非常大的影响。

一、案例背景

我所担任班主任的班级是会展策划与管理专业，40位同学有8位来自省外，32位来自全省各地。实习地点和文化、业态有很大的差异性。作为“城市的面包”和“经济的晴雨表”的会展业，以新兴的文旅产业业态备受关注。这势必对实习学生有很高的要求。所以，在开始接任班主任时，我就在关注学生生活的同时，注重对学生学业发展的引导。

二、案例分析处理

会展策划与管理专业旨在培养学生拥有良好的职业道德和敬业精神，具备较全面的会展服务、会展管理的专业理论知识和专业技能，能胜任会议组织和管理、展览策划和管理、节事等相关活动的策划组织以及会展旅游的组织和服务等工作的高技能应用型人才。虽同为旅游大类专业，但会展策划与管理专业在人才培养的规格和路径上，有专业自身的特性。因此，班主任要组织学生熟悉课程安排，了解诸如展览策划与管理、会议组织与管理、节事与活动策划、会展设计、参展商实务、会展信息管理、会展英语、会展物流等主干核心课程以及相关拓展课程和人文素养课程。这样，才能让学生最终以实习的方式，进入行业和社会。

我为学生量身思考与他们专业学习相关并且能够可持续发展的实习单位和岗位。收集省内乃至国内信誉好的会展企业，编制成学生实习选择的清单，供学生根据自己的爱好、特长、个性进行选择。宣讲实习政策和校企双方的工作要求，厘清实习教学的工作流程。我所带的班级大部分选择了本专业对口的实习单位和岗位。因为我在做班主任的时候学业和生活两手抓，同时，有着以学生发展为中心的思想引领，所以学生的专业思想非常稳定。他们进入会展单位实习，不仅从事搭建、设计、美工、翻译、IT 等工作，而且还从事公关宣传、客户服务、企划、营销、沟通等诸多环节的工作，显示出在学校教育过程中智商、情商共同发展的可持续发展的能力。个别学生一下找不到合适的实习岗位，我也是千方百计利用自己的工作平台，为学生寻找合适的实习机会。

三、案例反思与启示

学生的专业学习，需要班主任老师引导尤其是专业老师的专业指导，才能梅花香飘。实习是一切学校教学成绩的检验，我们可以见证学生的事业心、责任心、创造能力、沟通能力的形成和他们的成长。

用心去发现，用爱去改变

2018级规划1班班主任　吴侃侃

一、案例背景

班主任工作中会遇到很多不确定的因素，如何合理解决遇到的新问题，对每一位班主任都是新的挑战。曾经我带过一个刚刚开办的3+2院校合作班，学生三年职高升入高职大学，同学之间非常熟悉，没有其他普通大一新生班级入校的紧张陌生，更多的是个性的张扬和对新的大学自由生活的向往。

二、案例分析处理

因为是第一届合作班，没有其他老师的分享经验，而我对于这个同学之间已经相处三年的班集体来说，是一个新成员。如何让他们接受我这个新班主任，有压力，也是一个挑战。经过思考，带班初期我做了两个工作：

首先，学生入校前，与这个班级高中三年的班主任认真交流，对每一位同学的学习、个性及家庭情况有了初步的了解；

其次，学生入校后，我就开始与每一位同学深度沟通，了解同学们升入大学的学习情况和未来就业的想法。

经过深度沟通以及平日的观察后，我开始在教学、思政教育中渗透班主任工作，鼓励同学们积极参赛、进行专业实践，明确自己的职业就业道路，同学们也慢慢开始接受我这个新来的成员，并信任我。

三、案例反思与启示

两年的大学生活虽然不长，但这个班的同学们经过努力，在短短两年获得了多项国家、省级及校级比赛奖项，30人的班集体中有23人考上全日制专升本，1人留学海外，其他人百分百就业。学生毕业后也一直与我保持联系，

2021 年传来好消息，23 人本科毕业后，2 人考上全日制硕士研究生，1 人准备海外研究生考试；就业的同学也有很多在行业中崭露头角，获得晋升机会。

这是我做班主任工作的收获与分享，用心去发现，用爱去改变，没有逾越不了的挑战。让我们一起继续不断积累和努力，学习做好一名有心有爱的引路人。

用爱让每个孩子收获最好的自己

2013级烹调3班班主任　戴国伟

一、案例背景与概述

我有一名学生叫香干（化名），是烹饪工艺与营养专业的一名毕业生。时光飞逝，转眼她已经毕业5个年头了，她说自己的每一分收获都离不开旅院。学院为她提供了非常宝贵的平台和非常多提升自我的机会。学院专业课的设置把“理论与实践结合”，非常到位，除去课堂上的理论传授，课下的实践活动重在培养我们的“发现问题”“解决问题”和“向外输出”能力。学各种专业课期间所做过的小组展示和小组策划案可以列一大串，有人把它当成一种任务而觉得是形式主义，却有更多的人把它当作锻炼自己团队协作能力、口头表达能力和内化知识外显能力的机会。至今还记得导师说过的，“寻找那些能够不自觉吸引你的注意力的领域”，而“有效的注意力”是在“兴趣、关注、可能的行动”三者的交集处产生的。学院拥有的多元化背景的教师资源让有不同兴趣的学生都可以找到相应的老师进行更加深入的学习。以下是她在学校获得的荣誉：

2013年在全国职业院校技能大赛中职组烹饪比赛中荣获个人一等奖

2013年在“联合利华饮食策划杯”全国烹饪技能竞赛中获面点金奖

2014年在全国职业院校技能大赛高职组烹饪赛项中荣获个人二等奖

2014年在全国职业院校技能大赛高职组烹饪赛项中荣获团队三等奖

2015年在全国职业院校技能大赛高职组烹饪赛项中荣获二等奖

2015年在浙江省高职高专院校烹饪技能大赛中荣获中餐面点一等奖

2016年荣获浙江省普通高等学校“优秀毕业生”称号

二、案情分析与处理

这个同学在学校时让我印象深刻，我当时给她的评价非常高，在校期间学习成绩优良，做事认真谨慎，能吃苦耐劳，团队意识及协作精神较强，尊敬师长，和同学相处融洽，很有集体感，无论是学习上，还是专业上，都有着很明显的优势。但是她在学校的心理测试的结果中却是需要关注的对象，这让我非常吃惊。我最先在暗中观察，面对面地交流，没有什么特殊的情况。经过分析，这个同学在专业上非常刻苦学习，心理测试期间就是需要参加比赛的时期，可能是比赛给她带来的压力让她成了被关注对象。带着我自己的猜测去与她交流，我发现和自己想的一样。事后我与相关的专业老师在技术上给予她指导，让她更加自信。我也在心理上给她适当的安慰，慢慢地，她经过了一次一次的比赛锻炼，后来也取得很好成绩。班主任工作是烦琐的，需要有爱心、细心、耐心和责任心。

三、案例反思与启示

班主任在开展工作中，要注意对学生进行个别教育。班集体中总有一些比较特殊的学生，他们或是学习差，或是性格孤僻，或是顽皮捣蛋。班主任必须做好这些特殊学生的教育工作，需要谨慎对待学生，不能简单粗暴地解决问题。

共同进步、共同成长

2010级商英2班班主任　陈积峰

一、案例背景与概述

班级学生参加海外实训项目，前往美国工作了一段时间。开始阶段都比较顺利，学生对入职和生活安排都比较满意。然而一个月以后，学生反馈说工作的快餐店经常要求他们加班，往往要工作到晚上十点半甚至十一点。由于学生租住的宿舍离工作地点比较远，平时上下班通勤都是乘坐专线小巴。而晚上一旦要加班，就很可能会错过最后一班小巴车。有时候可以搭乘一同下班同事的顺风车，有几次错过了小巴，就只能花不菲的车费打出租。有一次叫不到车，几个女生只能在半夜里走四十几分钟路才到家。因此，学生希望学校能帮忙和负责海外项目的中介公司沟通一下，解决这个问题。

二、案情分析与处理

海外项目作为我们学校的办学特色之一,一直以来深受学生的青睐。学生能够在一段较长的时间内去海外实习或者实训，在学习语言和专业技能的基础上，还能了解海外的风土人情，体验不同的文化，拓展自己的视野。因此，我们在平时的工作中一直都是很推荐有兴趣的同学积极报名参加的。当然，前提是能保证学生安全的前提下，力争让学生有更多的收获。

了解到这个情况以后，我首先通过海外项目负责老师联系上了当地的中介机构，核实以后，了解到同学们确实存在加班的情况。但是当地企业老板表示，加班是学生的同意的，也按规矩发放了加班补贴。至于交通不便的问题，确实存在，老板自己也曾几次担任司机把学生送回宿舍。再次与学生沟通后得知，学生对于加班没有太大意见，对于工作场所和同事的关系也都比较满意，无意更换工作。只是希望能解决住宿偏远的问题。在了解了学生的实际问题以后，我再次和中介沟通，得知关于住宿，学生是可以自己选择的。如果对目前的宿舍不满意，可以自己找地方租住，房租是由学生自己支付的。反馈这个信息之后，学生很快在快餐店老板的帮助下，在附近社区找到了合适的住所，租金比原来更低。

三、案例反思与启示

通过这件事我们可以看到，班主任在学生心目中就是一个家长的角色，有些他们自己觉得解决不了的事，会第一时间找班主任来沟通。这也充分说明了学生对班主任的信任。因此，班主任这个时候就要充分为学生着想，做好学生强有力的后盾。此外，作为参加海外项目的学生，离家千里，遇到问题之后可能更会感觉孤立无援。因此，无论是班主任还是学校，都应该帮助其做好各项沟通工作。尤其是情绪上的安抚和沟通，能帮助学生克服在异地的焦虑和紧张情绪，更好地融入当地的生活。同时，我们应该看到，鼓励学生参加海外项目的初衷之一，也是希望学生能有更多的锻炼机会，培养自己独立处事和解决问题的能力。因此，在这件事上，我们更多地鼓励学生主动与雇主和房东进行沟通。事实证明，只要我们给予学生足够的信任和支持，他们完全可以很好地面对和解决一些事情。相信有过这样的经历，他们一定会有所收获、有所成长。以后在面对问题和困难的时候，会多一份自信、多一些从容和淡定。

如何加强学生的社会适应力

2011 级商英 1 班班主任　王　宏

一、案例背景与概述

2013 年，我校开始和美国迪士尼公司合作开展学生的海外实习活动。学生通过电话初步面试，迪士尼公司派来的人事专员进行第二轮面试，顺利通过后就可以作为文化大使去美国完成实习，此次实习作为大学最后的一门课程。

二、案情分析与处理

我们班班长英语基础好，专业能力强，在担任三年班长之后非常自信，具备了一定的管理能力。非常幸运的，她作为我校第一批入选的文化大使去加利福尼亚州的洛杉矶迪士尼实习。她性格外向，为人豁达，善于与人交流，亲切和善，在迪士尼中国馆售卖中国商品，工作环境和待遇都还不错。在工作之余，她不但交到了新朋友，还存了一些钱用于在美国本土旅游。本来一切顺利，在实习期的尾声，她突然回国了。之所以突然回国是因为她违反了寝室入住规则。这一规定用很小的字写在括号里，并不容易注意到，当时她粗心大意没有重视。更重要的原因是因为同寝室爱尔兰籍同事把此事报告了主管。她平时花钱大手大脚，引起了爱尔兰室友的嫉妒，所以，室友借此机会上报了主管，对她进行打击报复。

三、案例反思与启示

通过这次实习的经历，班长的口语和人际交往能力都得到了提升，性格上更成熟，吃一堑长一智，考虑问题更全面了。有过出国的经历她的视野开阔，并不把自己的未来发展局限在国内，毕业后，她又远赴韩国继续求学。

这件事让我们认识到对于学生的情商的培养非常重要，在外工作生活，特别是身处别的国家，一定要小心谨慎，不要露财，多站在别人的角度考虑问题。同时，也要尊重别的国家的风俗习惯和企业的规章制度，才能真正地学习到知识，游刃有余地享受生活。

因材施教，分类指导

2012 级商英 2 班班主任　唐黎卿

一、案例背景与概述

商务英语专业的学生来自全国各地，除了省内生源，还有不少同学来自省外，如安徽、辽宁、吉林、福建、广西、海南等。由于高中教学的地域差异和学生个体差异，少数学生的英语基础较弱，进入商务英语专业后在专业学习中面临较大挑战，在英语发音、口语和书面表达等方面存在较明显的短板。商务英语专业课的学习，不是从零开始的，是建立在学生中学阶段已有英语基础上的巩固、深化、拓展和应用。因此，学生语言基础薄弱会较大程度地影响学生学习专业课程的信心。关注学困生的成长，是语言专业班主任工作的重要内容之一。

二、案情分析与处理

所带的几个班级里，有一位女生给我留下了比较深的印象。由于地域差异，她的普通话不是很标准，说英语的口音也比较重，英语基础较弱。在班级担任班干部期间，由于她语言表达的原因，受到过一些同学的质疑，同学们认为她话说得不清楚。这让她感觉比较挫败，一度比较焦虑。

尽管她学习基础不是很好，但是她很努力，课前预习工作做得很仔细，书上的笔记密密麻麻。她的用心老师们都看在眼里。在班主任的关心和任课老师的指导和帮助下，她凭着比别人多几倍的时间投入，成绩得到了提高，并最终通过了大学英语四级考试。这对她是莫大的鼓舞和激励，使她对大学生活充满了信心，也重拾了自己的沟通表达、人际交往方面的信心。毕业以后，她一直乐观、努力地生活，经常和母校老师联系，怀着对母校的感恩之心。

三、案例反思与启示

爱和鼓励是学生成长的催化剂。虽然有些学生在学习能力或学习习惯方面存在不足，会有比较大的学习困难。尤其是语言专业，进入大学后，学生之间的语言水平差异比较大。班主任要多多关注那些基础薄弱但又努力上进的学生，用爱的眼睛去发现学生的优点，多多鼓励，并提供有针对性的学习指导，帮助学生树立学好语言专业的信心。在某一方面取得进步，这种成就感对学生的激励很大，会使生活中的其他问题迎刃而解。同样地，我们的学生往往各有特点，有的擅长社团活动、社会实践，有的学习成绩突出，有的人际交往能力存在短板，有的实践能力偏弱等。作为老师可以多多发现学生的优点，多鼓励，让他们树立信心，从而引导学生各方面都得到成长。

持续两年的主题班会——“一期一会”

2016级表演2班班主任　励继红

一、案例背景与概述

2016级表演艺术2班是高职3+2班级。开学不久，这个班级在学习上突出存在三方面问题：第一，学业基础弱。因为大学学制短，学生进入大学后需要快速进入专业课程学习。很多学生想学却无从下手，从心理上惧怕学习；第二，学习主动性欠佳。从小到大，学生们习惯了被动式的学习。而进入大学后，除了规定的课程安排外，学生需要利用大量的课余时间开展自主学习，班级中很多学生难以快速转变学习习惯，“力不从心”现象凸显；第三，学习目标不明确，难以正确自我定位。相对于三年制学生来讲，高职3+2班级进入大学后马上就要规划个人职业发展方向，面对新环境、新角色，学生普遍出现目标不明确，自我定位模糊的现象。

二、案例分析与处理

针对班级出现的上述问题，我通过主题班会“一期一会”的方式，更好地达成高职的培养目标、培育良好的师生关系，促进同学们努力学习，提高综合素质。“一期”表示人的一生，“一会”则意味仅有一次的相会。即希望班级同学能够认真对待每一次的相见，就是对生活的认真，进而思考人生的离合、相聚。这一点，放到大学学习生活中又何尝不是这样呢？五年的学制让2016级表演艺术2班36个女孩子从2013年开始就相识相知，每一天的上课、下课、琴房、舞蹈房、排练、演出、回寝、吃饭、睡觉……如果我们以“一期一会”来对照，每一天的学习、生活都被认真地对待，那么人本身的状态、学习的状态、生活的状态就会完全不一样。“一期一会”让同学们明白只有现在才是你应该珍惜并用心对待的。

“一期一会”主题班会内容有：

1. 现实话题。结合时代背景引领学生去体会激昂、澎湃、一往无前的力量，如 2016 年奥运会中国女排夺冠、温州精神等话题，以此提高学生的道德素养，进行价值观的教育，强调家国情怀、利他情怀，将个人梦与中国梦结合在一起。

2. 典型话题。引导学生合理安排大学学习生活；组建形式多样的学习、活动小组；倡导同学之间共学共进、相互关爱；强调身心健康意识等。如，学生手册学习、学习生涯的规划、增加自信的技巧、做一个受欢迎的人、“鸡汤”分享解读等。

3. 思维话题。提出有吸引力且是学生需要正确把握的问题，给出讨论题目及范围——开展讨论——形成观点——教师总结，进一步加深同学们的理解和掌握。如：如何把握个人利益与集体荣誉的关系？就业和继续学习（专升本）哪一个可能更好？如何平衡教学任务与社团活动等。同学们在自主探究相关问题后，围绕诸多问题开展讨论。

三、案例反思与启示

当代大学生学做人与学习知识、技能是相互联系，相互渗透，不可分割的一个整体。只有把学做人与学本领有机地统一起来，才能适应社会的进步和发展，也是人自身发展的需要。经过两年的实践，在引导学生学好专业知识和技能的同时，更重要的是引导学生努力成为“四有”新时代青年。

一是成为一个有纪律的人。无规矩不成方圆。作为班主任，在学生进入大学后，第一时间需要给大家树立基本的规矩，严格遵守法律法规及校规校纪。两年期间，本人所带班级是所在学院唯一的零违纪班级。

二是成为一个有温度的人。细节见真情。在班级管理中，可以通过“生日祝福”、善于赞美等细节，引导同学们努力成为一个有温度的人。例如，当我在班群里给每一个同学发生日祝福时，全班同学热烈呼应，到后来，同学们甚至赶在了我的前头。当每周优寝出炉时，全班鼓掌祝贺，不吝啬自己的夸赞。在良好的班级氛围下，班主任老师也会收获温暖。母亲节，我收到了同学们自制的花束；班会结束，同学们突然关闭教室的灯给我一个惊喜的生日会；毕业的时候她们送我厚厚的一本“励来有你”的纪念册。

三是成为一个有责任感的人。热情的基点是责任心。在课余时间，班主任老师要充分利用校外实践平台，组织班级学生进行社会志愿服务和实践活动。例如，为福利院的老人、孩子们送歌声、送欢乐。

四是成为一个感恩的人。心存感激的人，整个世界都是光明的。2018 年 6 月，她们毕业了。2018 年 11 月是学院 35 周年的校庆。因为校庆表演的需要，16 位同学接到表演艺术教研室的任务后，没有任何顾虑、克服困难，从温州赶回学校，在校庆 35 周年的文艺演出中再次表演她们在大艺节中获一等奖的舞蹈《情深意长》，演出结束，她们换下演出服，匆匆赶回温州各自的工作岗位。同学们坦言：学校有需要，我们就来！

以情育情，以美塑美

2015级空乘9班班主任 陈晓燕

一、案例背景与概述

男生小黄，平时表现很好，是我带的订单班里得力的班干部。第二学期，我渐渐发现他上课有点分心，精神不佳，从室友侧面了解到，他家里出了点事。我赶紧约了他喝咖啡、谈心。经过了解，我才知道，他家里经济来源都是靠父亲工作，母亲在家，姐姐因眼疾也没有稳定收入，最近父亲查出癌症，昂贵的医药费给这个本不富裕的家庭带来了很大的压力。面对即将开始的乘务员培训，他想要退学去打工，因为家里需要他。甚至在培训阶段，因为擅自离开培训基地，他被公司辞退。

男生小齐，我关注到他是在礼仪课堂上，因为我发现，在让同学们练习温暖的职业“微笑”时，他抿着嘴，笑得很尴尬、很勉强。

二、案例分析与处理

世界级心理大师威廉·詹姆士说：“播下一个行动，收获一种习惯；播下一种习惯，收获一种性格；播下一种性格，收获一种命运。”作为班主任要积极采用符合心理发展和成长规律的方法来教育和培养学生，以情育情，以美塑美。

面对小黄同学的困难，我一边安慰他、鼓励他要作为家中的男子汉，坚强起来，一边询问他父亲目前的治疗进展和家庭的经济情况。尤其是当他面临要到航空公司进行乘务员培训的时候，一方面，我告诉他，经过4~5个月乘务员培训、带飞，他就可以拿到不低的实习工资，不需要放弃学业。并且参加培训的相关费用也将由我暂时借给他。另一方面，积极在往届校友群体中发起募捐，暂缓其父亲医疗费的燃眉之急。就这样，小黄信心满满地参加了培训。当得知他又因擅自离开基地被公司辞退后，我第一时间联系了他，了解到他是因为家庭原因，情急之下没有及时做好与公司的沟通导致被辞退。我跟他说，先别伤心，好好陪伴病重的父亲，以后还会有更多的机会。随后，我向企业解释了相关情况，也敦促小黄向公司写了情况说明，做到有始有终，公司也表示了谅解。与此同时，我开始为他留意航空公司招聘信息。虽然小黄最终还是没能留住父亲，但努力认真的他，又一次得到了航空公司的青睐，再次成为一名乘务员。这一次，他心无旁骛，专注工作，连年给我带来他表现优秀的好消息。

面对小齐同学的困难，我会采取循序渐进的方式，不断鼓励引导他勇敢地露出笑容。“小齐，请露齿微笑。”他还是抿着嘴，虽然嘴角眼角略上扬。“小齐，露齿笑更阳光、更真诚。”“老师，我从小就是抿着嘴笑的。”“小齐，你试试，把嘴张开，那样更好看。”“老师，我妈妈说张开嘴笑不好看。”“小齐，你要相信，妈妈肯定最爱你，但教微笑，老师更专业！今天回去，你每天对着手机练习，把自己张开嘴笑的视频拍下来，下周给老师看最好的。”

经过了 3 个月的配合练习，我发现小齐笑得很帅，而且还自信了不少。学期结束前，他入选了企业订单班。寒假，我接到了他妈妈的电话：“陈老师，谢谢您，我的儿子现在很懂礼貌，也很阳光很开心！”

三、案例反思与启示

班级是学校教育教学工作最基本的单位，关乎着学生的健康成长。班主任则是班集体的领导者、组织者、教育者。这就要求班主任要用博爱的眼光看待每一位学生，用真挚的情感来感化学生，让他们真正感受到老师对他们的亲近和爱。总而言之，教师也好，班主任也好，在金风送爽的 9 月，总能听到一声“老师，谢谢您！”也就满足了。

一个“佛系”班级的转变

2017 级表演 1 班班主任　时忆宁

一、案例背景

2017 级某班由 27 位 1998 年、1999 年出生的省内各地普高学生组成。开学不久，班助向我反映：班级凝聚力不强，班级活动开展困难，许多事情总需“逼着”去做，同学们都在“忙”着自己的事情。班级整体呈现“怎么都行、无所谓、看淡一切”的“佛系”状态。作为这个班级的带班辅导员和班主任，整个班级风貌亟待转变。

二、案例分析处理

（一）问题本质

本案例是典型的班级建设问题，主要表现在学生自我意识强、集体主义观念淡薄，整个班级缺乏凝聚力。

（二）解决思路

我将教育管理学中的目标管理理论应用到该班级的建设中，通过目标管理模式激发学生的班级建设动机，以解决思想问题和解决实际问题相结合，以培养集体荣誉感为关键，通过实施目标和结果考核，培养共同奋进的班级风气。

（三）实施办法

1. 以“星级班级”为目标，制订“三个层面”计划。期初班会，我为班级制定了目标：（1）个人层面，充分调动学生参与活动积极性，争取获奖率达到 50% 及以上；（2）寝室层面，全面加强文明寝室建设，每个寝室平均优寝次数应达 5 次及以上；（3）班级层面，大一首先获得所在学院“美丽班级”，大二阶段争创学校最高荣誉——“星级班级”。

2. 以规章制度为保障，实行过程量化管理。我借住班委、寝室长的力量，共同制定班级班规，由团支书统筹每个同学的量化考核，包括个人荣誉和参加集体活动获奖情况等。此外，我每两周组织召开班委、寝室长会议，讨论班级近况和下一阶段的计划，大家各自“认领任务”，相互监督完成目标任务。

3. 以价值引领为宗旨，多渠道解决思想问题。一方面，我通过传统班会、个别谈话、集体谈话等方式，引导大家正确看待班集体与个人的关系。另一方面，我以新媒体为载体，主动占领网络思想阵地。在党总支书记的带领下，辅导员们根据专业背景和个人特点，共同开设了网络思政专栏，通过网言网语和优秀班级的真实案例进行宣传，逐步转变学生错误的思想观念。

4. 以榜样力量为指引，发挥朋辈帮扶作用。一方面，我聘请优秀毕业生小王为“校友导师”。作为班长，小王所带班级获得学院星级班级评比第一名，她本人以优异成绩考取专升本。她定期为班级开展职业生涯规划、第二课堂活动等面对面交流活动。另一方面，在班级的集体活动中，如大合唱比赛、心理剧视频拍摄，我都会邀请学长学姐进行专业指导。通过此类朋辈力量的帮扶，调动班级从个人到集体的积极性。

5. 以“颁奖典礼”为激励，进行目标结果考核。学期末，我召开“2017年班级颁奖典礼”，评选班级“奉献美”“运动美”“最美寝室”等。通过一学期的班级建设，该班级最终获得学院合唱大赛一等奖，心理剧拍摄一等奖，每月班级文化建设之黑板报评比均获奖，每周文明寝室检查优寝率领先，班级“佛系”面貌得到很大改观。班委队伍形成班级建设的合力，从被动管理到主动出谋划策、承担任务。班级凝聚力显著增强，班级同学“自我管理”和“自我教育”能力显著提高。最终，我所带班级获得学校“优秀团支部”“星级班级”等诸多荣誉，近一半学生报考专升本考试，专升本通过率高达 90%。

三、案例反思与启示

（一）班级建设要做到“新”连“心”

对于近“00 后”班级，管理手段要创新，管理方式要“走心”。一方面，辅导员要充分利用网络等多种方式，从传统的层级化管理模式转变到“辅导员—单个学生”的模式，加强对每个学生的关心；另一方面，要主动占领网络思想阵地，如开设网络思政专栏，如“四两讲堂”等，向学生传递指尖上的正能量，达到“润物细无声”的效果。

（二）班级凝聚力增强需要发挥内外因共同作用

在内因层面，辅导员要对学生进行思想教育和价值引领，使学生认识到个人和班级之间相互依存的关系，要早抓、早发挥学生与班级相得益彰的功能，而不能使两者陷入恶性循环。在外因层面，要营造班级建设的良好氛围，可以通过班级骨干力量、朋辈帮扶等渠道，以表彰大会、团辅活动、感恩活动等方式，凝聚人心、共同奋进。

少长咸集，群贤毕至——星级寝室养成记

2016级会计6班班主任　李　冬

一、案例背景

寝室相当于学生的第二个家。4403寝室由6个来自不同地方的女孩组成，她们有的内向害羞、有的风趣幽默，有的外向开朗，也有因高考引起心理和情感双向障碍的同学，还有家庭困难生，这样一个“五花八门”的寝室竟然成长为“星级寝室”！

虽然过程艰辛，但都因同一个理念而“少长咸集，群贤毕至”，作为班主任，我始终引导她们遵循着“无规矩不成方圆”的行事理念，秉承着“以人为本”的原则，一切行动都有一个宗旨，那就是“人性化”，组成一个充满活力、团结共进的小家庭。

二、案情分析与处理

（一）寝室制度建设：以梦为马，不负韶华

寝室长是寝室的灵魂人物，需要管理寝室卫生、氛围、安全等各个方面。寝室日常生活中，该寝室对每个人都进行了合理的分工，每个人都会自觉遵守宿舍的卫生值日安排，同时，还对寝室进行了简单精心的装饰，使寝室更加美观大方。为了营造一种团结和谐的寝室格调氛围，她们彼此之间懂得谦让，懂得团结互助，讲究寝室文明卫生。寝室的卫生需要每一个人共同维护。当寝室成员忘记那天是她们值日时，会互相提醒，也会严格按照值日表制度执行。每天值日制度，即安排寝室成员每天整理寝室，保持清洁，要求其他成员整理好自己的内务。安全建设制度，即注意寝室用电安全，禁止在寝室使用明火等。

（二）寝室文化建设：“道德示范”和“寝室文化建设”结合

在寝室墙面悬挂写有励志名言的字幅两条。在宿舍左墙上将宿舍成员的照

片展示出来，把每个成员对宿舍的寄语贴出来。思想进步，积极向党靠拢，坚持“三心三力、红心接力”，寝室中三人已成为入党积极分子。大一学期共获得分院优寝 8 次，100% 通过会计初级资格证书，100% 参加了专升本培训班。寝室成员积极参加志愿者活动，累计志愿者工时 335.5 小时。为了把“道德示范”教育和“寝室文化建设”紧密结合起来，我加强寝室管理，深化学校素质养成教育、提升文化素养。寝室成员不上进时，我会及时进行思想开导。

（三）寝室氛围建设：“少长咸集，群贤毕至”

寝室六人情同姐妹，在学习上互相促进，在生活上互相帮助，在工作上互相扶持。总是一方有难，五方支援，当困难“袭击”我们的时候，友谊总是我们强大的后盾。大家情同一心，虽然来自五湖四海，但是同在一个寝室，如同一家人，感情深厚。当寝室成员闹矛盾时，我会引导她们互相道歉和解，矛盾不会过夜，当天解决。

我会时刻提醒她们学习是大学生涯的首要任务。寝室成员对学习都很重视，十分认真刻苦。平时，大家经常在寝室里讨论学习中遇到的问题，有学习氛围。同时，彼此之间也会督促，互相影响。通过一番努力，大一学期，全寝一次性通过了初级会计职称考试，其中 1 人获得了省政府奖学金、1 人获得了国家励志奖学金、2 人获得学院奖学金。共获得了 2 项国家级荣誉、3 项省级荣誉、10 项校级荣誉、14 项院级荣誉。

三、案例反思与启示

只有足够努力，才能看起来毫不费力。一个星级寝室的诞生首先是从“碎片”成长为“群体”，星级寝室的养成是师生共同努力的结果，我们懂得师生携手同行，为学生打造躲避风雨的港湾、身心修葺的鸟巢。星级寝室良好的学习氛围和文化生活也是班级风气的缩影。

我把学生看成一粒无限可能的种子，静待花开。

寝室文化的创建

2013 级人力 2 班班主任　陈　琛

一、案例背景

寝室是班级整体一个微小的缩影。寝室的同学来自天南海北，很多同学是第一次住宿，性格迥异，生活习惯也是不同。对于 2013 级人力资源管理 2 班的同学，多数是 1993 年、1994 年出生的孩子，很多在家中都是独生子女，很多同学的生活自理能力不强，生活习惯也不同，往往在寝室的相处过程中，会出现一些摩擦。如何帮助同学更好地处理寝室关系，融入寝室生活中，建立寝室文化，这对于班主任来说是一个重大的挑战。

二、案例分析与处理

对于产生寝室摩擦的宿舍，需要分开来进行谈话。要了解事情的前因后果及矛盾产生的原因。因为大家的生活习惯不同，比如，大家的作息习惯，有些同学习惯晚睡，有些同学习惯早睡，在作息习惯中产生了分歧。作为班主任需要帮助他们来商量解决如何协调大家的作息时间，争取能够达到大家都满意的效果。同时，还要商量对于睡眠比较浅的同学，如何去改善睡眠。比如，可以使用眼罩和遮光床罩等。让同宿舍的同学理解在一定时间段，轻声活动。宿舍是大家的共同生活场所，需要大家共同来维护。我也会联系专职的辅导员，共同走访寝室，了解和跟进寝室成员的关系，多次找他们来谈心。同时，注重发挥非正式组织的作用。在班级中，存在很多非正式组织，有很多关系比较亲密的小团体，我们也要注重引导非正式组织在处理寝室关系中发挥作用。

三、案例反思与启示

（1）对于寝室关系和文化建设，班主任要重点关注。比如，在入学时，开展寝室团体活动建设。通过团队建设等游戏，加深宿舍同学的相互了解，让大家能够深入了解每个寝室成员的性格和生活习惯，尊重每个学生的个性，并且让每个寝室提出自己的文化。在寝室文化的指导下，开展各种寝室活动的创建和评比，创建和谐寝室。

（2）发挥优秀寝室的模范带头作用。帮助优秀的寝室争创五星级寝室。利用优秀的寝室发挥模范带头作用，帮助其他寝室建设。大一时，班级有几个寝室在优秀寝室建设中颇有心得，每次寝室检查都能获得较好成绩。我利用班会时间，让优秀寝室介绍自己的建设经验，比如寝室的文明公约、卫生值班表、寝室活动安排、寝室学习互助小组建设等，让他们的先进经验带领班级其他寝室的发展。

（3）帮助同学树立互帮互助的观念。在寝室生活中，需要大家用包容的心态来对待大学的寝室生活，需要大家以寝室为家，以对待家人的方式来对待寝室的同学。所以，需要通过班会活动、影片等来帮助大家来树立这样的观念。

奋斗小二班的蜕变之路

2015级人力2班班主任　蔡雅萍

一、案例背景

2015年9月，我担任了2015级人力资源管理2班班主任。班上的46位同学来自五湖四海，性格迥异。在第一学期正式上课后，班长向我反馈说，班级建设工作难以推进，班上许多同学对于班委布置的很多任务都有意见，觉得来到大学就应该不受约束，自己想做什么就做什么。

二、案例分析与处理

我认为一个具有良好班风班貌的班集体，一定是具有凝聚力及吸引力的。因此，军训后，我就与班委们共同讨论，为班级订立了"奋斗小二班"的主题，并从以下几个方面对班级同学进行引导，推动他们来共同建设奋发向上的班级风气。

第一，思想上，大学生正处于世界观、人生观、价值观形成时期，容易受到外界不良思潮的影响。对此，我对班上学生的要求是"思想上要积极争取入党，坚决抵制社会上各种歪风邪气"。通过推优等方式积极鼓励同学参加入党培训，学习共产党的优良传统和作风。同时，鼓励班级学生以团组织活动加强基层团组织的建设，要求自己和团支部及时了解同学的思想动态，及时处理和解决出现的问题。如在2016年5月，班上组织了一次以"加强交流，共建和谐班级"为主题的团组织活动，学生们踊跃为班级建设献计献策。通过交流，达到了对同学们思想动态的掌握和增强班级凝聚力的目的，取得了较好的效果。

第二，学习上，以学生渴望成功的心理为基础，有效引导，提供机会，创设环境，充分发挥学生的潜力，鼓励大家实现梦想。要求班委制定《班级公约》，以加强纪律建设和学风建设。在要求学习纪律的同时，我还通过不定期询问班委等途径力求在第一时间内掌握班级学生学习情况，一出现问题马上解决。另外，通过榜样事迹的传播，以人力专业优秀毕业生案例鼓励他们向优秀的学长学姐们看齐，做好自己大学三年的规划。

同时，鼓励班里同学积极参加学校各种活动及比赛，班级获奖率超 80%，成功展示了班级学生的精神风貌，营造了健康向上的育人氛围。另外，每个学期我都安排班委组织班级活动，进一步实现了对他们提出的“全面发展”要求。

第三，生活上，坚持每月两次深入宿舍与学生谈心，以了解学生的生活情况，及时沟通，及时解决困难。其次，我注重安全教育，每次开班会都会进行强调，在校三年，班级从未出现过安全问题。此外，严格要求学生注意保持个人卫生和宿舍卫生，提倡文明健康的生活习惯，做到处处干净整洁，人人团结友爱。

三、案例反思与启示

班主任工作中，我们既要使学生受到严格的行为规范的约束，又能推动学生在宽松自如的氛围中充分发挥自己的特长。因此，我们要及时发现学生们身上的闪光点，给他们以信任，引导他们有意识地去发扬优点，克服缺点，扬长避短，从而向好的方面发展。具体来说，包括以下几点：

一是尊重每个学生，深入学生中去，与他们一起交谈、活动，与他们无拘无束地相处。

二是发动大家参加班级管理的各项活动，让学生人人都有自己的发言权，都有展现自己才能的机会。

三是让每个人都有机会履行班级管理职责，增强责任感和参与意识，为管理好班级献出自己的一份力量。

四是在各项活动中不冷落每一个人。凡各种班级活动必须做到各司其职，人人有份，绝无局外之人。

作为一名班主任，我们应该以“耐心 + 爱心 + 奉献之心”去履行好自己的职责，能在学生的成长路上帮他们一把，确实是为师者最大的幸福和快乐。

聚是一团火——强化新生班级建设

2012级会计3班班主任　李希哲

一、案例背景

2012级某班由45名学生组成，在入学初始业教育周及军训过程中，班级整体表现较好。而在紧张忙碌的学习生活开始之后，据班干部反映，班内出现了同学对集体活动积极性不高、小团体较多，个别同学学习和活动参与自主性不高的问题，班级的整体宿舍卫生情况也较之前有所下降，早操也偶有同学迟到、未到，整体班级管理松散，管理难度增大。

二、案例分析与处理

此案例反映了部分新生入学适应程度差、难以融入集体生活，班集体凝聚力不高的问题。

（一）加强班级文化建设，增强班级凝聚力

为学生打造积极、向上、健康、奋进的氛围，是班级文化建设的关键，也是帮助高校学生成长的重要方式。针对班级存在的问题，我以班团一体化建设为核心，通过加强团组织生活、举行以情景剧为载体的主题团日活动等方式，建设团结和谐的班级文化，强化理想信念教育，增强班级同学对集体的认同感。同时，针对性地召开了一次以“如何创建星级班级”为主题的班会，班会内容以团队建设为主，配合举行了班旗、班徽、班训设计征集比赛，通过打乱随机分组的方式，消除同学间的陌生感，通过竞争性的比赛调动同学的积极性，同时，增强对班级的认同感和自豪感。借由此次比赛，不仅确定了班级的班风主题，最重要的是以团队协作的方式增进了班级同学之间的了解和信任，增强了班级凝聚力。

（二）合理制定目标规划，引导学生全面成长

合理、健康的长短期规划可以为学生提供有效的行为动力。在班会活动之后，我组织班级同学开展了班级建设规划和个人职业生涯规划两个相关活动。班级建设发展规划以“创建五星班级”为目标，结合各项详细的评价指标，请班级同学共同献策，通过商讨决议班级各阶段的建设工作。同时，针对班级整体目标，结合个人自身情况，引导同学们制定贯穿大学三年的个人长期发展规划以及短期即学期内的发展目标。在规划阶段结束之后，以班级打卡的形式督促同学的日常行为。通过这种方式，在集体认同的基础上，充分激发同学的责任感，共同为班级目标努力。同时，充分发挥相互之间的督促作用，形成团结向上的班风，进而完成个人实现。

（三）拟定班级管理公约，约束学生日常行为

学生的个人成长离不开良好的环境，特别对于新生来说，利用外部约束帮助其建立良好的学习生活习惯是非常必要的。因此，除了积极向上的班风外，各项规章制度的实施也是班级工作的有效保证。我在班内开展了深入的学生手册内容学习，引导学生充分认识到遵守校规校纪的重要性。同时，带领班委同学，结合专业特点和同学思想、学习、生活实际，制订了本班的学生考核细则。对于对此要求有不适应甚至抵触情绪的同学，通过多次谈话的方式，建立他们对学校、教师的信任感，成为他们的朋友和知心人，努力让他们做到“亲其师而信其道”，慢慢消除对管理规定的抗拒心理，做到自觉遵守、主动维护。

三、案例反思与启示

（一）充分重视和发挥班集体的教育力量

班级是学校教育和管理的基本单位。对于刚入校的大学新生而言，建立一个健康向上、充满活力的班集体，不仅能使他们更快地适应大学生活，而且对于他们以后的大学生活以及人生成长经历都有着非常积极的作用和意义。

（二）加强班级管理，充分发挥学生的主体作用

班级工作的开展不能仅仅依靠学生干部，班里的每一个同学都应该是班级建设的生力军。班级的凝聚力得到增强，学生在班集体中的主人翁作用发挥得越充分，对班集体归属感就越强。

后 记

浙江旅游职业学院“三全育人”综合改革成果系列丛书是集体智慧的结晶。浙江旅游职业学院党委书记韦国潭高度重视、多次部署，党委副书记周国忠主编，学生工作部部长徐初娜、副部长金蓓蕾具体负责协调、统稿工作。在此，对给本书提供了直接指导的韦国潭书记和所有参与丛书编写的工作人员致以衷心的感谢和诚挚的敬意。由于时间仓促，不足之处在所难免，欢迎广大读者批评指正。

编 者

2022 年 10 月

项目策划：段向民
责任编辑：赵　芳
责任印制：孙颖慧
封面设计：武爱听

图书在版编目（CIP）数据

阳光心语 / 周国忠主编 ; 钱兴成, 徐初娜, 金蓓蕾副主编. -- 北京 : 中国旅游出版社, 2022.9
ISBN 978-7-5032-7023-9

Ⅰ. ①阳… Ⅱ. ①周… ②钱… ③徐… ④金… Ⅲ. ①职业教育－班主任工作 Ⅳ. ①G715

中国版本图书馆CIP数据核字(2022)第154582号

书　　名：阳光心语

主　　编：周国忠
副 主 编：钱兴成　徐初娜　金蓓蕾
出版发行：中国旅游出版社
（北京静安东里 6 号　邮编：100028）
http://www.cttp.net.cn　E-mail:cttp@mct.gov.cn
营销中心电话：010-57377108，010-57377109
读者服务部电话：010-57377151
排　　版：北京旅教文化传播有限公司
经　　销：全国各地新华书店
印　　刷：三河市灵山芝兰印刷有限公司
版　　次：2022 年 9 月第 1 版　2022 年 9 月第 1 次印刷
开　　本：720 毫米 × 970 毫米　1/16
印　　张：24.25
字　　数：389 千
定　　价：59.80 元
I S B N　978-7-5032-7023-9